글쓴이 | 이유미·서민환
두 사람은 1962년에 서울에서 태어나 서울대학교 산림자원학과를 졸업하고 같은 대학원에서 박사학위를 받았다.
여러 대학에서 학생들을 가르쳤으며, 지금은 각자의 일터에서 맡은 바 책임을 다하면서 자연의 소중함을 일깨우는 글을 쓴다.
이유미는 식물을 체계적으로 분류하여 연구하는 '식물분류학'을 전공했고 지금은 국립수목원에서 연구관으로 일한다.
서민환은 숲에 사는 생물과 환경의 관계를 정리하는 '산림생태학'을 전공했고 지금은 국립환경연구원에서 연구관으로 일한다.
이유미가 쓴 책으로 『우리가 정말 알아야 할 우리 나무 백가지』(1995), 『한국의 야생화』(2003)가 있으며
두 사람이 함께 쓴 책으로는 『한국의 천연기념물』(1998), 『쉽게 찾는 우리 나무 1~4』(2000),
『어린이가 정말 알아야 할 우리나무백과사전』(2003), 『우린 숲으로 간다』(2003)가 있다.

사진찍은이 | 이원규
1955년에 경기도에서 태어났다. 식물이나 곤충 같은 생물의 살아 가는 모습을 주로 찍는 사진작가로,
1992년 환경처에서 주최한 〈제1회 환경생태사진공모전〉에서 대상을 받았다.
『땅에서 하늘로』(1991), 『우리가 정말 알아야 할 우리 나비 백가지』(1992), 『나비』(1993),
『우리가 정말 알아야 할 우리 민물고기 백가지』(1994), 『쉽게 찾는 우리 곤충』(1999), 『쉽게 찾는 우리 곤충 2-나비 편』(1999),
『쉽게 찾는 내 고향 민물고기』(2001), 『우리가 정말 알아야 할 우리 곤충 백가지』(2002),
『어린이가 정말 알아야 할 우리나무백과사전』(2003) 등의 사진을 찍었다.

세밀화 그리신 분 | 송훈
사진 도움을 주신 분 | 김건옥, 박수현, 심종수, 이승철, 전의식

어린이가 정말 알아야 할 우리풀백과사전

초판 1쇄 발행 | 2003년 3월 10일
초판 10쇄 발행 | 2018년 2월 20일

글쓴이 | 이유미·서민환
사진찍은이 | 이원규
펴낸이 | 조미현

기획 | 형난옥
편집 | 황영심·송명주
교열감수 | 이수열
디자인 | THE-D

펴낸곳 | (주)현암사
등록 | 1951년 12월 24일·제10-206호
주소 | 04029 서울시 마포구 동교로12안길 35
전화 | 02-365-5051·팩스 | 02-313-2729
전자우편 | editor@hyeonamsa.com
홈페이지 | www.hyeonamsa.com

글 ⓒ 이유미·서민환 2003
사진 ⓒ 현암사 2003

· 저작권자와 협의하지 않고 이 책을 무단으로 복제하거나 다른 용도로 쓸 수 없습니다.
· 지은이와 협의하여 인지를 생략합니다.
· 잘못된 책은 바꾸어 드립니다.

ISBN 978-89-323-0696-4 76480
ISBN 978-89-323-0698-8 (세트)

어린이가 정말 알아야 할
우리풀백과사전

어린이가 정말 알아야 할
우리풀백과사전

이유미·서민환 글
이원규 사진

현암사

우리아이전문가프로젝트를 시작하며

우리 자연과 문화를 사랑하고 긍지를 갖게 하는 모든 일에 깊은 관심을 기울여 온 현암사는 이제 우리 어린이를 전문가로 키우는 백과사전을 만듭니다. 요즘 들어 다채로운 정보를 제공하는 학습서가 많이 나오지만, 어린이의 특권이랄 수 있는 타고난 호기심과 탐구욕을 맘껏 충족시키기엔 아쉬움이 많습니다. 더러 외국의 잘된 책을 번역한 책이 있어도 우리 어린이가 보기에 적합하지 않습니다. 이번에 만드는 백과사전은 이런 아쉬움을 적잖이 개선하고 우리 방식으로 만든 점이 뜻깊습니다. 그 첫번째 책인 『어린이가 정말 알아야 할 우리풀백과사전』과 잇달아 내는 『어린이가 정말 알아야 할 우리나무백과사전』은 어린이가 식물에 쉽게 다가가 재밌게 궁리하도록 공을 많이 들였습니다.

식물은 참 소중하고 신비로운 생명체입니다. 눈만 뜨면 어디에서나 볼 수 있을 만큼 흔해서 대수롭지 않게 여기기 쉽지만, 우리가 숨을 쉴 수 있는 건 산소를 만드는 식물 덕분입니다. 우리가 산소를 마시고 내뱉는 이산화탄소로 식물은 광합성을 하니, 식물과 우린 서로 숨을 나누는 셈입니다. 식물을 제대로 아는 것은 숨쉬는 모든 생명의 처음을 아는 일이어서 중요합니다. 식물은 한 곳에 뿌리를 박고 답답하게 사는 것 같지만, 열매에 깃털이나 프로펠러 같은 날개를 달고 여기저기 넘나들며 후손을 퍼뜨리기도 하고, 짙은 향기나 화려한 생김새로 곤충을 끌어들여 꽃가루받이를 돕게도 합니다. 식물의 이러한 신비를 알아 갈수록 호기심은 날로 살찝니다. 위의 두 책은 풍부한 해설과 관찰학습을 돕는 생생한 컬러 사진으로 식물 공부에 절로 재미 붙이도록 합니다.

이제는 백과사전도 바뀌어야 합니다. 좀 어렵고 더뎌 보여도 시작부터 제대로 길들이는 책이야말로 어린이가 쉽게 공부하는 지름길입니다. 눈높이를 너무 낮추어 '어린이에게 맞는' 정보만 주기보다 '앞으로 어린이가 꼭 알아야 할' 정보까지 미리 줄수록 좋습니다. 현암사는 『어린이가 정말 알아야 할 우리풀백과사전』을 시작으로 어린이의 타고난 능력을 날로 계발할 백과사전을 꾸준히 펴내려고 합니다. 부디 이 책으로 공부한 어린이가 자기만의 전공을 확실히 키워서 전문가로 쑥쑥 커가길 바랍니다.

어린이가 정말 알아야 할 우리풀백과사전

우리아이전문가프로젝트를 시작하며 1
일러두기 4

풀 이해의 첫걸음
식물이란 무엇일까 7
풀이란 무엇일까 7
식물의 계통수 8
식물을 계통별로 나누면 10
풀의 몸을 살펴보면 14

민꽃식물
선태식물문과 양치식물문
우산이끼 22
솔이끼 23
속새 24
쇠뜨기 25
생이가래 26
고란초 층층고란초 27
고사리 고비, 관중 28

씨앗식물
속씨식물문
외떡잎식물강
검정말 32
나사말 33
비비추 옥잠화, 일월비비추 34
원추리 각시원추리 36
마늘 산마늘 38
부추 두메부추, 산부추 40
양파 41
파 42
달래 43
참나리 땅나리, 솔나리, 하늘나리 44
백합 46

얼레지 47
튤립 48
무릇 49
히아신스 50
아스파라거스 비짜루 51
둥굴레 각시둥굴레, 용둥굴레, 층층둥굴레 52
은방울꽃 54
맥문동 개맥문동 55
아마릴리스 56
군자란 57
수선화 나팔수선화, 제주수선화 58
붓꽃 각시붓꽃, 금붓꽃, 꽃창포 60
크로커스 62
글라디올러스 63
마 64
용설란 실유카, 얼룩용설란 65
부레옥잠 물옥잠 66
닭의장풀 자주닭개비, 흰닭의장풀 68
조개풀 주름조개풀 69
율무 염주 70
보리 71
벼 72
갈대 달뿌리풀 74
참억새 물억새 76
줄 77
사탕수수 78
수수 79
조 80
강아지풀 가을강아지풀, 금강아지풀 81
옥수수 82
밀 84
잔디 85
창포 석창포 86
토란 87

천남성 두루미천남성, 섬남성, 큰천남성 88
개구리밥 좀개구리밥 90
부들 애기부들 91
생강 92
파초 바나나 93
칸나 94
개불알꽃 95
풍란 나도풍란 96
보춘화 97

쌍떡잎식물강
갈래꽃식물아강
모시풀 100
삼 101
홉 102
메밀 103
쪽 104
여뀌 이삭여뀌 105
싱아 106
명아주 흰명아주 107
시금치 108
맨드라미 개맨드라미 109
쇠비름 110
채송화 111
분꽃 112
자리공 미국자리공 113
패랭이꽃 술패랭이 114
동자꽃 제비동자꽃 115
선인장 116
연꽃 가시연꽃, 어리연꽃 118
수련 애기수련 120
할미꽃 121
노루귀 새끼노루귀, 섬노루귀 122
복수초 123

끈끈이주걱 124
애기똥풀 피나물 125
금낭화 126
무 127
양배추 128
배추 129
유채 갓 130
꽃다지 131
냉이 고추냉이, 다닥냉이, 말냉이 132
기린초 134
돌나물 바위채송화 135
뱀딸기 136
딸기 137
양지꽃 돌양지꽃, 세잎양지꽃 138
땅콩 139
콩 완두 140
자운영 142
감초 143
긴강남차 144
팥 145
녹두 146
강낭콩 147
토끼풀 붉은토끼풀 148
괭이밥 큰괭이밥 149
피마자 150
물봉선 노랑물봉선, 흰물봉선 151
봉숭아 152
접시꽃 153
목화 154
아욱 당아욱 155
제비꽃 고깔제비꽃, 남산제비꽃,
      노랑제비꽃, 태백제비꽃 156
팬지 삼색제비꽃 158
수박 159
호박 160

참외 162
오이 163
박 164
수세미오이 165
마름 166
달맞이꽃 167
물수세미 이삭물수세미 168
인삼 169
당근 170
미나리 171

통꽃식물아강

앵초 설앵초, 큰앵초 174
까치수영 큰까치수영 176
용담 큰용담 177
나팔꽃 둥근잎나팔꽃 178
메꽃 갯메꽃, 애기메꽃 180
고구마 181
새삼 실새삼 182
익모초 183
들깨 184
살비아 185
고추 186
토마토 187
담배 188
꽈리 189
감자 190
가지 192
페튜니아 193
꽃며느리밥풀 194
참깨 195
질경이 196
초롱꽃 금강초롱꽃, 섬초롱꽃 197
도라지 잔대 198
더덕 200

우엉 201
솜다리 왜솜다리 202
쑥 사철쑥, 제비쑥 203
참취 204
도꼬마리 205
쑥부쟁이 개쑥부쟁이, 갯쑥부쟁이 206
도깨비바늘 207
금잔화 208
과꽃 209
쑥갓 210
국화 211
구절초 바위구절초, 산구절초,
      서흥구절초, 한라구절초 212
산국 감국 214
코스모스 215
엉겅퀴 고려엉겅퀴, 지느러미엉겅퀴,
      큰엉겅퀴 216
달리아 218
망초 개망초 219
해바라기 220
잇꽃 222
씀바귀 선씀바귀, 좀씀바귀 223
상추 224
머위 털머위 225
루드베키아 226
백일홍 227
민들레 서양민들레, 흰민들레 228

찾아보기

꽃 색깔로 찾아보기 231
교과서에 나오는 풀 232
식물학 용어 풀이 233
풀 이름 찾아보기(가나다 순) 239
학명 찾아보기(ABC 순) 242

일러두기

• 우리풀백과사전과 우리나무백과사전에서 식물을 총 530여 종 다루었습니다.
• 식물학 용어는 되도록 쉽게 풀었습니다. 더러 그대로 살린 것은 이해를 돕고자 책 맨 뒤에 〈식물학 용어 풀이〉를 덧붙였습니다.

생태 특징이 비슷한 식물끼리 묶었습니다

이 방법은 전 세계 학계에서 가장 많이 쓰는 분류 체계입니다. 한때 야외에서 식물을 빨리 찾아보도록 꽃 색깔이나 계절에 따라 분류하기도 했지만, 이 책은 어린이가 맨 먼저 자연의 기초를 익히는 책이므로 그렇게 할 수 없었습니다. 학술적인 분류 체계는 처음엔 어려워 보이지만 꼼꼼히 보면 가장 쉬운 방법입니다. 특징이 비슷한 식물끼리 한데 모으니 비교하기 쉽고 식물계의 변화 과정을 자연스레 익히게 되니 식물계를 쉽게 이해할 수 있습니다.

교과서에 나오는 식물과 꼭 알아야 할 식물을 골랐습니다

이 책에서 다룰 식물을 고르기가 쉽지 않았습니다. 먼저 교과서에 나오는 식물을 모두 골랐지만 아쉬움이 많았습니다. 대부분이 외래종이나 농작물이어서 우리 식물을 체계 있게 익히도록 하는 배려가 없었기 때문입니다. 그래서 교과서에 나오는 식물 외에 우리나라 어린이라면 정말 알아야 할 식물까지 모두 530여 종(풀 280여 종, 나무 250여 종) 실었습니다.

식물의 다양한 정보를 실었습니다

이 책에서는 식물을 이해하는 열쇠를 주려고 애썼습니다. '벼'는 농사짓는 과정, '고사리'는 번식 방법, '나팔꽃'은 꽃 피는 단계를 함께 설명하는 등 식물마다 고유한 특징, 생태계에서의 역할과 의미 같은 과학적이고도 생활과 관련한 정보를 가득 실음으로써 과학책이면서 백과사전이게 했습니다.

식물의 계통수를 공들여 만들었습니다

계통수는 식물의 맨 처음 조상은 어떤 생물이었는지, 오랜 세월 식물 집안이 어떻게 갈라졌는지, 식물 집안 전체는 어떻게 이루어져 있는지를 한눈에 보여 주는 그림입니다. 식물 집안을 한눈에 보고 이해하는 것이 식물을 과학적으로 이해하는 첫 단계이므로 이 계통수는 큰 도움이 되리라고 봅니다.

관찰학습을 돕는 컬러 사진을 풍부하게 담았습니다

이 책에는 식물의 실제 모습을 생생하게 보여 주는 컬러 사진이 모두 1,460여 컷(풀 720여 컷, 나무 740여 컷) 들어 있습니다. 식물의 생태를 제대로 알려면 실물을 꼭 보아야 합니다. 하지만 우리나라 곳곳에 흩어져 사는 식물이 자라면서 눈에 띄지 않게 변하는 모습을 낱낱이 직접 보기란 불가능합니다. 그러한 고민을 이 책이 해결해 줍니다. 여기에 실린 수많은 사진이 보일 듯 말 듯 작은 홀씨주머니, 수술과 암술, 열매, 씨앗, 살눈 따위도 관찰하기 쉽도록 보여 주기 때문입니다.

어린이가 어른이 되어서도 읽을 수 있습니다

어린이가 처음 만나는 백과사전이어서 용어도 쉬운 우리말로 풀고 전문 편집인과 초등학교 선생님의 의견을 들으면서 기초적인 정보를 담았습니다. 우리말로 바꾸기에 급급하여 그 뜻이 더 모호해지는 경우는 피했으며, 한 식물을 온전하게 알기 위해 깊이 파고들어야 할 부분에서는 심층적인 정보를 보탰습니다. 읽다가 어려운 부분이 있더라도 한살한살 먹으면서 자연스레 터득하면 알 수 있도록 말입니다. 이 책을 보고 궁금한 것도, 아는 것도 많은 어린이식물학자가 많이 태어나길 바랍니다.

❶ **식물 이름** 많은 이름 중에서 가장 대표적으로 쓰는 이름
❷ **학명 | 영어 이름** 그 식물의 학술적인 이름과 영어권 나라에서 쓰는 이름
❸ **목명과 과명 | 다른 이름** 그 식물이 속하는 목/과의 이름과 지방마다 다르게 부르는 이름
❹ 생태 특징을 자세하게 설명한 부분
❺ 꽃 피는(홀씨 맺는) 시기와 열매(홀씨) 익는 시기를 색깔로 구분하여 도형에 나타낸 부분(숫자는 월을 가리킨다.)
❻ 비슷한 식물을 비교하여 사진과 함께 설명한 부분
❼ 잎차례를 간단한 그림으로 나타낸 부분
❽ 더 알면 좋을 만한 정보를 따로 담은 부분
❾ 사진 설명
❿ 각 기관의 생김새나 사는 모습 사진
⓫ 각 식물의 주요 특징을 짧게 설명한 부분

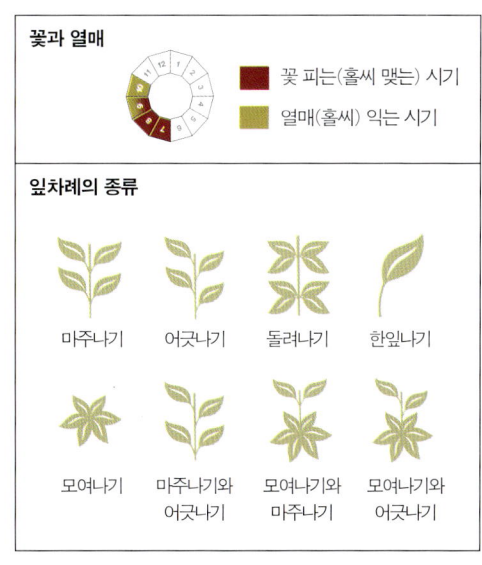

풀 이해의 첫걸음

식물이란 무엇일까
풀이란 무엇일까
식물의 계통수
식물을 계통별로 나누면
풀의 몸을 살펴보면

식물이란 무엇일까 생물의 세계는 단세포로 된 원핵생물, 다세포로 된 원생생물, 균계, 식물계, 동물계로 나눈다. 세포벽이 있고, 엽록소가 있어 광합성을 하여 스스로 양분을 만들며(기생식물은 예외), 이리저리 옮겨 다니지 않는 생물을 식물이라고 한다. 식물은 하등식물과 고등식물로 다시 나눈다. 하등식물이란 뿌리, 줄기, 잎이 뚜렷하게 구분되지 않고 관다발이 없는 식물을 말하며 고등식물이란 뿌리, 줄기, 잎이 뚜렷하게 구분되고 관다발이 있는 식물을 말한다. 고등식물은 홀씨(포자)로 번식하는 양치식물과 씨앗으로 번식하는 씨앗식물로 또 나눈다. 이 책에서는 주로 고등식물을 다루며 계통수를 보면 이해하기 쉽다.

풀이란 무엇일까 식물을 흔히 나무와 꽃으로 나누어 '나무'의 상대어로 '꽃'을 쓰는데 이것은 옳지 않다. 식물은 목질을 형성하는 주성분인 '리그닌'이 있는지 없는지를 따져 크게 나무와 풀로 나눈다. 리그닌이 있으면 나무, 없으면 풀이라고 한다. 풀은 1~2년만 살기도 하고, 잇따라 여러 해를 살기도 한다. 씨앗에서 싹 트고 꽃 피며 열매 맺어 말라 죽는 과정이 1년 안에 끝나는 풀을 한해살이풀, 씨앗에서 싹이 튼 채 겨울을 나고 이듬해에 꽃 피고 열매 맺어 말라 죽는 풀은 두해살이풀이라고 한다. 겨울에 땅 위의 기관은 죽어도 땅 속의 기관(뿌리, 뿌리줄기, 비늘줄기, 덩이줄기 등)은 살아 있어서 이듬해 봄에 새싹이 돋아 여러 해를 사는 풀은 여러해살이풀이라고 한다.

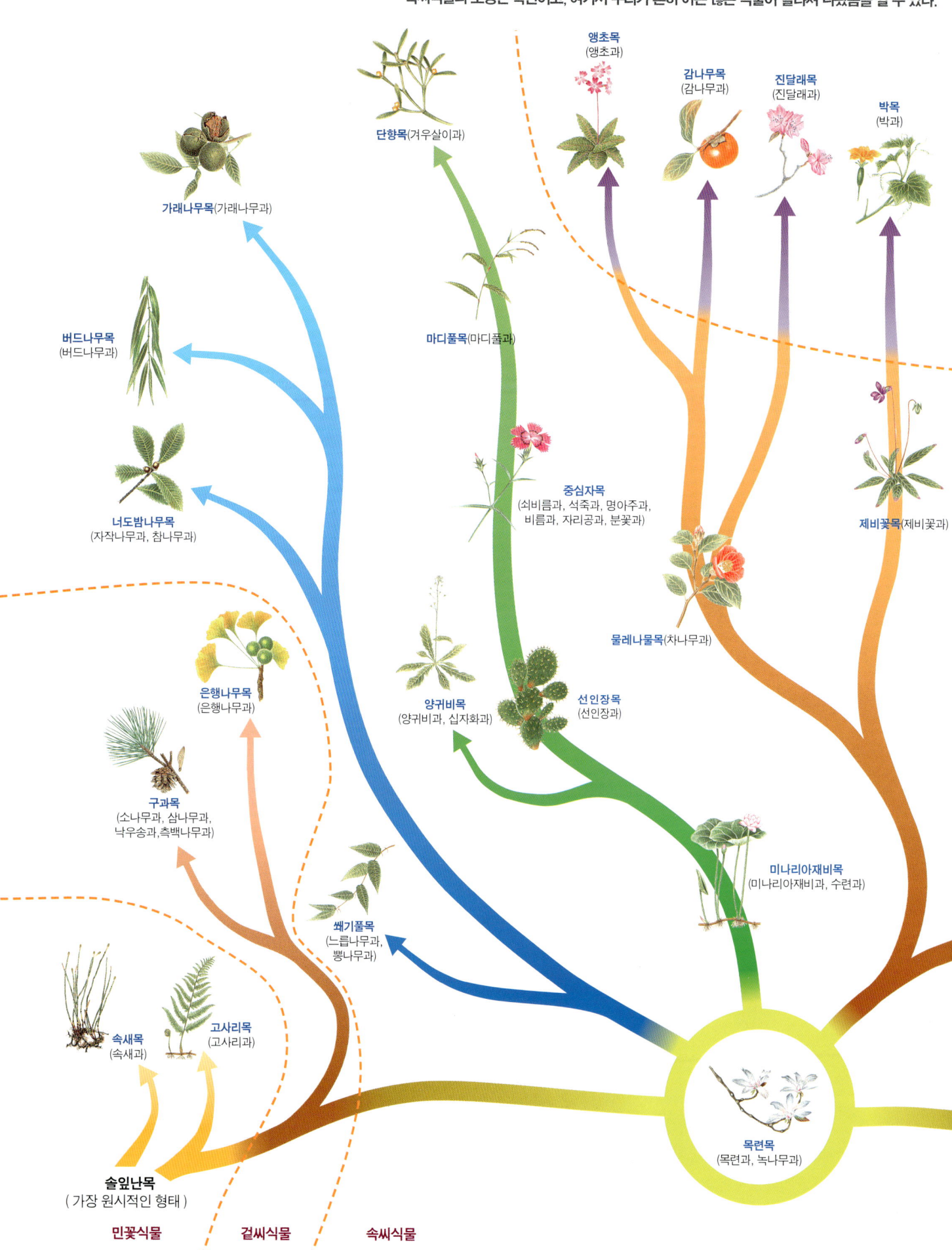

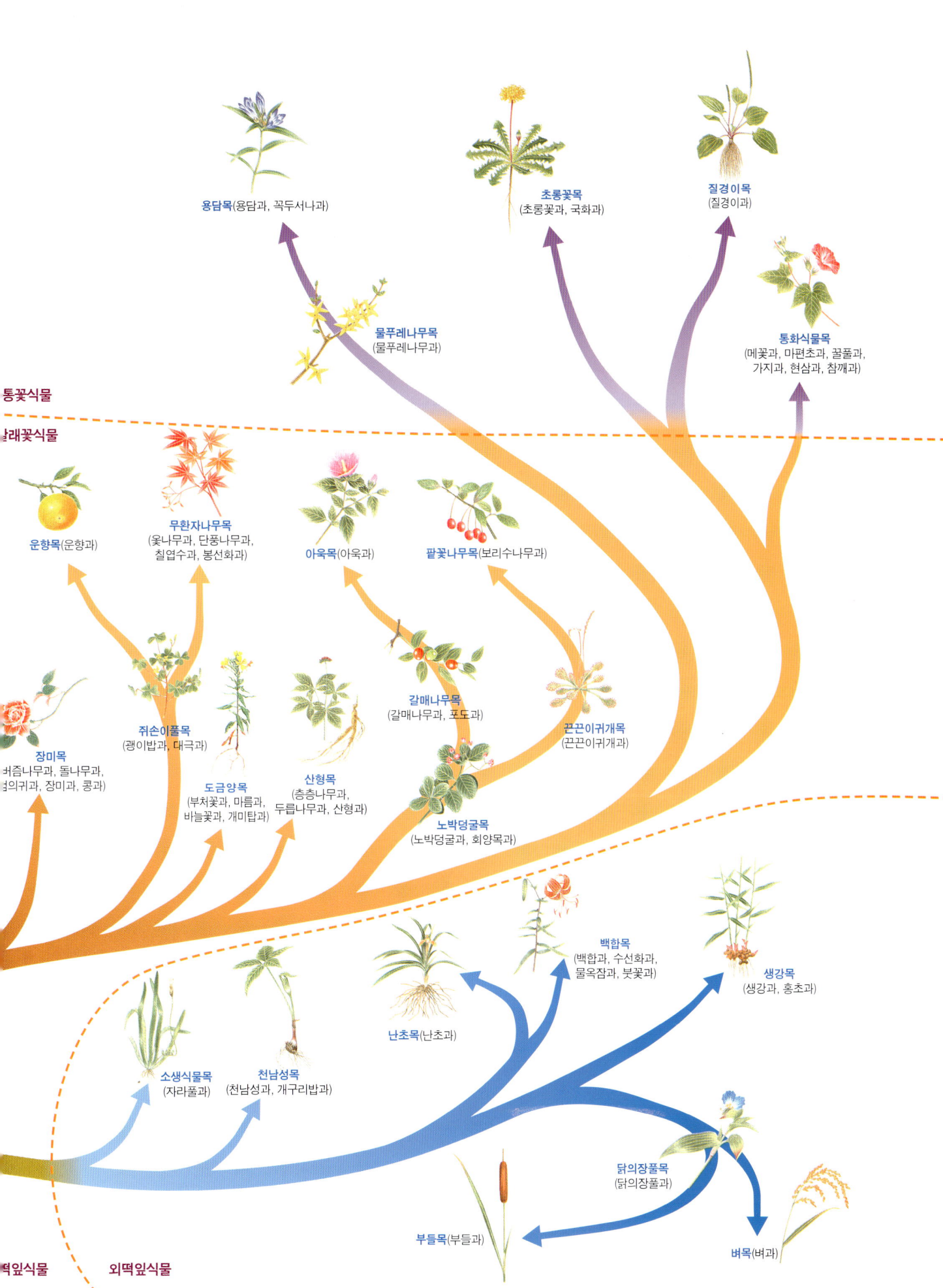

식물을 계통별로 나누면

식물을 분류하는 가장 기본적인 기준인 계통별 특징을 알아 서로 비교하면 이름을 모르더라도 그 식물이 어느 정도 진화했는지, 어느 집안 식물인지 알 수 있다.

민꽃식물과 씨앗식물

민꽃식물 식물계에서 꽃이 피지 않고 홀씨(포자)로 번식하는 원시적인 식물로, 암그루와 수그루가 따로 있다. 관다발이 없는 선태식물과 관다발이 있는 양치식물이 여기에 속한다.

선태식물 먼 옛날 물 속에서 살던 식물 중에서 맨 처음 땅으로 올라와 자란 무리로, 진화 단계에서 녹조류와 양치식물의 가운데다. 엽록소가 있어서 광합성을 하여 양분을 스스로 만들며, 땅에 살아도 물이 있어야 수정을 할 수 있다.

양치식물 관다발을 지닌 식물 중에서 가장 원시적인 무리다. 홀씨는 보통 잎 뒤쪽이나 줄기 끝에 달리지만, 쇠뜨기처럼 홀씨가 달리는 생식줄기가 따로 있기도 하다. 홀씨와 홀씨주머니의 위치나 모양은 양치식물 집안의 혈통을 나누는 중요한 기준이다.

우산이끼의 암그루

속새

씨앗식물 식물계에서 가장 진화한 식물로, 꽃이 피고 씨앗으로 번식한다. 고생대 데본기와 석탄기에 나타나 지금도 살며 뿌리, 줄기, 잎이 뚜렷하게 구분되고 관다발이 발달했다. 지구에 사는 식물의 대부분이 씨앗식물로, 관다발이 있는 고등식물의 99% 이상을 차지한다. 겉씨식물과 속씨식물로 다시 나눈다.

해바라기의 꽃과 열매

벼의 열매이삭

겉씨식물과 속씨식물

겉씨식물 씨앗이 될 밑씨가 겉으로 드러났거나 비늘조각에 일부 싸인 무리로, 중생대쯤에 가장 번성했다. 지금은 전 세계에서 700여 종이 자라고 우리나라에서는 50종쯤 자란다. 수정이 되기 전에 배젖이 만들어지고 중복수정을 하지 않는다. 화피가 없고 떡잎은 여러 장 나오며 물은 헛물관을 통해 운반된다.

속씨식물 씨앗식물 중에서 열매가 될 씨방 속에 밑씨가 있는 무리로, 겉씨식물보다 늦게 나타나 신생대에 번성하였다. 중복수정을 하고 배젖은 이후에 만들어지며, 물관부의 물관으로 물이 드나든다. 이따금 물관이 없고 헛물관이 있는 것도 있다. 씨앗에서 나오는 떡잎이 1장인 외떡잎식물과 2장인 쌍떡잎식물로 나눈다.

외떡잎식물과 쌍떡잎식물

외떡잎식물 속씨식물 중에서 떡잎이 1장 나오는 무리다. 잎에 나란히맥이 생기고, 꽃잎이나 꽃받침 같은 꽃을 이루는 기관의 개수가 모두 3이거나 그 곱절이다. 전 세계에서 5만 종쯤 자란다.

쌍떡잎식물 속씨식물 중에서 떡잎이 2장 나오는 무리다. 잎에 그물맥이 생기고, 잎몸과 잎자루가 구분되며, 꽃잎이나 꽃받침 같은 꽃을 이루는 기관의 개수가 4~5거나 그 곱절이다. 갈래꽃식물과 통꽃식물로 다시 나눈다.

닭의장풀의 새싹과 꽃 핀 모습

봉숭아의 새싹과 꽃 핀 모습

	외떡잎식물	쌍떡잎식물
잎	떡잎이 1장이고 잎맥은 세로로 나란하다.	떡잎이 2장이고 잎맥은 그물 모양이다.
줄기	줄기 속의 관다발이 둥글게 모여 있지 않고 흩어져 있으며, 부름켜가 없어 줄기가 굵어지지 않는다.	줄기 속의 관다발이 관이나 고리 모양으로 늘어서고, 부름켜가 있어 줄기가 굵어진다.
뿌리	수염뿌리다.	원뿌리에 곁뿌리가 붙는다.

갈래꽃식물과 통꽃식물

갈래꽃식물 쌍떡잎식물 중에서 갈래꽃(꽃잎이나 내화피가 낱낱이 떨어지는 꽃)이 피는 무리다. 일반적으로 통꽃식물보다 더 원시적이라고 본다. 갈래꽃식물 중에서도 꽃에 꽃잎이 있는 종류보다 없는 종류가, 꽃잎이 1장 있는 종류보다 여러 장 있는 종류가, 꽃잎 여러 장의 모양이 같은 종류보다 각각 다른 종류가 더 진화한 것이다.

통꽃식물 쌍떡잎식물 중에서 통꽃(꽃잎이나 내화피의 일부 또는 전부가 붙는 꽃)이 피는 무리다. 도라지처럼 꽃잎의 일부가 붙어 있는 종류, 메꽃처럼 꽃잎이 대부분 붙어 있는 종류, 국화과 식물의 혀꽃처럼 꽃잎 여러 장이 나란히 붙어 1장처럼 보이는 종류 등 생김새가 여러 가지며, 그 생김새를 보고 과나 속을 나눈다.

풀의 몸을 살펴보면

민꽃식물을 뺀 모든 풀의 몸은 뿌리, 줄기, 잎, 꽃, 열매로 이루어진다. 이 모든 것은 풀이 살아가는 데 꼭 필요한, 우리 몸의 팔·다리·머리와 같은 것이다. 여기서는 씨앗식물인 봉숭아의 뿌리, 줄기, 잎, 꽃, 열매가 하는 일을 알아보고 다른 풀은 어떤 모습을 하고 있는지, 더 잘 살아남으려고 주변 환경에 맞춰 자신의 몸을 어떻게 바꾸는지 알아본다.

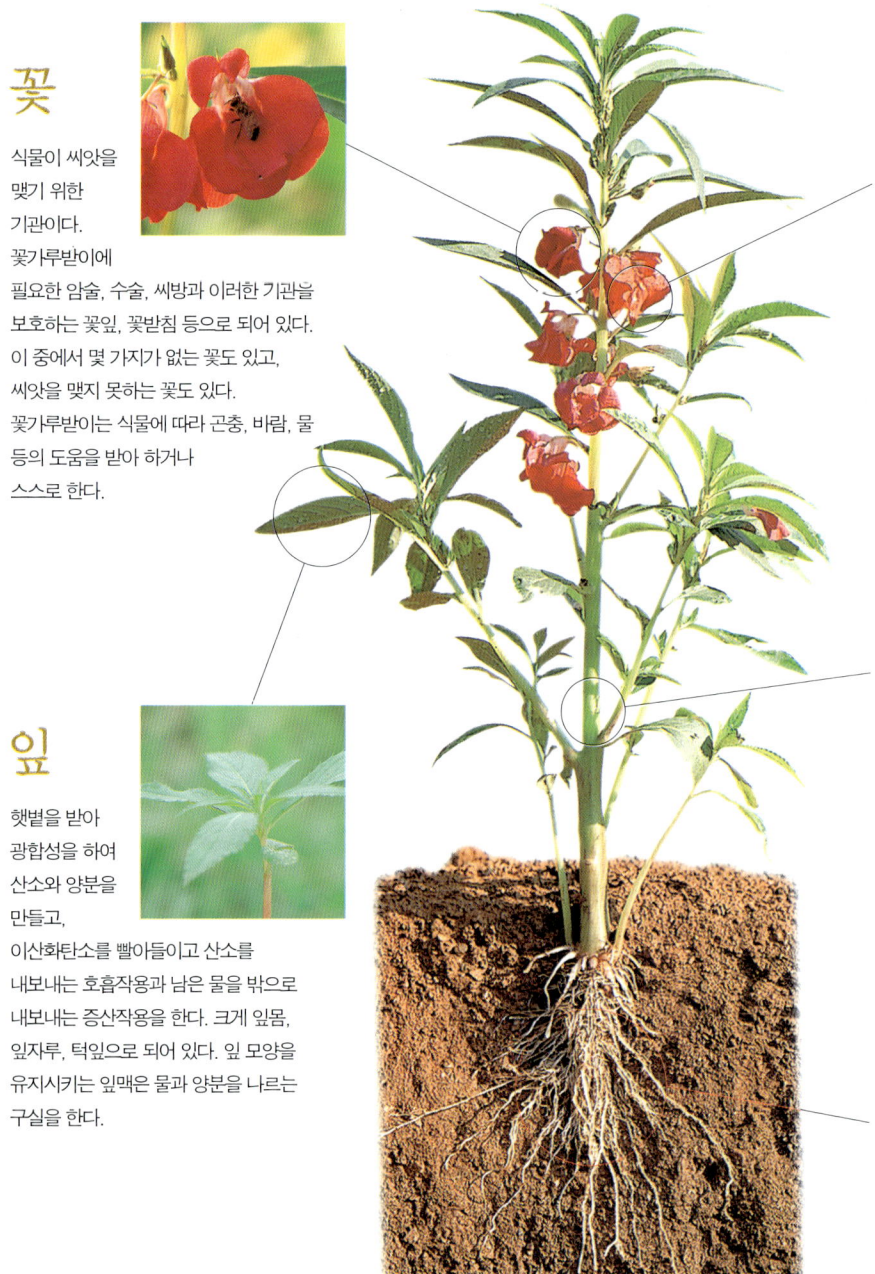

꽃
식물이 씨앗을 맺기 위한 기관이다. 꽃가루받이에 필요한 암술, 수술, 씨방과 이러한 기관을 보호하는 꽃잎, 꽃받침 등으로 되어 있다. 이 중에서 몇 가지가 없는 꽃도 있고, 씨앗을 맺지 못하는 꽃도 있다. 꽃가루받이는 식물에 따라 곤충, 바람, 물 등의 도움을 받아 하거나 스스로 한다.

열매
꽃가루받이가 이루어져 씨방이나 주변의 여러 기관이 함께 자란 것으로, 씨앗과 열매껍질로 되어 있다. 씨앗을 좀더 잘 퍼뜨리려고 식물마다 다른 모양과 기능을 지니므로 식물 집안을 구별하는 기준이 된다.

줄기
식물의 몸을 지탱하고 잎, 꽃 같은 기관을 연결하며 마디가 있다. 겉껍질과 관다발로 되어 있으며 뿌리에서 빨아들인 물과 양분, 잎에서 광합성을 통해 만든 양분을 나르는 물관과 체관이 있다.

잎
햇볕을 받아 광합성을 하여 산소와 양분을 만들고, 이산화탄소를 빨아들이고 산소를 내보내는 호흡작용과 남은 물을 밖으로 내보내는 증산작용을 한다. 크게 잎몸, 잎자루, 턱잎으로 되어 있다. 잎 모양을 유지시키는 잎맥은 물과 양분을 나르는 구실을 한다.

뿌리
줄기와 이어져 식물의 몸을 지탱하며, 주로 땅 속에서 물과 양분을 빨아들인다. 뿌리 끝에는 세포분열을 촉진하는 분열조직이 있어 식물의 키를 자라게 하며 이 조직을 보호하는 뿌리골무가 있다. 뿌리에 난 뿌리털은 흙과 접촉하는 면적을 넓혀서 더 많은 양분을 빨아들이게 한다.

줄기

줄기는 서는줄기, 기는줄기, 덩굴줄기, 뿌리줄기, 덩이줄기, 알줄기, 비늘줄기 등 생김새와 하는 일이 저마다 다른 종류가 여럿 있다. 살눈과 덩굴손은 줄기가 변해서 된 기관이며, 선인장의 줄기는 굵어져서 잎처럼 되었다.

1 **서는줄기** 해바라기
2 **덩굴줄기** 나팔꽃
3 **기는줄기** 딸기

4 **덩이줄기** 감자
5 **비늘줄기** 양파
6 **비늘줄기** 참나리
7 **알줄기** 토란
8 **뿌리줄기** 생강
9 **뿌리줄기** 둥굴레

10 **살눈** 참나리
11 **잎처럼 생긴 줄기** 선인장
12 **덩굴손** 오이

15

꽃차례

꽃차례는 꽃이 달리는 모양을 말하며, 꽃이 피는 순서나 모습에 따라 여러 종류로 나눈다.

1 **취산꽃차례** 참나리
2 **산형꽃차례** 부추
3 **산형꽃차례** 파
4 **원추꽃차례** 흰명아주
5 **윤산꽃차례** 익모초

1 **두상꽃차례** 백일홍
2 **두상꽃차례** 코스모스
3 **총상꽃차례** 큰까치수영
4 **총상꽃차례** 금낭화

5 **육수꽃차례** 창포
6 **육수꽃차례** 맨드라미
7 **수상꽃차례** 보리
8 **수상꽃차례** 밀

꽃

꽃은 크게 꽃잎이 하나하나 떨어져 있는 갈래꽃과 꽃의 밑 부분이 붙어 있는 통꽃으로 나눈다. 꽃의 모양은 나비 모양, 종 모양, 十자 모양, 작은 대롱꽃과 혀꽃이 수없이 모여 한 송이 꽃처럼 보이는 국화과의 꽃 등 여러 가지가 있다.

갈래꽃의 여러 모습

1 완두콩
2 배추
3 금낭화
4 큰개여뀌

통꽃의 여러 모습

1 구절초
2 메꽃
3 금강초롱
4 앵초

뿌리

뿌리는 외떡잎식물의 수염뿌리와 땅 속으로 곧게 뻗은 원뿌리에 곁뿌리가 붙는 쌍떡잎식물의 뿌리가 있다. 뿌리는 저장기관이 없는 뿌리와 저장기관이 발달한 덩이뿌리 등 모양이 여러 가지다.

외떡잎식물(벼)

쌍떡잎식물(땅콩)

여러 가지 뿌리

1 2 3 **원뿌리에 물과 양분을 저장한 뿌리** 당근, 도라지, 무
4 **곁뿌리에 물과 양분을 저장한 덩이뿌리** 고구마
5 **나무나 바위에 붙어서 공기 중의 물기를 빨아들이는 뿌리** 풍란
6 **물 속에서 뿌리 구실을 하는 잎** 생이가래

17

잎차례

잎은 햇볕을 더 잘 받으려고 주로 줄기에 규칙적으로 나는데 마주나기, 어긋나기, 돌려나기, 한잎나기, 모여나기 등 식물마다 여러 모양으로 달린다.

1 **마주나기** 참깨
2 **어긋나기** 참나리
3 **돌려나기** 잔대
4 **한잎나기** 고란초
5 **모여나기** 질경이

잎모양

잎은 크게 나누어 잎자루 1개에 잎 1장만 붙는 홑잎과 작은 잎 여러 장이 붙는 겹잎이 있다. 겹잎은 작은 잎이 달리는 모양에 따라 삼출잎, 손꼴겹잎, 깃꼴겹잎 등으로 나눈다.

1 **홑잎** 둥근잎나팔꽃
2 **삼출잎** 뱀딸기
3 **손꼴겹잎** 인삼
4 **깃꼴겹잎** 자운영
5 **2회깃꼴겹잎** 고사리

홑잎 들깨

열매

열매는 씨앗을 싸고 있는 모양, 꽃의 여러 기관이 열매가 되면서 익을 때 어떤 부분이 발달해서 과육을 이루느냐 등에 따라 여러 종류로 나눈다.

1 **협과** 강낭콩 – 꼬투리 속의 여러 칸으로 나뉜 방마다 씨앗이 들어 있다. 주로 콩과 식물이 해당된다.
2 **삭과** 나팔꽃 – 열매 속이 여러 칸으로 나뉘고 칸마다 까만 씨앗이 여러 개 들어 있다.
3 **견과** 연꽃 – 꽃받침통 속의 씨방이 자라면서 생긴 구멍에 단단한 껍질로 덮인 열매가 1개씩 들어 있다. 다 익어도 갈라지지 않는다.
4 **수과** 해바라기 – 열매가 빽빽이 모여 큰 열매이삭을 이루며, 단단한 열매껍질이 봉합선 1줄을 따라 갈라진다.

1 **골돌과** 기린초 – 별처럼 생긴 열매의 모서리마다 씨앗이 들어 있다.
2 **수과이면서 취합과** 딸기 – 수과인 노란 열매가 붉은 과육에 다닥다닥 붙어 있다.
3 **장과** 수박 – 씨방이 크게 자라서 조직이 무르고, 살과 즙이 많은 과육에 씨앗이 박혀 있다.

1 **분과** 달맞이꽃 – 씨방 여러 개가 한 묶음으로 자라서 익으면 떨어져 나가는 열매 하나하나를 말한다.
2 **각과** 유채 – 견과보다는 덜 단단한 열매껍질과 깍정이에 싸여 있으며 다 익어도 갈라지지 않는다.
3 **포과** 홉 – 주머니 모양으로 바뀐 포에 열매가 싸여 있다.
4 **영과** 조 – 암술을 싸고 있던 '내영' 과 '호영' 이 익으면 껍질이 되어 열매를 감싼다. 주로 벼과 식물이 해당된다.
5 **소견과** 들깨 – 크기가 작은 견과로, 꽃받침 속에 들어 있다.

19

선태식물문과 양치식물문

우산이끼
솔이끼
속새
쇠뜨기
생이가래
고란초
고사리

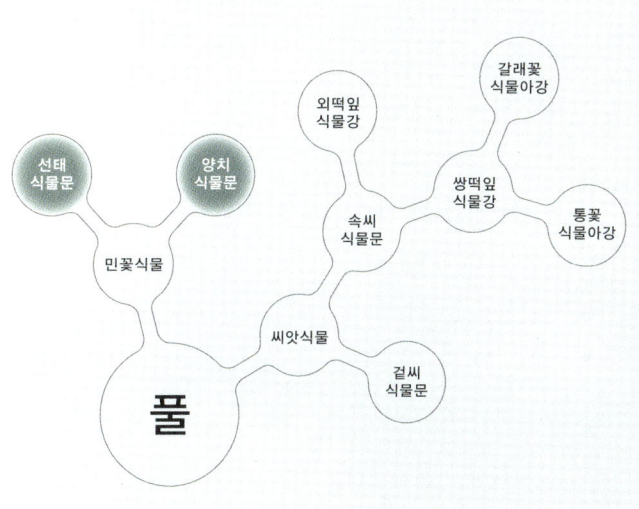

우산이끼

Marchantia polymorpha L. | liverwort

태류 우산이끼과

우산이끼는 그늘지고 축축한 땅에서 자라며, 특히 암모니아 성분이 많은 곳에서 잘 자란다. 암그루와 수그루의 생김새가 우산과 비슷해서 '우산이끼' 라는 이름이 붙었다. 전 세계에 분포한다.

선태류는 물 속에 살던 식물 중에서 가장 먼저 땅 위로 올라와 살게 된 원시적인 식물로 보며, 우산이끼는 선태류 중에서도 줄기와 잎이 뚜렷하게 구분되지 않은 태류에 속한다. 그래서 몸이 불완전하고 불규칙한 조각 모양이며, 잎처럼 보인다고 해서 '엽상체' 라고 한다. 엽상체에서 암그루나 수그루가 올라와 암그루의 난자와 수그루의 정자가 만나면 암그루에서 홀씨주머니가 생기며, 홀씨주머니에서 생긴 홀씨로 번식한다. '무성아' 라고 부르는 술잔 모양의 새끼가 여러 개 올라와 번식하기도 한다.

뿌리가 발달하지 않은 대신에 세포 1개로 된 헛뿌리가 있는데, 이것은 몸을 땅에 고정하고 흙에 있는 물과 양분을 빨아들이는 구실을 한다. 그렇지만 뿌리에 통도조직이 없어서 빨아들인 것을 다른 곳으로 운반하지 못한다. 대신에 농도가 진한 곳에서 흐린 곳으로 물질이 퍼져 나가는 원리에 따라 물과 양분이 이동한다.

사는 곳 우리나라 전국에서 저절로 자란다.

모습 여러해살이풀. 높이 2cm 이하로 자라며, 헛뿌리가 있다.

엽상체 너비 0.7~2cm로 녹색이며 가장자리가 2갈래로 갈라진다. 위쪽이 육각형으로 나뉘고 가운데에 공기구멍이 있다.

홀씨 암수딴그루. 암그루는 찢어진 우산 모양이고 수그루는 뒤집힌 우산 모양이며, 암그루에 달리는 홀씨주머니에 홀씨가 생긴다.

쓰임새 집 마당이나 화분을 꾸미려고 심어 가꾼다.

암그루 무리 암그루는 찢어진 우산이나 야자수 모양이며, 여기에서 홀씨가 생긴다.

수그루 무리 수그루는 끝이 둥글고, 뒤집힌 우산 모양이다.

엽상체(위)
무성아 엽상체에서 나오는 모습(가운데)
암그루(아래)

솔이끼

Polytrichum commune Hedw. | hair moss, common hair cap moss
선류 솔이끼과

솔이끼는 숲 속에서 그늘지고 물기 많은 바위나 나무줄기, 진흙땅에 실 모양의 헛뿌리를 내리고 무리지어 자란다. 선태류 중에서 선류에 속하며, 솔이끼를 비롯한 선태류는 보통 메마름을 견디지 못한다. 그래서 물기가 없으면 말라 죽은 것처럼 보이는데, 사실 죽은 것이 아니라 잠시 생명 활동을 멈춘 것이다. 비나 이슬이 내려 물기를 머금으면 금세 생생해진다.

물과 양분을 운반하는 통도조직이 없는 점은 우산이끼와 같지만 뿌리, 줄기, 잎이 희미하게나마 구분되는 점이 다르다. 줄기에는 가지가 없고, 솔잎처럼 생긴 비늘조각이 여러 개 달려 있다. 희고 가는 실처럼 보이는 헛뿌리는 물을 빨아들이지 못하며, 몸 전체에서 물과 양분을 빨아들인다. 엽록소가 있으므로 광합성을 하여 양분을 스스로 만들며, 관다발식물의 통도조직과 비슷한 구실을 하는 세포가 발달한다.

암그루에 달린 홀씨주머니가 열리면서 나온 홀씨가 땅에 떨어져 물을 빨아들이면 싹이 트면서 녹색 실 모양의 원사체를 만들며, 원사체는 알맞은 조건에서 성숙한 배우체를 만든다.

사는 곳 우리나라 전국에서 저절로 자란다.

모습 여러해살이풀. 높이가 5~20cm다. 뿌리, 줄기, 잎이 뚜렷하지는 않지만 구분된다.

엽상체 길이 0.6~0.7cm로 짧고 가는 솔잎 모양이며, 나사꼴로 달린다.

홀씨 암수딴그루. 암그루의 줄기 끝에 달리는 홀씨주머니에 생긴다. 수그루는 겹꽃 모양이다.

쓰임새 집 마당이나 화분을 꾸미려고 심어 가꾼다.

홀씨주머니가 올라온 모습 암그루의 난자가 수그루의 정자를 만나 수정을 하면 암그루의 홀씨주머니에 홀씨가 생긴다.

홀씨주머니가 올라오기 전 무리지은 모습이 녹색 융단 같다.

홀씨주머니

수그루 무리지어 있는 모습

속새

Equisetum hyemale L. | rough horsetail, scouring-rush horsetail, common scouring rush
속새목 속새과 | 필관초

속새과에 딸린 식물은 아주 원시적인 양치식물로, 4억 년 전부터 자라 석탄기에는 지구 전체로 퍼졌다. 속새는 햇볕이 조금 들고 축축한 숲 속에서 잘 자라는데, 우리나라에서는 중부 지방의 잘 가꾼 숲에서 많이 자란다. 여름에는 무성하게 자라는 다른 식물에 가려서 잘 안 보이지만, 늘 푸르러서 다른 식물이 말라 죽은 겨울에는 아주 뚜렷이 보인다.

줄기는 뿌리줄기에서 여러 개 한꺼번에 나온다. 잎은 원시적인 형태로 얇은 비늘조각처럼 생겼으며, 속이 빈 줄기의 마디에서 여러 장 나와 서로 붙은 모습이 까만 띠처럼 보인다. 잎이 난 마디와 마디 사이에는 세로로 골이 패는데, 여기에 규산염이 쌓여서 딱딱하다. 그래서 예로부터 나무를 매끈하게 갈거나 그릇을 반들반들하게 닦을 때 속새 줄기를 많이 썼다.

물이 많은 곳에서 잘 자라므로, 옛날에는 우물 자리를 찾을 때 속새가 많이 자라는 곳을 골랐다. 숲을 가꾸려고 심고, 화분에 심어 집안에서 가꾸기도 한다. 식물체 전부를 약으로 쓰는데, 피를 멎게 하고 염증을 낫게 한다.

사는 곳 우리나라 제주도와 강원도 이북 지방에서 저절로 자란다.

모습 늘푸른 여러해살이풀. 높이가 30~60cm다. 옆으로 뻗는 뿌리줄기에서 새싹이 돋는다. 줄기는 가지를 치지 않고 곧게 자라며, 마디와 마디 사이에 골이 10~18줄 팬다.

잎 돌려나기. 검은 갈색이고 끝이 톱니 모양이다. 서로 붙어 줄기의 마디를 완전히 둘러싸면서 길이 0.4~0.8cm의 잎집이 된다. 잎집의 아래쪽은 갈색이다.

홀씨 홀씨주머니는 길이 0.6~1cm로 원뿔꼴이며, 줄기의 끝에 달리고 초록빛이 도는 갈색에서 노란색으로 바뀐다.

쓰임새 감상하려고 심어 가꾸고 약으로 쓴다.

잎차례

줄기와 잎 줄기의 마디와 마디 사이에 세로로 팬 골이 많으며, 잎 여러 장이 붙어서 잎집이 되어 줄기를 감싼다.

무리지어 자라는 모습 어둡고 물기 많은 숲 속에서 자라며, 늘 푸르러서 겨울이면 눈에 더 잘 띈다.

홀씨주머니이삭이 자라는 모습 줄기의 끝에 달리며, 점점 원뿔꼴이 되면서 노랗게 된다.

쇠뜨기

Equisetum arvense L. | horsetail
속새목 속새과 | 뱀밥, 쇠띠, 쇠띠기, 필두엽

쇠뜨기는 햇볕이 잘 드는 풀밭, 논둑, 하천가에서 자란다. '소가 뜯어먹는 풀'이라고 하여 '쇠뜨기'라는 이름이 붙었다. 그래서 소가 잘 다니는 곳에 흔히 자란다. 해발고도 1,000m나 되는 고산 지대에서도 잘 자란다.

고사리보다 더 원시적인 식물이다. 쇠뜨기와 같은 종류의 식물은 고생대 말 석탄기에 아주 번성했으며, 그 때는 지금보다 키가 훨씬 컸다고 한다.

씨앗이 아닌 홀씨로 번식하거나 뿌리줄기를 길게 뻗으면서 번식한다. 이른 봄이면 옅은 갈색의 생식줄기가 돋고 이것이 없어질 즈음에 녹색의 영양줄기가 옆에서 자란다. 영양줄기는 엽록소가 있어서 광합성을 한다.

옛날에는 이따금 혈압을 내리거나 피를 멎게 하는 데 쇠뜨기를 약으로 썼다. 요즘에는 성인병과 암 치료제로 개발하고 있다. 술을 빚기도 하며, 영양줄기는 오줌을 잘 누게 해서 달여 먹고 생식줄기는 쪄서 껍질을 벗겨 양념장에 찍어 먹거나 조림, 튀김, 장아찌를 해먹는다.

사는 곳 우리나라 전국에서 저절로 자란다.

모습 여러해살이풀. 줄기는 속이 비며 생식줄기는 높이 10~30cm, 영양줄기는 높이 30~40cm로 생식줄기가 영양줄기보다 먼저 나온다.

잎 돌려나기. 영양줄기의 잎은 줄기에 나는 모서리의 개수처럼 4장이다. 생식줄기의 잎은 비늘 모양이고 짙은 갈색이다.

홀씨 생식줄기에 달리는 홀씨주머니에 생긴다.

쓰임새 생식줄기는 먹고 영양줄기는 약으로 쓴다.

잎차례

영양줄기 덜 진화해서 잎과 줄기를 뚜렷하게 구분하기 어렵지만 자세히 보면 줄기에 마디가 있고, 마디마다 작은 비늘 같은 잎이 여러 장 잇달아 달려 있다.

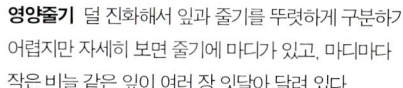

생식줄기 이른 봄에 뱀의 머리 같은 홀씨주머니이삭을 달고 나온다.

홀씨주머니이삭 여물면 벌집 모양으로 벌어지고 그 사이에서 홀씨가 터져 나온다.

잎

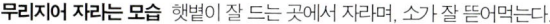

무리지어 자라는 모습 햇볕이 잘 드는 곳에서 자라며, 소가 잘 뜯어먹는다.

생이가래

Salvinia natans (L.) All.

고사리목 생이가래과 | 과엽빈, 수백각, 모공표

생이가래는 논이나 연못, 늪처럼 물이 괴어 있는 곳에서 많이 자라며, 아시아와 유럽 등에 널리 분포한다.

잎 3장 중에서 2장은 마주 붙어 나와 물 위에 떠서 광합성을 하며, 나머지 1장은 수염뿌리처럼 잘게 갈라지고 물 속에서 양분을 빨아들인다. 물 위에 뜨는 잎은 위아래 양쪽에 털이 나는데, 위쪽에 나는 잔털은 물을 막아 주고 아래쪽에 나는 짧고 거친 털은 물이 잘 닿게 하는 구실을 한다.

가을이 되면 물 속의 잎 아래쪽에서 다시 작은 잎이 가지를 치듯이 나오며, 그 잎에 털 달린 방울 모양의 주머니가 여러 개 달린다. 그 주머니 속에 홀씨주머니가 생기며, 홀씨는 큰 것도 있고 작은 것도 있다.

피를 맑게 하면서 잘 돌게 하며, 독을 없애고 통증을 줄여서 약으로 쓴다. 논에 너무 많이 자라면, 햇볕을 막아서 물의 온도가 내려가고 벼에 필요한 양분까지 빨아들이므로 벼가 제대로 못 자란다.

사는 곳 우리나라 중부와 남부 지방, 제주도에서 저절로 자란다.

모습 한해살이풀. 물 위에 떠서 자란다.

잎 돌려나기. 마디에서 3장씩 나오며, 1장은 물 속에 잠기고 2장만 물 위에 뜬다. 물 속에 잠기는 잎은 길이 7~10cm로 가늘고 길다. 물 위에 뜨는 잎은 길이 1~1.5cm, 너비 0.6~1cm로 타원꼴이다.

홀씨 6월에 생겨 9월에 익는다. 물 속의 갈라진 잎에 달리는 홀씨주머니에 생긴다.

쓰임새 어항에 넣어 물풀로 가꾸거나 약으로 쓴다.

홀씨  | 잎차례

물 위를 가득 덮은 모습 여름이 되어 물이 따뜻해지면 빠르게 번식한다.

물 속에 잠기는 잎 수염뿌리처럼 잘게 갈라지며, 뿌리 구실을 한다.

물 위에 뜨는 잎 타원꼴 잎이 여러 장 깃꼴로 붙어 있다.

고란초

Crypsinus hastatus (Thunb.) Copel.
고사리목 고란초과 | 금성초

고란초는 숲 속의 그늘진 곳에서 잘 자라는데, 주로 흙이 박혀 있는 바위틈에 붙어서 자란다. 부여에 있는 절인 고란사에서 처음 발견하여 '고란초' 라는 이름이 붙었는데, 지금은 그 곳에서 찾아 보기 어렵다. 한때는 희귀식물인 줄 알고 보호했는데, 전국 곳곳에서 저절로 자라고 있음이 밝혀졌다. 일본이나 중국에서도 자란다.

잎은 보통 끝이 뾰족한 타원꼴이지만 이따금 둥글거나 가장자리가 2~3갈래로 크게 갈라지는 등 변이가 많다. 갈라진 잎의 조각 중에서는 가운데에 있는 것이 가장 크다. 홀씨주머니 여러 개가 둥글게 모여서 된 홀씨주머니무리는 잎 뒤에 달리는데, 가운데에 난 맥을 중심으로 양쪽의 옆맥 사이사이에 1개씩 붙는다. 그 모습을 멀리서 보면 잎 위에 둥근 점 여러 개가 2줄로 늘어선 것처럼 보이는데, 이것은 고란초과에 딸린 식물이 모두 지닌 특징이다.

식물체 전부를 약으로 쓰는데, 피를 맑게 하고 오줌을 잘 누게 하며 독을 풀고 종기를 낫게 한다.

사는 곳 우리나라 전국에서 저절로 자란다.

모습 늘푸른 여러해살이풀. 뿌리줄기는 무더기로 나와 길게 뻗고, 갈색 비늘조각으로 덮인다.

잎 1장 난다. 길이 3~10cm로 긴 타원꼴이고 끝이 뾰족하다. 앞쪽은 녹색이고 뒤쪽은 조금 희다. 잎자루는 길이 2~5cm다.

홀씨 6월에 생겨 9월에 익는다. 홀씨주머니무리는 둥글고 노랗게 익으며, 겉을 싸는 포막이 없다.

쓰임새 감상하려고 심어 가꾸고, 약으로 쓴다.

홀씨 잎차례

백제의 의자왕에 얽힌 이야기
의자왕은 고란초가 자라는 곳의 약수를 즐겨 마셨는데, 늘 물 위에 잎을 하나 띄워서 마셨다고 한다.

고란초

바위벽에 붙어서 자라는 모습

고란초의 홀씨주머니무리
둥근 잎 뒤의 가운데에 난 맥 양쪽으로 늘어서 있다.

층층고란초 *Crypsinus veitchii*
제주도 바위벽에 붙어 사는 희귀식물로, 잎이 층층이 갈라지는 점이 고란초와 다르다.

고사리

Pteridium aquilinum var. *latiusculum* (Desv.) Underw.
고사리목 고사리과

고사리류는 홀씨로 번식하는 원시적인 식물로, 고생대 데본기에 나타나 중생대에 번성하기 시작했다. 다른 원시적인 식물과는 달리 변하는 환경에 잘 적응한 편이다. 지금까지도 열대와 온대 지역은 물론 건조 지역에까지 널리 자란다. 전 세계에서 10,000종 이상 자라고 우리나라에서는 300여 종이 자란다. 주로 햇볕이 잘 드는 숲 가장자리에서 자라며, 축축한 곳보다는 마른 곳을 더 좋아하므로 불이 난 산에 나중에 가보면 무성하게 자란 모습을 볼 수 있다.

고사리뿐만 아니라 개고사리, 고비, 관중, 뱀고사리 등을 통틀어 고사리류라고 한다. 고비처럼 영양줄기와 생식줄기의 모양이 전혀 다른 종류도 있고, 개고사리처럼 잎 뒤에 홀씨주머니가 달리면서 영양줄기와 생식줄기가 하나가 되는 종류도 있다. 개고사리는 잎이 세모꼴로 고사리보다 훨씬 짧다.

고사리는 봄에 돌돌 말린 연둣빛 새싹이 돋아 크게 자라면서 펼쳐진다. 부드럽고 통통한 어린 싹을 잘라서 삶아 말리면 갈색 나물이 되며, 이것을 다시 삶아 하룻밤쯤 물에 담가 독성을 우려내고 요리해서 먹는다. 제사나 잔치 음식에 꼭 들어가는 나물이다. 열을 내리고 오줌을 잘 누게 하여 약으로도 쓴다.

사는 곳 우리나라 전국에서 저절로 자란다.

모습 여러해살이풀. 높이가 약 100cm다. 땅 속에서 굵은 뿌리줄기가 옆으로 뻗고 군데군데 새싹이 돋는다.

잎 1장 난다. 작은 잎 여러 장이 2~3번에 걸쳐서 나란히 붙은 깃꼴겹잎으로 길이 150~200cm다.

홀씨 8월 말에 익는다. 생식줄기가 따로 없다. 작은 잎 가장자리의 맥을 따라 달리는 홀씨주머니에 홀씨가 생긴다.

쓰임새 뿌리줄기에 돋는 어린 싹을 나물로 먹는다.

홀씨  잎차례

관중 *Dryopteris crassirhizoma*
면마과. 원시림처럼 사람이 거의 드나들지 않는 깊은 숲에서 자란다. 잎이 왕관처럼 둥글게 나서 '관중'이라고 부른다. 모양이 아름다워서 화분에 심어 가꾸지만 먹지는 못한다.

새싹 봄에 뿌리줄기에서 올라온다. 왼쪽은 관중, 오른쪽은 고사리

고비 *Osmunda japonica*
고비과. 생식잎과 영양잎이 따로 있다. 고사리처럼 어린 잎을 나물로 먹는다. 영양잎은 길이 100cm쯤 자란다. 겹잎을 이루는 작은 잎이 고사리보다 훨씬 크다.

무리지어 자라는 모습 햇볕이 잘 드는 메마른 곳에서 무성하며, 산불이 난 이듬해에 많이 난다.

홀씨주머니무리 잎 뒤쪽에 생긴다.

족제비고사리가 자라는 모습 홀씨를 조직배양하여 자라 덩이진 전엽체에서 잎이 나온다.

세대교번이란? 고사리 같은 양치식물은 홀씨가 떨어지면 전엽체라는 기관이 생긴다. 전엽체는 길이 약 0.5cm로 심장꼴이고 녹색이며 잎처럼 보인다. 고사리는 수정을 전엽체에서 하며, 이 시기를 유성세대라고 한다. 수정란이 싹터 자라 홀씨주머니를 만들기까지의 시기는 무성세대라고 한다. 이 모든 과정을 통틀어 세대교번이라고 한다.

외떡잎식물강

검정말	맥문동	사탕수수
나사말	아마릴리스	수수
비비추	군자란	조
원추리	수선화	강아지풀
마늘	붓꽃	옥수수
부추	크로커스	밀
양파	글라디올러스	잔디
파	마	창포
달래	용설란	토란
참나리	부레옥잠	천남성
백합	닭의장풀	개구리밥
얼레지	조개풀	부들
튤립	율무	생강
무릇	보리	파초
히아신스	벼	칸나
아스파라거스	갈대	개불알꽃
둥굴레	참억새	풍란
은방울꽃	줄	보춘화

검정말

Hydrilla verticillata Casp.

소생식물목 자라풀과

물에 사는 식물의 종류는 여러 가지다. 개구리밥처럼 물 위에 떠서 사는 식물도 있고, 부들처럼 뿌리만 물에 담근 채 몸은 물 밖에 두고 사는 식물도 있다. 검정말이나 나사말처럼 물 속에서 살다가 특별한 때에만 잠깐 물 위로 올라오는 식물도 있다.

검정말은 연못이나 흐르는 물 속에 모여서 산다. 줄기의 윗마디에 잎이 나며, 아랫마디에 수염뿌리가 난다. 잎은 자라는 곳에 따라 색깔이 조금씩 다르다. 보통 고인 물 속에서 자라는 것은 옅은 녹색이나 검은 갈색이지만, 흐르는 물 속에서 자라는 것은 옅은 녹색이다. 흐르는 물에는 산소가 많아 광합성이 잘 되기 때문이다. 그래서 고인 물이라도 깨끗하고 산소가 충분하면 잎이 옅은 녹색을 띤다. 꽃은 옅은 자주색이다. 암꽃은 처음에는 포에 싸여 있다가 씨방이 자람에 따라 밖으로 나와 물 위에서 핀다. 수꽃도 포에 싸여 있다가 성숙하면 포가 가로로 갈라져서 꽃이 꽃줄기에서 떨어져 나온다. 열매 속에는 짧은 기둥처럼 생긴 씨앗이 1~3개 들어 있다.

사는 곳 우리나라 전국에서 저절로 자란다.

모습 여러해살이 물풀. 줄기는 길이 30~60cm로 원통꼴이며, 가지를 치고 마디가 있다.

잎 돌려나기. 3~8장씩 난다. 길이 1~2cm로 길쭉하다. 가장자리에는 잔톱니가 있으며 끝이 뾰족하다.

꽃 암수딴그루. 8~9월에 물 밖으로 나와 핀다. 옅은 자주색이며, 꽃잎과 꽃받침잎이 각각 3장이다.

열매 수과. 9~10월에 익는다. 가늘고 길며, 겉에 실 같은 것이 2~3개 붙는다.

쓰임새 어항 속을 꾸미는 물풀로 쓴다.

꽃과 열매   잎차례

암꽃

물 속에서 무성하게 자란 모습

수그루

암그루

검정말은 꽃가루받이를 어떻게 할까? 수그루와 암그루가 따로 있는 식물이 꽃가루받이를 하려면 도와주는 것이 있어야 한다. 검정말과 나사말 같은 물풀은 물이 돕는다. 물 위에 뜬 꽃가루가 물결을 따라 흐르다가, 물 위에 핀 암꽃의 암술머리에 닿으면 꽃가루받이가 이루어진다. 이와 같이 물의 도움으로 꽃가루받이를 하는 식물을 '수매화'라고 한다.

나사말

Vallisneria natans Hara

소생식물목 자라풀과 | 고초

나사말은 천천히 흐르는 강의 가장자리나 연못에서 자란다. 잎과 암꽃줄기가 나사처럼 돌돌 말리는데 물의 깊이에 따라 길어지기도 하고 짧아지기도 한다. 자라는 모습이 이와 같아서 '나사말' 이라는 이름이 붙었다.

뿌리줄기는 희고 마디에서 수염뿌리를 내린다. 잎은 반투명하고 긴 줄처럼 자라며, 위쪽의 가장자리에 톱니가 희미하게 생긴다. 수꽃은 길이 2~3cm의 꽃줄기 끝에 달리며, 주걱처럼 생긴 포에 싸여 있다가 성숙하면 포가 벌어지면서 꽃만 떨어져 나와 물 위로 솟아오른다. 화피 3장으로 되어 있고, 수술이 1~3개 있다. 암꽃도 포에 싸여 있다가 성숙하면 길게 자란 꽃줄기를 따라 물 위로 올라와 핀다. 화피 3장으로 되어 있으며, 암술머리는 2갈래로 갈라진다. 물결을 따라 흐르는 꽃가루가 물 위에 떠 있는 암술머리에 닿으면 꽃가루받이가 일어난다. 검정말처럼 물의 도움으로 꽃가루받이를 하므로 수매화다. 암꽃은 꽃가루받이가 끝나면 꽃줄기가 꼬이면서 다시 물 속으로 들어가 열매를 맺는다.

식물체 전부를 '고초' 라고 부르면서 약으로 쓰는데, 피를 잘 돌게 하며 아기를 낳은 여자가 먹으면 몸 속에 있던 나쁜 찌꺼기가 빠져 나온다고 한다.

사는 곳 우리나라 중부 이남 지방에서 저절로 자란다.

모습 여러해살이 물풀. 뿌리줄기가 옆으로 길게 뻗는다.

잎 모여나기. 뿌리줄기의 마디에서 나온다. 길이 30~70cm, 너비 0.4~0.9cm로 아주 가늘고 길다.

꽃 암수딴그루. 8~9월에 물 위로 올라와 핀다. 암꽃줄기는 길고 수꽃줄기는 짧다.

열매 9~10월에 익는다. 길이 15~20cm로 길쭉하고 겉이 밋밋하다. 씨앗은 원뿔꼴이다.

쓰임새 약으로 쓴다.

꽃과 열매   잎차례

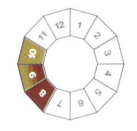 

열매 꽃가루받이를 끝내고 암꽃줄기가 나사처럼 꼬이면서 물 속으로 들어가 열매를 맺은 모습

암꽃 위에서 본 모습

암꽃

수꽃

비비추

Hosta longipes (Fr. et Sav.) Matsumura
백합목 백합과

비비추는 산지의 냇가에서 자라며, 꽃과 잎을 감상하려고 심어 가꾸는 식물로 유명하다. 전 세계에서 꽃 색깔, 잎에 나는 무늬, 크기 등에 따라 수백 가지가 넘는 품종을 만들어 사고판다.

줄기와 뚜렷하게 구분되지 않는 잎은 뿌리 근처에 모여 나서 비스듬히 퍼진다. 짙은 녹색이고 가죽처럼 두꺼우며, 가장자리가 밋밋하게 주름진다. 여름에 잎 사이에서 꽃줄기가 나와 그 끝에 옅은 보라색 꽃이 피는데, 끝이 6갈래로 갈라지면서 뒤로 조금 젖혀진 모양이 나팔 같다. 수술이 6개, 암술이 1개며 꽃 밖으로 길게 나온다. 열매는 다 익으면 3갈래로 갈라지면서 씨앗이 튀어 나온다.

벌을 키우는 집에서는 먹이로 쓸 꿀을 얻으려고 둘레에 심어 가꾼다. 길 가장자리의 꽃밭이나 공원에도 심고, 잎은 모양이 예뻐서 결혼식 날 신부의 꽃다발을 만드는 데 많이 쓴다. 어린 싹은 나물로 먹고 잎은 쌈, 샐러드를 해먹거나 국을 끓여 먹는다. 예로부터 꽃, 잎, 뿌리를 약으로 썼는데, 귀에 염증이 있거나 여자가 아기를 낳고 젖이 몹시 아플 때 쓰면 잘 낫는다. 뿌리에서 짠 즙을 피부병이 난 곳에 바르면 낫는다.

사는 곳 우리나라 전국에서 저절로 자란다.

모습 여러해살이풀. 높이가 약 40cm다. 땅 속에서 많은 뿌리가 사방으로 뻗으면서 자란다.

잎 모여나기. 길이 5~15cm로 긴 달걀꼴이나 심장꼴이고 끝이 뾰족하다. 나란히맥이 8~9개 생기고, 잎자루는 길이 약 20cm다.

꽃 총상꽃차례. 7~8월에 핀다. 길이 약 4cm로 옅은 보라색이다. 길이 30~40cm인 꽃줄기에 한쪽으로 치우쳐서 여러 송이 달린다.

열매 삭과. 9월에 익는다. 긴 타원꼴이며, 비스듬하게 달린다.

쓰임새 마당에 심어 집안을 꾸미며, 꽃다발을 만든다. 어린 싹과 잎은 먹는다.

꽃과 열매  잎차례

꽃 나팔 모양이며, 수술과 암술이 밖으로 길게 나온다.

옥잠화 *Hosta plantaginea*
원산지가 중국으로, 우리나라에서 예로부터 많이 심어 가꿨다. 꽃이 아주 아름답고, 향기가 좋아서 향수의 원료로 쓴다. 꽃봉오리가 옥비녀처럼 생겨서 '옥잠화'라는 이름이 붙었다. 비비추보다 잎이 더 크고 둥글다.

일월비비추 *Hosta capitata*
8~9월에 옅은 보라색 꽃이
피며 꽃줄기 끝에 촘촘이
달려서 두상꽃차례처럼 보인다.

무리지어 꽃 핀 모습

잎은 뿌리 근처에서 나와
비스듬히 퍼지면서 자라고,
잎보다 2곱쯤 긴 꽃줄기
끝에 옅은 보라색 꽃이
여러 송이 달린다.

일월비비추 *Hosta capitata*
8~9월에 옅은 보라색 꽃이
피며 꽃줄기 끝에 촘촘이
달려서 두상꽃차례처럼 보인다.

덜 익은 열매

원추리

Hemerocallis fulva L. | day lily
백합목 백합과 | 넘나물, 망우초

원추리는 산과 들에서 자라며, 학자마다 이름을 조금씩 다르게 부른다. 흔히 주황색의 큰 꽃이 피고 집 마당에 주로 심어 가꾸는 종류를 원추리라고 한다. 그 밖에 산에서 저절로 자라 노란 꽃이 피는 종류는 특징에 따라 각시원추리, 골잎원추리 등으로 나누어 부른다. 우리나라 지리산의 노고단은 원추리가 무리지어 저절로 자라는 곳으로 유명하다.

뿌리는 가늘고 노란빛이 도는 갈색이며 끝이 부풀어서 원뿔꼴의 덩이뿌리가 된다. 번식은 씨앗뿌리기나 포기나누기로 한다. 백합처럼 생긴 꽃이 날마다 피어 하루 만에 진다고 해서 '데이 릴리'(day lily)라고도 부른다. '근심을 잊게 하는 풀'이라는 뜻으로 '망우초'라고 부르기도 하는데, 마냥 바라만 봐도 걱정이 사라질 만큼 꽃이 아주 예쁘다는 말이다.

봄에 난 새싹은 '넘나물'이라고 하여 먹는데 달고 부드러워서 아주 맛있다. 대보름에는 넘나물국을 먹는 풍속이 있다. 꽃으로는 쌈이나 샐러드를 해먹는다. 덩이뿌리는 영양소가 풍부하고 녹말이 많아서 옛날에 식량으로 썼다. 오줌을 잘 누게 하고 피를 멎게 하며, 열을 내리고 상처가 덧나지 않게 하므로 약으로도 쓴다.

사는 곳 우리나라 전국에서 저절로 자란다.

모습 여러해살이풀. 높이가 약 100cm다.

잎 어긋나기. 길이 60~80cm, 너비 1.2~2.5cm로 흰빛이 도는 녹색이다. 줄기의 밑동에서는 여러 장 겹치면서 잎집이 되고, 위쪽에서는 활처럼 휜다.

꽃 6~8월에 핀다. 길이 8~13cm로 주황색이고 나팔 모양이다. 길이 약 100cm의 꽃줄기 끝에 6~8송이 달린다.

열매 삭과. 8~9월에 익지만 거의 맺지 않는다.

쓰임새 집안이나 도로 주변을 꾸미려고 심어 가꾼다. 꽃과 어린 싹은 먹고, 뿌리는 약으로 쓴다.

꽃 여러 장 모여 난 잎 사이에서 긴 꽃줄기가 올라와 그 끝에 몇 송이 핀다.

 꽃과 열매

 잎차례

각시원추리
Hemerocallis dumortieri
전국의 햇볕이 잘 드는 산과 들에서 자란다. 꽃줄기의 높이가 25~40cm로 키가 작은 편이며, 꽃이 2~3송이씩 달린다.

무리지어 꽃 핀 모습 물이 잘 빠지고 양지 바르며 기름진 곳에서 잘 자란다.

새싹이 갓 돋은 1년생 원추리
덩이뿌리가 아직 생기지 않고
수염뿌리만 많이 났다.

덩이뿌리가 달린 2년생 원추리
덩이뿌리는 녹말 같은 양분을 저장하는
기관이며, 옛날에는 여기서 뽑아낸
녹말로 음식을 만들어 먹었다.

열매 위에서 본 모습으로,
익으면 3갈래로 벌어지면서
까만 씨앗이 드러난다.

마늘

Allium sativum for. *pekinense* Makino | garlic

백합목 백합과 | 훈채, 대산, 호

마늘은 고대 이집트와 그리스 시대부터 심어 가꾸었다고 한다. 우리나라에서도 아주 오래 전부터 마늘을 가꾸어 먹었다. 곰이 마늘을 먹으면서 21일 동안 기도한 끝에 웅녀라는 여인이 되어 환웅과 결혼하고 단군을 낳았다는 단군신화가 그 사실을 뒷받침한다. 13~23℃의 낮은 기온에서 잘 자란다.

늦은 가을에 비늘줄기나 살눈을 심으면 이듬해 봄에 화살촉 모양의 봉오리를 단 꽃줄기가 잎겨드랑이에서 나오는데, 흔히 '마늘종'이라고 부른다. 꽃줄기 끝에 꽃이 피면 그 사이에 많은 살눈이 생겨 번식하는데, 그러면 땅 속의 비늘줄기가 자라지 못하므로 그 전에 꽃줄기를 뽑아서 나물이나 장아찌를 만들어 먹는다. 비늘줄기는 늦은 봄이나 이른 여름에 거둔다. 꽃이 피기 전에 꽃줄기를 없애므로 꽃이 맺는 열매를 보기 어렵다.

비늘줄기는 향기가 짙고 맛이 독특한데, 고기를 부드럽게 하고 비린내를 없애므로 온갖 음식에 양념으로 넣어 먹는다. 소화를 돕고 기운을 돋우며, 피를 맑게 하고 감기를 낫게 하므로 약으로도 쓴다. 옛날에는 천연두나 뇌염, 콜레라 같은 전염병이 돌면 집안에 걸어 두고 병을 막는 풍습이 있었는데, 마늘에 들어 있는 물질인 '알리신'이 실제로 병균을 막기 때문이다.

사는 곳 원산지가 서아시아라는 설이 있다. 우리나라 전국에서 심어 가꾼다.

모습 여러해살이풀. 높이가 약 60cm다. 비늘줄기는 크고 둥글며 껍질 속에 작은 비늘줄기가 5~6쪽 들어 있다.

잎 어긋나기. 3~4장씩 나오며 긴 피침꼴이고 줄기의 밑동에서는 여러 장 겹쳐 잎집이 된다.

꽃 산형꽃차례. 7월에 핀다. 자줏빛이 도는 흰색이며 피침꼴인 화피조각이 6장, 수술이 6개 있다.

열매 삭과. 8~9월에 익는다.

쓰임새 먹거나 약으로 쓴다.

꽃과 열매   잎차례

비늘줄기 옅은 갈색 껍질로 싸여 있다.

비늘줄기 밑에 수염뿌리가 나 있다.

산마늘
Allium victorialis var. *platyphyllum*
울릉도와 강원도에서 자란다. 길이 20~30cm, 너비 3~10cm의 넓적한 잎이 2~3장 나온다.

꽃줄기(마늘종)가 올라온 모습

비늘줄기를 쪼갠 모습
껍질을 벗겨 쪼개면 작은 비늘줄기가 5~6쪽 나온다.

살눈

꽃차례

심어 가꾸려면 늦은 가을에 비늘줄기나 살눈을 심고, 싹이 나서 겨울을 난 이듬해 이른 여름에 비늘줄기를 거둔다.

부추

Allium tuberosum Roth.
백합목 백합과 | 정구지, 솔

부추는 우리나라뿐만 아니라 일본, 태국, 필리핀 등 여러 나라에서 심어 가꾼다. 중국의 서부 지방에 가면 지금도 야생으로 자라는 것을 볼 수 있다.

땅 속에서 뿌리줄기를 뻗으면서 포기를 늘리므로 무리지어 자란다. 보통 봄에 씨앗을 뿌리면 7~10일 뒤에 싹이 트며, 잎이 25~30cm쯤 자라면 잘라 먹는다. 1년에 5~6번 잘라 먹을 수 있으며, 해마다 가꾸어 먹으려면 여름에 잎을 자르지 말아야 한다. 2년 이상 가꾸면 꽃줄기가 올라와 예쁜 꽃이 피지만, 싱싱하고 튼튼한 잎을 먹으려면 꽃줄기를 일찍 잘라 버려야 한다. 잎으로 갈 양분이 꽃 피고 열매 맺는 데로 빠져 나가기 때문이다.

부드러운 잎으로 전, 잡채, 김치 등을 만들어 먹는다. 잎, 열매, 뿌리, 비늘줄기는 기운을 돋우고 심장, 간, 위, 장을 튼튼하게 하는 약으로 쓴다. 목이 붓고 아플 때 잎을 찧어서 살짝 볶은 다음 목 주변에 붙이면 잘 낫는다. 로마의 네로 황제는 연설할 때 목청을 좋게 하려고 부추를 즐겨 썼다고 한다.

사는 곳 원산지는 동부아시아다. 우리나라 전국에서 심어 가꾼다.

모습 여러해살이풀. 높이가 30~40cm다. 비늘줄기의 아래쪽에서 뿌리줄기가 나온다.

잎 어긋나기. 줄기의 밑동에서 나오며, 길이 약 30cm로 넓고 평평하다.

꽃 산형꽃차례. 7~8월에 핀다. 길이 30~50cm의 꽃줄기 끝에 희고 작은 꽃이 20~30송이씩 달린다.

열매 삭과. 9~10월에 익는다. 길이 약 0.5cm로 심장꼴이며, 익으면 3갈래로 벌어지면서 검은 씨앗이 6개 나온다.

쓰임새 먹거나 약으로 쓴다.

꽃과 열매 | 잎차례

꽃차례 잎 사이에서 나온 꽃줄기에 길이가 같은 꽃자루 여러 개가 우산살 모양으로 달리고 그 끝에서 꽃이 핀다.

비늘줄기와 뿌리줄기 비늘줄기는 좁은 달걀꼴이며, 겉에 거무스름하게 노란 실 같은 물질이 붙어 있다. 뿌리줄기는 비늘줄기의 밑에서 나온다.

열매이삭

두메부추
Allium senescens
울릉도 바닷가의 바위벽 틈에서 저절로 자란다. 꽃은 붉은 자주색인데 산부추보다 더 옅다. 꽃자루에는 세로로 날개가 달린다.

산부추
Allium thunbergii
우리나라 전국의 산지에서 저절로 자란다. 붉은 자주색 꽃이 피며 꽃차례가 부추보다 더 크다. 잎은 겉에 모서리가 3개 있고 끝이 뾰족하다.

양파

Allium cepa L. | onion
백합목 백합과 | 둥근파, 옥총, 총두

양파를 가꿔 먹은 지는 꽤 오래되었다. 기원전 3,000년쯤에 그린 고대 이집트의 무덤 벽화에는, 피라미드를 쌓는 일꾼들이 마늘과 양파를 먹은 사실이 기록되어 있다. 우리나라에서는 조선시대에 들여와 심었다.

우리가 먹는 둥근 것은 뿌리가 아니라 비늘줄기다. 비늘줄기 밑에는 수염뿌리가 난다. 품종에 따라 모양, 색깔, 가꾸는 방법이 조금씩 다르다. 보통 가을에 씨앗을 뿌려, 이듬해 5~6월에 잎이 스러지고 비늘줄기가 옅은 녹색이 되면 캔다. 이따금 비늘줄기가 크기 전에 잎을 잘라 먹기도 한다.

비늘줄기는 맛이 맵지만 비타민, 칼슘 같은 영양소가 풍부하고 여러 효능이 있어서 몸에 아주 이롭다. 고혈압, 당뇨병, 동맥경화증, 심장병이 있는 어른이 먹으면 아주 좋고, 어린이가 먹으면 뼈가 튼튼해진다. 소화를 돕고 피를 잘 돌게 하며 피에 섞인 나쁜 물질까지 말끔히 없앤다. 요즘에는 암 치료제로 개발하고 있다.

사는 곳 원산지가 서아시아나 중앙아시아라는 설이 있다. 우리나라 중부와 남부 지방에서 심어 가꾼다.

모습 두해살이풀. 높이가 50~100cm다. 비늘줄기는 지름 약 10cm로 둥글며, 맛이 맵다.

잎 어긋나기. 꽃이 달리는 줄기에 2~3장 달리며, 가늘고 긴 원통꼴이고 속이 빈다. 꽃이 필 무렵에 시든다.

꽃 산형꽃차례. 9월에 핀다. 꽃줄기 끝에 희고 작은 꽃이 여러 송이 모여 달린다. 피침꼴의 화피조각이 6장 있다.

열매 삭과. 10월에 익는다. 씨앗은 검고 좀 주름진다.

쓰임새 비늘줄기를 먹거나 약으로 쓴다.

 꽃과 열매
 잎차례

비늘줄기 둥글며 밑에는 수염뿌리가 나 있다.

꽃차례 꽃줄기 끝에 길이가 같은 꽃자루가 여러 개 나와 사방으로 퍼지면서 공 모양의 꽃차례를 만든다.

양파밭 보통 가을에 씨앗을 뿌려 이듬해 5~6월에 캔다.

파

Allium fistulosum L.
백합목 백합과

동양에서는 예로부터 파를 많이 심었는데 서양에서는 별로 안 심는다. 우리나라에서는 통일신라시대에 중국을 통해 들여와 심었다고 한다.

비늘줄기는 양파보다 훨씬 가늘며, 그 밑에 많은 수염뿌리가 나와 사방으로 퍼진다. 가을(추운 곳에서는 봄)에 모판에 씨앗을 뿌리고 씨앗 지름의 2~3곱 되는 두께로 흙을 덮는다. 싹이 트고 5월쯤 되면 잎이 새끼손가락 굵기만큼 자라는데, 이 때 넓은 밭에 옮겨 심고 더 자라면 뽑아 먹는다. 잎은 원통꼴이고 끝이 뾰족하며, 속은 텅 비고 끈적끈적하다. 줄기의 밑동에서는 여러 장 서로 겹치면서 잎집이 된다.

매운맛을 내는 '알리신'이 들어 있어서 날로 먹기는 좀 어렵지만, 익히면 매운맛이 줄고 달다. 고기 요리를 할 때 비린내를 없애는 향신료로 많이 쓰며, 파전이나 파김치, 파말이 등을 만들어 먹는다. 배나 이가 아플 때 먹으면 통증이 많이 줄고, 잠이 안 오거나 감기에 걸렸을 때 끓여 마시면 좋다. 칼에 손을 베었을 때 껍질을 붙이면 피가 멎는다. 요즘에는 암 치료제로 연구한다.

사는 곳 원산지가 중국의 북서부 지방이라는 설이 있다. 우리나라 남부 지방에서 많이 심어 가꾼다.

모습 여러해살이풀. 높이가 약 70cm다. 비늘줄기는 크지 않고 수염뿌리가 많이 난다.

잎 어긋나기. 땅에서 높이 15cm쯤 되는 곳에 5~6장 달린다.

꽃 산형꽃차례. 6~7월에 핀다. 화피조각 6장, 수술 6개, 암술 1개로 되어 있다.

열매 삭과. 9월에 익는다. 씨앗은 까맣고 세모꼴이며 한쪽이 오목하고 주름진다.

쓰임새 잎은 여러 음식에 양념으로 넣어 먹고, 뿌리와 비늘줄기는 약으로 쓴다.

 꽃과 열매   잎차례

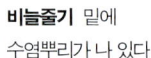
비늘줄기 밑에 수염뿌리가 나 있다.

꽃차례 꽃줄기 끝에 희고 작은 꽃이 여러 송이 모여 우산 모양의 꽃차례를 만든다.

열매를 맺은 모습

달래

Allium monanthum Max.

백합목 백합과 | 달래롱, 마롱개, 산산, 야산

달래는 낮은 언덕이나 산 가장자리, 밭두렁 등 햇볕이 많이 드는 곳에서 자란다. 추위를 잘 견디고 번식 능력이 뛰어나며 빨리 자라는 장점이 있다. 햇볕만 있으면 땅을 가리지 않고 잘 자라지만 서늘한 곳에서 더 잘 자라며, 여름철에 기온이 25℃ 이상으로 높아지면 줄기와 잎이 말라 죽는다. 요즘에는 온실에서 많이 심어 가꾸므로 언제든지 먹을 수 있다.

땅 속의 비늘줄기는 겉껍질이 두껍고, 자라면서 새끼를 2~6개 친다. 잎은 앞쪽이 조금 파여서 자른 면이 초승달 모양이다.

봄철에 입맛을 돋우는 대표적인 나물이며, 비타민과 무기질이 풍부하여 양념에 살짝 무쳐 날로 먹거나 된장찌개를 끓여 먹으면 몸에 좋다. 기운을 돋우고 잠을 잘 자게 하며, 오줌을 잘 누게 하고 피를 잘 돌게 해서 약으로 쓴다. 기관지에 염증이 있을 때 먹어도 잘 낫는다.

사는 곳 우리나라 전국에서 저절로 자란다.

모습 여러해살이풀. 높이가 5~12cm다. 줄기는 무더기로 나와 자라며, 비늘줄기는 길이 0.6~1cm로 흰 달걀꼴이다.

잎 어긋나기. 1~2장 난다. 길이 10~20cm, 너비 약 0.5cm로 가늘고 길다. 맥이 9~13개 있다.

꽃 산형꽃차례. 4월에 핀다. 잎 사이에서 나온 꽃줄기 끝에 여러 송이 모여 달린다. 붉은빛이 도는 흰색으로 피어서 자주색으로 바뀐다. 꽃잎이 6장이다.

열매 삭과. 5~6월에 익는다. 작고 둥글며, 속에 검은 씨앗이 들어 있다.

쓰임새 먹거나 약으로 쓴다.

꽃과 열매  잎차례

꽃차례 긴 꽃줄기 끝에서 여러 개 나와 우산살처럼 펼쳐진 짧은 꽃자루마다 꽃이 1~2송이씩 달려 있다.

열매 꽃차례 모양 그대로 검게 익었다.

비늘줄기 새끼를 2개 쳤고, 밑에는 수염뿌리가 나 있다.

참나리

Lilium lancifolium Thunb. | tiger lily

백합목 백합과 | 호랑나리, 뫼나리, 알나리, 나리, 당개나리, 야백합, 권단

사람들이 흔히 '나리꽃'이라고 하지만 그런 식물은 없다. '나리'는 참나리, 하늘나리, 말나리, 땅나리, 솔나리 등 우리나라에서 저절로 자라는 백합 종류를 통틀어 일컫는 순수한 우리말이다. 영어로는 '릴리'(lily)라고 한다. 참나리는 이러한 백합 종류 중에서 가장 흔하게 볼 수 있고, 키와 꽃이 가장 크며, 화피에 짙은 점이 많이 난다.

참나리는 햇볕이 잘 들고 기름진 산 가장자리나 들에서 자란다. 땅 속에서 둥근 비늘줄기가 자라 양분을 저장한다. 잎겨드랑이에 달리는 까만 살눈이 땅에 떨어져 번식하므로, 씨앗을 만드는 기능이 약해져서 열매를 거의 맺지 않는다.

집 마당에 심으면 여름 내내 아름다운 꽃을 즐길 수 있고, 꽃에 날아드는 호랑나비를 보는 것도 즐겁다. 비늘줄기는 찌거나 조려 먹고, 녹말을 뽑아 죽이나 국수를 만들어 먹는다. 어린 싹은 데쳐서 나물로 먹는다. 비늘줄기와 꽃, 씨앗은 기운을 돋우고 종기를 낫게 하며, 기침이나 열을 멎게 하여 약으로 쓴다. 서양에서는 야생 나리의 유전자를 연구하여 새로운 백합 품종을 개발할 때 우리나라의 토종 나리를 많이 쓴다.

사는 곳 우리나라 거의 전국에서 저절로 자란다.

모습 여러해살이풀. 높이가 100~200cm다. 줄기가 곧게 자라며, 둥근 비늘줄기 밑에 뿌리가 난다.

잎 어긋나기. 길이 5~18cm, 너비 0.5~1.5cm로 피침꼴이다.

꽃 취산꽃차례. 7~8월에 핀다. 줄기나 가지의 끝에 4~20송이 달린다. 주황색이고 나팔 모양이며 아래를 향해 핀다.

열매 삭과. 9월에 익으며, 달걀꼴이다.

쓰임새 집 마당이나 화분에 심어 감상하고, 어린 싹과 비늘줄기는 먹는다.

꽃과 열매 　　잎차례

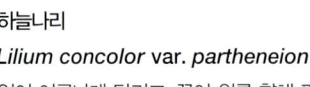

하늘나리 *Lilium concolor* var. *partheneion*
잎이 어긋나게 달리고, 꽃이 위를 향해 핀다.

솔나리 *Lilium cernum*
높은 산에서 드물게 자라며, 잎이 솔잎처럼 가늘고 꽃은 분홍색이다.

땅나리 *Lilium callosum*
잎이 어긋나게 달리며, 꽃은 나리 종류 중에서 가장 작고 아래를 향해 핀다.

참나리 나리 중에서 키와 꽃이 가장 크다.

무리지어 꽃 핀 모습 살눈이 떨어진 자리마다 새로운 참나리가 생기므로 한 곳에서 무리지어 자란다.

살눈 눈의 모양이 구슬 같아서 한자어로는 '주아'(珠芽)라고 한다.

비늘줄기 작은 비늘조각이 여러 개 겹쳐 있다.

꽃 피침꼴의 화피조각이 뒤로 말려 있고, 겉은 주황색 바탕에 거무스름한 자주색 점이 있다. 암술과 수술이 꽃 밖으로 길게 나오며, 꽃밥은 짙은 갈색이다.

백합

Lilium longiflorum Thunb. | lily

백합목 백합과 | 나리

백합 종류는 잎이 줄기의 중간에 나고 꽃은 나팔 모양이며 땅 속에 둥근 비늘줄기가 있는 점이 특징이다. 우리나라에서 자라는 나리 종류도 모두 백합의 한 종류라고 할 수 있다. 주로 북반구의 온대 지방에서 저절로 자라며, 전 세계에 100종 이상이 퍼져 자란다. 그러한 품종을 교잡하여 이제까지 새로운 품종을 약 3,500가지 만들었고 지금도 해마다 약 200가지를 새로 만든다.

여기에서 설명하는 품종은 백합 중에서 가장 흔한 종류로 '나팔백합'이라고도 부르는데, 흰 화피 속에 꿀을 내보내는 작은 구멍이 있고 수술 끝에는 꽃밥이 T자 모양으로 달리며 향기가 아주 짙다. 꽃이 피고 몇 시간쯤 지나면 꽃밥이 터져 꽃가루가 나오며, 꽃가루에 끈끈한 물질이 있어서 화피에 잘 달라붙는다. 땅 속에서는 흰 비늘조각으로 된 비늘줄기가 자라는데, 비늘조각이 헤아릴 수 없이 많이 겹쳤다고 해서 '백합'(百合)이라는 이름이 붙었다. 10~11월에 비늘줄기를 심으면 이듬해 3~4월에 싹이 나오고 늦은 봄이나 여름에 꽃이 핀다.

사는 곳 원산지는 일본이다. 우리나라 전국에서 심어 가꾼다.

모습 여러해살이풀. 높이가 60~100cm다. 땅 속에 지름 5~20cm의 둥근 비늘줄기가 있다.

잎 어긋나기. 길이 10~15cm, 너비 1~1.5cm로 피침꼴이며 잎자루는 없다.

꽃 5~6월에 핀다. 줄기 끝에 2·-3송이씩 달린다. 아래는 붙고 위는 3갈래로 갈라진 내화피와 외화피가 겹쳐서 나팔 모양이 된다. 노란 꽃밥을 단 수술이 6개 있다.

열매 삭과. 8~9월에 익는다. 길이 6~9cm로 긴 타원꼴이며 납작하다.

쓰임새 꽃을 보려고 집 마당에 심어 가꾸거나 꽃꽂이 재료로 쓰며, 비늘줄기는 먹는다.

 꽃과 열매 　 잎차례

꽃 나팔 모양이고 땅 속에는 둥근 비늘줄기가 있다.

꽃봉오리

암술 꽃가루가 듬뿍 묻었다.

얼레지

Erythronium japonicum Decne. | dog tooth violet
백합목 백합과 | 얼레기, 엘네지, 가제무릇, 차전엽산자고, 비단나물

얼레지는 높은 산 숲 속의 기름진 땅에서 자란다. 겨울 동안 땅 속으로 약 50cm 까지 내린 비늘줄기로 양분을 빨아들여 갈무리하고 이른 봄에 꽃이 핀다. 옮겨 심으려면 비늘줄기를 온전하게 잘 캐야 하며 씨앗을 뿌려도 몇 년을 기다려야 꽃을 볼 수 있어서, 예쁘긴 해도 심어 가꾸기가 어렵다.

뿌리 근처에서 2~3장 나온 잎이 지면 그 사이에서 꽃줄기가 올라온다. 꽃은 꽃줄기 끝에 고개를 숙이고 달린다. 봉오리가 벌어지면 꽃잎이 뒤쪽으로 말리면서 젖혀진다. 꽃잎의 안쪽 밑에는 톱니처럼 생긴 보라색 무늬가 있는데, 개의 이빨처럼 생겨서 '도그 투스 바이올렛'(dog tooth violet)이라는 영어 이름이 붙었다. 수술은 6개고 길이가 저마다 다르며, 꽃밥이 자주색이다. 암술머리는 3갈래로 갈라진다. 꽃줄기가 땅 위로 스러질 무렵에 열매가 익는다.

잎은 나물로 먹거나 국을 끓여 먹고, 비늘줄기에서 뽑은 녹말로는 고급 요리를 만든다. 비늘줄기는 위나 장에 염증이 있거나 불에 데었을 때 약으로 쓴다.

꽃 꽃잎 6장이 뒤로 말려서 안쪽의 보라색 톱니무늬와 수술, 암술이 훤히 보인다.

사는 곳 우리나라 전국에서 저절로 자란다.

모습 여러해살이풀. 땅 속 25~30cm 깊이에 길이 약 6cm, 지름 약 1cm인 비늘줄기가 있다.

잎 모여나기. 길이 6~12cm, 너비 2.5~5cm로 녹색 바탕에 자주색 무늬가 있고, 가장자리가 살짝 주름진다.

꽃 4~5월에 핀다. 길이 10~15cm인 꽃줄기 끝에 달린다. 꽃잎은 길이 5~6cm로 자주색이고 피침꼴이며 6장 있다.

열매 삭과. 7~8월에 익는다. 길이 3~4cm로 둥글다.

쓰임새 잎은 먹고 비늘줄기는 약으로 쓴다.

꽃과 열매   잎차례

무리지어 꽃 핀 모습 깊은 산 속 잎지는나무 아래의 기름진 땅에 무리지어 자란다.

열매 익으면 껍질이 3갈래로 갈라지면서 주황색 씨앗이 튀어 나온다.

3년생 비늘줄기 한쪽으로 굽은 피침꼴이며, 밑에는 수염뿌리가 나 있다.

튤립

Tulipa gesneriana L. | tulip
백합목 백합과

'튤립'(tulip)은 꽃 모양이 이슬람교도가 머리에 두르는 터번(turban)과 비슷해서 붙은 이름이다. 흔히 네덜란드를 '튤립의 나라'로 부르지만, 본래 고향은 터키다. 16세기에 유럽으로 건너간 뒤 네덜란드에서 여러 모양과 색깔의 품종을 만들어 '튤립의 나라'가 되었으며, 지금은 전 세계로 수출한다. 우리나라에서는 비늘줄기를 수입해다가 싹을 틔워 심어 가꾼다.

튤립은 햇빛을 바라보면서 자라며, 꽃은 아침에 피었다가 저녁에 오므라든다. 내화피와 외화피가 각각 3장, 수술이 3개, 암술이 1개 있다. 화피는 원래 끝이 뾰족했지만, 새로운 품종을 만들면서 점점 둥글게 되었다. 꽃 색깔은 빨강, 노랑, 주홍, 분홍, 붉은 바탕에 흰 줄무늬, 짙은 자주 등 품종에 따라 여러 가지인데, 지금도 새로운 색깔을 계속 만들어낸다. 꽃이 아주 화려하지만 향기는 없다.

사는 곳 원산지는 소아시아다. 전 세계에서 심어 가꾼다.

모습 여러해살이풀. 땅 속에 있는 둥근 비늘줄기 위로 줄기가 곧게 올라간다.

잎 어긋나기. 줄기의 밑동에서는 여러 장이 서로 감싸면서 나온다. 길이 20~30cm로 긴 타원꼴이며, 가장자리는 물결처럼 주름진다.

꽃 4~5월에 핀다. 꽃줄기 끝에 1송이씩 위를 향해 달린다. 지름 약 7cm로 넓은 종 모양이다.

열매 삭과. 거의 맺지 않는다.

쓰임새 마당에 심어 가꾸면서 집안을 꾸민다.

꽃과 열매 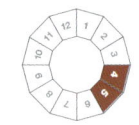 잎차례

비늘줄기 밑에 수염뿌리가 나고, 꽃은 줄기 끝에서 1송이씩 핀다.

꽃 수술과 암술을 보려고 화피를 2장 뗀 모습

심어 가꾸려면 너무 더우면 잎이 웃자라 쉬이 죽으므로, 서늘한 곳에서 가꾸는 것이 좋다. 보통 가을에 비늘줄기를 심으면 봄에 꽃이 핀다. 봄에 심어도 되며, 땅 위로 비늘줄기가 1/3쯤 나오게 심고 물을 충분히 준다. 날씨가 몹시 더우면 해가리개를 씌웠다가 싹이 1마디쯤 자란 뒤에 치운다. 꽃이 지면 꽃줄기를 잘라야 비늘줄기가 더욱 튼튼해진다.

17세기 초 네덜란드에서는 '튤립광시대'라고 할 만큼 튤립의 비늘줄기에 투자하여 돈벌이나 신분 상승을 꾀했으며, 부유하든 가난하든 비늘줄기가 없으면 교양이 없다고 여겼다.

무릇

Scilla scilloides (Lind.) Druce | japanese squill
백합목 백합과 | 물웃, 면조아

무릇은 산 가장자리나 들의 기름지고 촉촉하며 좀 그늘진 풀밭에서 자란다. 일본, 중국, 러시아에도 널리 퍼져 자란다.

땅 속에서 해가 지날수록 커지는 둥근 비늘줄기를 나누어 옮겨 심으면 새 포기로 자란다. 줄기는 없고, 봄에 비늘줄기에서 가늘고 긴 잎이 2~3장씩 나온다. 한 해에 봄, 가을로 2번 나오는 점이 특징이다. 여름이면 꽃자루가 길게 올라오며, 그 끝에 작은 꽃이 여러 송이 모여 달리면서 길이 4~7cm의 꽃차례를 만든다. 화피 속에 수술과 암술이 있으며, 암술 밑에 있는 씨방에는 잔털이 3줄 난다. 흰 꽃이 피는 종류는 흰무릇이라고 한다.

어린 잎은 살짝 데쳐서 나물로 먹는다. 먹을 것이 모자랐던 옛날에는 비늘줄기와 어린 잎을 조려 먹으면서 끼니를 때웠다. 비늘줄기나 식물체 전부를 약으로 쓰는데, 독을 풀고 종기를 낫게 하며 통증을 줄인다. 뿌리는 오랫동안 기생충을 죽이는 약으로 썼다.

사는 곳 우리나라 전국에서 저절로 자란다.

모습 여러해살이풀. 높이가 20~40cm다. 땅 속의 비늘줄기는 길이 2~3cm로 둥글고 밑으로 수염뿌리를 내린다.

잎 마주나기. 비늘줄기에서 봄과 가을에 2장씩 나온다. 길이 15~30cm로 조금 두껍다.

꽃 총상꽃차례. 7~9월에 핀다. 길이 20~40cm의 꽃자루에 옅은 자주색 꽃이 여러 송이 모여 달린다. 화피가 6갈래로 갈라지고 수술은 6개, 암술은 1개다.

열매 삭과. 9~10월에 익는다. 길이 약 0.5cm로 위가 넓은 공 모양이다.

쓰임새 꽃을 감상하려고 심어 가꾸며, 먹거나 약으로 쓴다.

꽃과 열매   잎차례

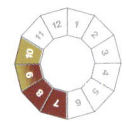

꽃차례 옅은 자주색 꽃이 꽃자루에 줄지어 달려 있다.

비늘줄기 굵고 둥글며, 밑에는 수염뿌리가 있다.

무리지어 꽃 핀 모습

열매이삭

히아신스

Hyacinthus orientalis L. | hyacinth

백합목 백합과

히아신스는 15세기에 소아시아에서 이탈리아로 건너가 16세기에 유럽을 거쳐 전 세계로 퍼졌다. 원산지에서는 해발고도 2,000m가 넘는 곳의 바위 낭떠러지나 석회암 지대에서 저절로 자란다. 튤립과 히아신스를 가꿔 외국으로 수출하는 나라로는 네덜란드가 유명하며, 우리나라에서도 요즘에 꽃시장에서 쉽게 살 수 있다.

꽃은 40송이씩 모여 달려 긴 꽃차례를 이루며, 아주 향기로워서 향수의 원료로 쓴다. 10~11월에 비늘줄기를 약 20cm 깊이로 땅 속에 심으면 겨울을 난 뒤 봄에 바로 꽃이 핀다. 꽃이 지면 잎이 노랗게 물들어 시드는데, 6월쯤에 비늘줄기를 캐어 그늘에 말렸다가 다시 심어야 꽃을 볼 수 있다. 이 때 비늘줄기를 나누어 심으면 여러 포기로 늘릴 수 있다. 물가꾸기도 늦가을에 하는 것이 좋다. 처음에는 물을 조금 담은 컵에 비늘줄기를 살짝 걸쳐 놓고 물이 조금만 닿게 하며, 수염뿌리가 날 무렵부터는 뿌리만 잠기도록 한다. 비늘줄기에는 이미 양분이 충분히 있어서 따로 보충할 필요는 없다. 처음에는 어두운 곳에 두었다가 뿌리가 잘 나오면 햇볕이 드는 곳으로 옮긴다.

사는 곳 원산지는 시리아, 이란, 그리스 같은 소아시아 지역이다. 우리나라에서는 심어 가꾼다.

모습 여러해살이풀. 높이가 15~25cm다. 땅 속의 비늘줄기는 길이 약 3cm로 달걀꼴이며, 밑에 수염뿌리가 난다.

잎 모여나기. 뿌리에서 4~5장 나온다. 길이 15~30cm로 선꼴이며 두껍다.

꽃 총상꽃차례. 3~4월에 핀다. 옆을 향해 피며, 나팔 모양이다. 화피의 끝이 6갈래로 갈라진다.

열매 삭과. 5~6월에 익는다. 좀 갸름한 공 모양이다. 씨앗의 겉은 오톨도톨하다.

쓰임새 꽃을 감상하려고 화분에 심어 가꾸거나 향수의 원료로 쓴다.

꽃과 열매	잎차례

그리스 신화에 나오는 히아신스 이야기
아름다운 소년인 히아킨토스가 태양신 아폴론과 원반던지기를 하다가 아폴론이 던진 원반에 이마를 맞아 죽었는데, 피를 흘린 자리에 꽃이 피었다고 한다. 소년의 이름을 따서 그 꽃의 이름을 '히아신스'로 지었다고 한다.

꽃 본래 남보라색 꽃이 피지만 품종에 따라 붉은색, 흰색, 보라색, 노란색 등 여러 색깔의 꽃이 핀다.

비늘줄기 양분을 저장하는 구실을 하며, 여름에는 성장을 멈추었다가 가을에 다시 자란다.

아스파라거스

Asparagus officinalis L. | asparagus, wild asparagus

백합목 백합과 | 멸대, 열대, 서양비짜루

우리나라에서 저절로 자라는 비짜루나 방울비짜루처럼 잎이 망사 같고 카네이션을 장식할 때 주로 쓰는 여러 비슷한 식물을 통틀어 '아스파라거스'라고 한다. 여기서 다루는 아스파라거스는 그 중에서 원산지가 유럽인 품종으로, '서양 아스파라거스'나 '서양비짜루'라고 불러야 더 알맞다. 현재 서유럽과 북아메리카에서 가장 많이 심어 가꾸며, 기원전부터 어린 줄기를 채소로 먹으려고 심어 가꾸었다고 본다.

뿌리는 사방으로 퍼지면서 굵게 자라고, 뿌리줄기는 옆으로 길게 뻗으면서 자란다. 채소로 먹는 부분은 지름 약 1cm인 어린 줄기로, 살이 많고 비늘 같은 잎이 어긋나게 붙어서 자란다. 암꽃과 수꽃이 따로 있으며, 암꽃에 있는 수술은 퇴화하여 수꽃의 수술보다 작다. 꽃은 아래를 향해 핀다.

뿌리를 약으로 쓰는데, 가래를 없애고 폐와 간을 튼튼하게 한다. '아스파라긴산'이라는 아미노산은 처음에 아스파라거스에서 발견해서 그와 같은 이름이 붙었다.

사는 곳 원산지가 남부 유럽이나 소아시아라는 설이 있다. 우리나라 전국에서 심어 가꾼다.

모습 여러해살이풀. 높이가 약 150cm다. 땅 속에는 굵은 뿌리와 짧은 뿌리줄기가 자라며, 땅 위에는 녹색 줄기가 가지를 많이 친다.

잎 어긋나기. 퇴화해서 비늘 모양이며 끝이 뾰족하다. 줄기 끝에서는 길이 1~2cm의 비늘 같은 가지를 5~8개씩 한꺼번에 친다.

꽃 암수딴그루. 6~8월에 핀다. 줄기의 마디에 1~2송이씩 달리며, 연두색이고 종 모양이며 위쪽이 6갈래로 갈라진다.

열매 장과. 10월에 붉게 익는다. 둥글며, 속에 검은 씨앗이 들어 있다.

쓰임새 먹거나 약으로 쓴다.

꽃과 열매  잎차례

열매 빨간 구슬 같다.

원예 품종 줄기의 마디에서 꽃이 핀 모습

먹으려고 가꾸는 품종 줄기에서 새싹이 나온 모습

비짜루
Asparagus schoberioides
우리나라 전국에서 저절로 자란다. 줄기와 굵은 가지에 달리는 잎은 가시가 되고, 잔 가지에 달리는 잎은 비늘처럼 퇴화한다.

어린 줄기 비타민 C를 비롯해 영양소가 풍부해서 먹으면 몸에 이롭다.

둥굴레

Polygonatum odoratum var. *pluriflorum* Ohwi

백합목 백합과 | 옥죽, 황정, 죽네풀, 괴불꽃

'둥굴레'는 잎에 난 나란히맥이 잎 모양대로 둥글게 나서 붙은 이름이다. 산과 들의 좀 그늘진 곳에서 잘 자라며, 땅 속의 뿌리줄기가 옆으로 퍼져 나가므로 한 자리에 몇 포기씩 모여 자란다.

뿌리줄기는 보통 뿌리보다도 굵고 양분을 저장하는 구실을 하며, 녹말을 비롯해 영양분이 풍부하게 들어서 옛날에 흉년이 들면 끼니를 때우려고 먹었다고 한다. 좀 질긴 듯하지만 단맛이 우러나 먹기에 좋다. 밥에 찌든지 구워 먹으면 밤맛이 난다. 뿌리로는 장아찌를 만들고 어린 싹은 튀김, 샐러드, 나물로 먹는다. 요즘에 흔히 마시는 둥굴레차는 뿌리줄기를 말려서 달인 것이다. 피를 잘 돌게 하고 심장을 튼튼하게 하는 등 몸에 이로우므로 약으로 쓴다.

잎에 노란 줄무늬가 있는 종류도 있으며, 화분에 심어 놓으면 작은 대나무 숲처럼 보이므로 집 안에서 많이 가꾼다.

사는 곳 우리나라 전국에서 저절로 자란다.

모습 여러해살이풀. 높이가 30~40cm다. 줄기는 모가 지고 위쪽이 비스듬히 휜다.

잎 어긋나기. 길이 5~8cm로 타원꼴이다. 앞뒤 모두 털이 없지만 뒤쪽은 흰빛이 돈다. 잎자루는 없다.

꽃 6~7월에 핀다. 잎겨드랑이에 1~2송이씩 달린다. 길이 1.5~2cm로 희고 길쭉한 대롱처럼 생겼다.

열매 장과. 9~10월에 검게 익는다. 지름 약 1cm로 둥글다.

쓰임새 마당이나 화분에 심어 집안을 꾸민다. 뿌리줄기는 차로, 어린 싹은 나물로 먹는다.

꽃과 열매  잎차례

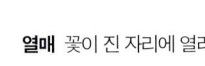

열매 꽃이 진 자리에 열려 까만 구슬처럼 익는다.

용둥굴레 *Polygonatum involucratum*
길이 약 2.5cm인 포가 꽃 위에 2개 달린다.

층층둥굴레 *Polygonatum stenophyllum*
키가 크다. 길쭉한 잎이 마디마다 여러 장 한꺼번에 달린다.

꽃 긴 대롱 모양이며, 잎겨드랑이에 1~2송이씩 달린다.

각시둥굴레(애기둥굴레, 둥굴레아재비)
Polygonatum humile
둥굴레보다 더 흔하게 자란다. 키가 둥굴레보다 작고 줄기가 곧게 올라간다. 잎맥과 줄기에 작고 뾰족한 것이 나서 만지면 거칠거칠하다.

무늬둥굴레
둥굴레의 변종으로, 꽃이 핀 모습이다.

뿌리줄기 밑으로 수염뿌리를 내리면서 옆으로 뻗는다. 살과 즙이 많고 맛이 달아서 옛날에 식량으로 썼으며, 요즘엔 주로 차를 달여 마신다.

53

은방울꽃

Convallaria keiskei Miq. | lily of the valley, may lily

백합목 백합과 | 향수란, 영란, 오월화, 초롱꽃

은방울꽃은 숲길의 가장자리나 산등성이처럼 바람이 잘 통하고 햇볕이 적게나마 들어오는 곳에서 무리지어 자란다.

뿌리줄기 밑에서 수염뿌리가 나와 사방으로 퍼지면서 자란다. 3월 말쯤에 칼집처럼 생긴 짧은 잎이 뿌리에서 2~3장 나오고 그 속에서 긴 타원꼴의 잎이 2장 올라와 크게 펼쳐진다. 잎 아래쪽은 줄기를 감싸는 잎집이 된다. 칼집처럼 생긴 잎의 안쪽에서 꽃줄기가 나오면 여기에 은빛을 띤 꽃이 여러 송이 줄지어 달린다. 생김새가 은방울과 같다고 하여 '은방울꽃' 이라는 이름이 붙었다.

유럽에서는 영어로 '계곡의 백합'(lily of the valley)이라고 부른다. 독일에서는 '5월의 작은 종', 프랑스에서는 '천국에 이르는 계단' 이라고 부른다. 프랑스에서는 해마다 5월 1일에 은방울꽃으로 만든 꽃다발을 사랑하는 사람에게 선사하면 받는 사람에게 행운이 따른다고 믿는다.

열매는 심장을 튼튼하게 하고 피를 잘 돌게 하며 오줌을 잘 누게 해서 약으로 쓰지만, 식물 자체에 독이 있어서 그냥 먹으면 안 된다.

열매

사는 곳 우리나라 전국에서 저절로 자란다.

모습 여러해살이풀. 높이가 20~30cm다. 땅 속의 뿌리줄기가 옆으로 뻗으며 마디에서 새싹이 돋는다.

잎 어긋나기. 길이 12~18cm, 너비 3~7cm로 긴 타원꼴이고 끝이 뾰족하다. 앞쪽은 짙은 녹색이지만 뒤쪽은 흰빛이 돈다.

꽃 총상꽃차례. 4~5월에 핀다. 길이 20~35cm의 꽃줄기 끝에 10송이쯤 달린다. 지름 약 0.5cm로 흰 방울처럼 생겼다.

열매 장과. 9월에 붉게 익는다. 지름 약 0.5cm로 둥글다.

쓰임새 감상하려고 심어 가꾼다. 꽃으로 고급 향수나 결혼식 날 신부의 꽃다발을 만든다.

꽃과 열매  잎차례

꽃 끝이 6갈래로 얕게 갈라져 뒤로 말렸고, 굽은 꽃자루 끝에 종 모양으로 달렸다.

뿌리와 잎 뿌리줄기 밑에 수염뿌리가 나며, 칼집처럼 생긴 짧은 잎과 타원꼴의 긴 잎으로 2가지 잎이 난다.

꽃줄기 칼집처럼 생긴 짧은 잎의 안쪽에서 올라온다.

맥문동

Liriope platyphylla Wang et Tang | snake's beard
백합목 백합과

맥문동은 숲 속의 나무 그늘에서 저절로 자라며 밀양, 청양, 부여 등지에서는 약으로 쓰려고 일부러 심어 가꾼다. 일본, 타이완, 중국에서도 자란다.

땅 속의 뿌리줄기는 굵고 짧으며 옆으로 뻗지 않는다. 뿌리줄기 밑에는 희고 굵은 뿌리가 나고 길게 뻗으면서 수염뿌리를 내린다. 수염뿌리 끝은 점점 굵어지다가 땅콩처럼 생긴 흰 덩어리가 된다. 이것을 덩이뿌리라고 하는데, 양분을 갈무리한다. 잎은 뿌리줄기에서 여러 장 한꺼번에 나온다. 꽃은 화피조각 6장으로 되어 있고 옅은 자주색이며 수술이 6개, 암술은 1개 있다. 열매는 얇은 껍질이 일찍 벗겨지면서 검은 씨앗이 드러난다.

덩이뿌리는 장이나 심장을 튼튼하게 하고 가래를 없애서 약으로 쓴다. 꽃 핀 모습이 아름다워서 집 마당에 심어 감상한다. 겨울에도 잎이 푸르고 그늘에서 잘 자라므로 도시의 건물 옆이나 나무 아래에 심으면 좋다.

사는 곳 우리나라 중부 이남 지방에서 저절로 자란다.

모습 늘푸른 여러해살이풀. 땅 속에는 덩이뿌리와 뿌리줄기가 있다.

잎 모여나기. 길이 30~50cm, 너비 0.8~1.2cm로 가늘고 납작하며 아래쪽이 가늘어져 잎자루처럼 된다. 맥이 11~15개 있다.

꽃 총상꽃차례. 5~8월에 핀다. 잎 사이에서 나온 꽃줄기에 길이 8~12cm인 꽃차례가 생긴다.

열매 장과. 10~11월에 익는다.

쓰임새 꽃을 감상하려고 심어 가꾸고 덩이뿌리를 약으로 쓴다.

꽃과 열매 | 잎차례

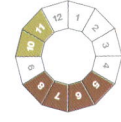 

꽃차례 꽃줄기 마디마다 옅은 자주색 꽃이 3~5송이씩 달려 긴 꽃차례를 이룬다.

열매가 달린 모습

개맥문동 *Liriope spicata*
잎은 너비 0.4~0.7cm로 맥문동보다 더 좁고 꽃차례도 짧다. 숲 속에서 맥문동보다 더 흔하게 볼 수 있다.

아마릴리스

Hippeastrum hybridum Hort. | hippeastrum
백합목 수선화과 | 진주화

우리가 흔히 '아마릴리스'라고 부르는 식물은, 원래 페루나 브라질, 멕시코 같은 남아메리카에서 저절로 자라는 약 70종의 히페아스트룸(*Hippeastrum*) 집안 식물을 원예 품종으로 개량한 것이다. 식물학에서 말하는 진짜 아마릴리스(*Amaryllis belladonna*)는 따로 있다. 히페아스트룸과 친척 사이인 식물이지만, 원산지가 남아프리카고 가을에 꽃이 핀다. 꽃줄기의 속이 히페아스트룸과 달리 꽉 차 있으며, 비늘줄기가 여러 겹으로 되어 있다. 이 책에서 말하는 아마릴리스는 히페아스트룸이다.

아마릴리스는 고향이 더운 나라여서 추위를 잘 견디지 못하므로 온실에서 가꾸어야 겨울을 난다. 봄에 비늘줄기를 심으면 두껍고 넓은 잎이 나와 길게 자란다. 꽃은 잎 사이에서 나온 긴 꽃줄기 끝에 몇 송이 달리며 사방을 향해 핀다. 우리나라에서 심어 가꾸는 종류는 주로 빨간 꽃이 피지만 품종에 따라 여러 색깔의 꽃이 핀다.

비늘줄기로 번식하지만 집에서 번식시키기는 좀 어렵다. 씨앗을 뿌리면 꽃이 필 만한 비늘줄기로 자라는 데 3~5년 걸리지만, 아주 오래된 식물이 아니면 씨앗을 잘 맺지 않는다.

사는 곳 원산지는 남아메리카다. 우리나라에서는 온실에서 가꾸어 집안에 둔다.

모습 여러해살이풀. 땅 속에 양파처럼 생긴 비늘줄기가 있다.

잎 모여나기. 5~6장 난다. 길이 20~30cm로 붉은빛이 조금 도는 녹색이다.

꽃 산형꽃차례. 5~6월에 핀다. 길이 30~50cm인 꽃줄기에 3~6송이 달린다. 지름 10~15cm로 나팔 모양이다.

열매 거의 맺지 않는다.

쓰임새 화분에 심거나 물가꾸기를 하여 집안을 꾸민다.

꽃과 열매　　잎차례

비늘줄기 양파 모양이며, 밑에 수염뿌리가 나 있다.

꽃 잎 사이에서 나온 긴 꽃줄기 끝에 몇 송이 달려 사방을 향해 핀다.

군자란

Clivia miniata Regel | bush lily, kaffir lily

백합목 수선화과

이름이 '군자란'이라고 해서 난초의 한 종류로 생각하기 쉽지만, 수선화과에 딸린 식물이다. 우리나라에서는 기후가 알맞지 못해 바깥에서 가꾸지 못하고 집안이나 온실에서 가꾼다.

잎은 짙은 녹색이며, 겉이 반들반들하고 두껍다. 뿌리의 안쪽에 달리는 잎은 여러 장 서로 감싸듯이 겹치고, 바깥쪽에 달리는 잎은 양쪽으로 휘면서 퍼진다. 꽃은 잎 사이에서 올라온 긴 꽃줄기에 여러 송이 모여 달린다. 화피는 아래쪽이 붙어 있고 위쪽은 6갈래로 깊이 갈라지며, 바탕이 주홍색이지만 붙어 있는 아래쪽은 노랗다. 봉오리일 때에는 파랗다가 점점 주홍색으로 바뀐다.

씨앗을 뿌리면 4년이 지나야 꽃이 핀다. 보통 포기를 나누어 옮겨 심으면서 가꾸는데, 물을 가끔씩 주면서 한 번 줄 때마다 충분히 주어야 하며, 바람이 잘 통하고 햇볕을 바로 받지 않는 밝은 그늘에서 가꾸어야 잘 자란다. 뿌리는 가래를 없애고 열을 내리며 피를 토하는 병에 잘 들어서 약으로 쓴다.

사는 곳 원산지는 남아프리카의 희망봉 근처다. 우리나라에서는 집안이나 온실에서 심어 가꾼다.

모습 여러해살이풀. 높이가 약 50cm다. 줄기는 없다.

잎 어긋나기. 뿌리에서 16~20장 나오며 길이 약 40cm, 너비 약 5cm로 길고 넓적하다.

꽃 산형꽃차례. 온실에서는 12~3월에 핀다. 잎 사이에서 나온 꽃줄기에 12~20송이씩 달린다. 주홍색으로 나팔 모양이다.

열매 삭과. 5~6월에 붉게 익는다. 길이가 약 2.5cm다.

쓰임새 꽃을 감상하려고 심어 가꾸며, 약으로 쓴다.

꽃과 열매  잎차례

꽃이 핀 모습 싱싱한 잎이 보기 좋고 꽃이 피면 더욱 아름다워서 화분에 심어 집안을 꾸미기에 좋다.

굵은 뿌리 속에 물을 담고 있어서 메마름을 잘 견딘다.

수선화

Narcissus tazetta var. *chinensis* Roem. | deffodil

백합목 수선화과 | 금잔옥대, 여사화, 능파선

전 세계에서 저절로 자라는 수선화는 약 40종이며, 이미 기원전 1세기에 심어 가꾸었다는 기록이 있다. 15세기부터 개량한 원예 품종이 약 2,000종에 이른다. '수선화'는 수선화과에 딸린 모든 품종을 통틀어 일컫는 이름이다. 우리나라 제주도나 거문도 등의 햇볕이 잘 드는 바닷가 둔덕이나 돌담 밑에서 반야생으로 자라는 종류를 일컫기도 한다.

꽃은 화피조각 6장으로 되어 있고 화피 속에는 컵처럼 생긴 부화관이 있다. 꽃 모양은 품종에 따라 다르지만 색깔은 모두 흰색, 주황색, 노란색으로만 어우러져 있다. 원예 품종으로 개량해 가꾼 지 오래되어 열매 맺는 것을 보기 어렵다.

열을 내리고 피를 잘 돌게 하며, 특히 어머니들이 흔히 앓는 병을 잘 낫게 하여 약으로 쓴다. 비늘줄기는 염증을 치료하는 데 쓴다. 이가 아플 때 찧어서 붙이기도 하는데, 독이 있으므로 주의해야 하며 그냥 먹으면 절대 안 된다.

사는 곳 원산지는 지중해 근처다. 우리나라 남부 지방에서 저절로 자란다.

모습 여러해살이풀. 비늘줄기는 달걀꼴이고 색깔이 짙은 껍질에 싸인다.

잎 어긋나기. 길이 20~40cm로 가늘고 길며, 끝이 둥글고 두껍다.

꽃 12~3월에 핀다. 길이 20~40cm인 꽃줄기 끝에 5~6송이씩 모여 달린다.

열매 거의 맺지 않는다.

쓰임새 마당과 화분에 심거나 꽃꽂이를 하여 집안을 꾸민다.

꽃과 열매  | 잎차례

제주수선화 제주도에서 자라며, 부화관이 겹꽃처럼 된다.

심어 가꾸려면 해마다 비늘줄기를 나눠 심으면 잘 번식한다. 보통 봄에 심지만 이따금 가을에도 심는다. 햇볕이 잘 들고 기름지며 물이 잘 빠지는 땅에 위쪽이 조금 나오게 묻는다. 비늘줄기가 튼튼하게 자라도록 꽃이 지면 꽃줄기를 자르며, 잎이 마르면 비늘줄기를 캐어 얼지 않게 잘 싸 두었다가 이듬해 봄에 꺼내어 심는다.

나팔수선화류 부화관이 나팔처럼 길게 발달해서 '나팔수선화'라고 부른다.

무리지어 꽃 핀 모습 전라북도 고창에서 심어 가꾸는 수선화

비늘줄기 달걀꼴이며, 밑에 수염뿌리가 나 있다.

그리스 신화에 나오는 수선화 이야기 아름다운 소년인 나르시스가 호수에 비친 자기 모습에 반해 물에 뛰어들어 죽었는데, 그 자리에서 수선화가 피었다고 한다. 속명인 나르키수스(*Narcissus*)는 소년의 이름에서 따왔다.

무리지어 꽃 핀 모습 거문도에서 자라는 수선화

붓꽃

Iris sanguinea Horn. | iris blue flag

백합목 붓꽃과 | 아이리스

붓꽃은 낮은 산의 어귀나 햇볕이 잘 드는 들에서 자란다. 서양에서는 이미 원예 품종을 수천 가지 만들었고, 우리나라 꽃시장에서도 '아이리스'(iris)라는 이름으로 많이 사고판다.

'아이리스'는 붓꽃 집안을 통틀어 부르는 이름이며 무지개를 뜻하는데, 꽃잎 안쪽에 무지개같이 알록달록한 무늬가 있어서다. 꽃말이 '기쁜 소식'인데 비 온 뒤 무지개를 볼 때의 기쁨을 나타내는 말이다. 프랑스의 나라꽃이기도 하다. '붓꽃'은 함초롬한 꽃봉오리가 마치 먹물을 머금은 붓을 닮았다고 하여 붙은 우리말 이름이다.

붓꽃에 얽힌 전설이 있다. 여신 주노에게 아이리스라는 예의바른 시녀가 있었는데 주피터가 끈질기게 사랑을 구하자 주인을 배신할 수 없던 아이리스가 무지개로 변하여 주노의 믿음을 저버리지 않았다는 것이다.

말린 뿌리는 피멍을 풀고 종기를 낫게 하며, 피를 멎게 하거나 오줌을 잘 누게 하므로 약으로 쓴다.

사는 곳 우리나라 전국에서 저절로 자란다.

모습 여러해살이풀. 높이가 30~60cm다. 뿌리줄기는 길고 밑으로 수염뿌리를 많이 내린다.

잎 어긋나기. 줄기 밑동에서 2장씩 나와 휜다. 길이 30~50cm로 창처럼 가늘며, 중심맥이 뚜렷하지 않다.

꽃 5~6월에 핀다. 잎 사이에서 나온 꽃줄기 끝에 2~3송이씩 달린다. 지름 약 8cm로 내화피와 외화피가 각각 3장이고, 수술도 3개다.

열매 삭과. 7~8월에 익는다. 길이 3.5~4.5cm로 방추꼴이다.

쓰임새 집 마당을 꾸미려고 심어 가꾸고, 꽃꽂이 재료나 약으로 쓴다.

꽃과 열매	잎차례

꽃창포 *Iris ensata* var. *spontanea*
붓꽃과에 딸렸지만, 창포처럼 물가에서 자라므로 '꽃창포'라는 이름이 붙었다. 높이가 약 100cm며, 잎의 중심맥이 뚜렷하다. 짙은 보라색 꽃이 핀다.

심어 가꾸려면 눈이 2~5개쯤 붙도록 뿌리를 잘라서 심으면 금세 포기가 늘어나 꽃이 핀다. 씨앗을 뿌리면 2~3년을 기다려야 꽃을 볼 수 있다.

금붓꽃 *Iris minutiaurea*
높이가 10~15cm고, 꽃과 잎이 모두 작다. 이른 봄에 꽃줄기 끝에서 노란 꽃이 1송이씩 핀다.

각시붓꽃 *Iris rossii*
높이가 10~20cm다. 꽃은 지름 3.5~4cm로 이른 봄에 꽃줄기 끝에서 1송이씩 핀다.

무리지어 꽃 핀 모습 낮은 산의 어귀나 햇볕이 잘 드는 들에서 자란다.

벌어진 암술대
내화피
외화피
수술이 들어 있는 곳

꽃 나비가 앉아서 꿀을 빨아먹고 있다.

열매 위에서 본 모습

꽃(위)
덜 익은 열매 반으로 가른 모습(아래 왼쪽)
꽃봉오리 붓 모양이다.(아래 오른쪽)

크로커스

Crocus sativus L. | saffran
백합목 붓꽃과 | 사프란

'크로커스' 라는 속(屬)에 딸린 식물은 전 세계에 80가지 있고, 원래의 품종을 개량한 원예 품종까지 합하면 수백 가지 있다. 19세기 말에 네덜란드에서 많이 심어 가꾸었고, 유럽을 비롯한 전 세계에 퍼졌다. 우리나라에서는 흔히 '사프란 크로커스' 로 부르는데, 정확한 명칭이 아니며 영어 이름이 사프란이다.

종류가 많은 만큼 꽃 피는 시기도 저마다 다른데, 대부분 2~3월에 피고 10~11월에 피는 것도 있다. 우리나라에 처음 들여온 품종의 꽃이 노란색이어서, '크로커스' 하면 으레 노란 꽃이 피는 줄 알지만 보라색, 흰색, 분홍색 등 품종에 따라 여러 색깔의 꽃이 핀다. 꽃은 꽃잎과 꽃받침이 모두 합해 6장 있고 색깔이 같으며, 해가 있을 때는 활짝 벌어졌다가 날이 저물면 다시 오므라든다.

마당에 심거나 물가꾸기를 하여 집안을 꾸미며, 붉은 암술대는 말려서 고급 향신료나 종이와 천을 노랗게 물들이는 원료로 쓴다.

사는 곳 원산지는 유럽, 아시아 등이다. 우리나라에서는 심어 가꾼다.

모습 여러해살이풀. 높이가 약 10cm다. 비늘줄기는 지름 약 3cm다.

잎 모여나기. 꽃이 핀 뒤에 나오며, 선꼴이고 가운데에 옅은 줄무늬가 길게 난다.

꽃 2~3월에 핀다. 보통 옅은 자주색이며, 나팔 모양이다. 수술은 노랗고 암술은 붉으며, 암술머리는 3갈래로 갈라지고 꽃잎보다 길다.

열매 거의 맺지 않는다.

쓰임새 꽃을 감상하려고 심거나 물가꾸기를 하며, 암술대는 향신료나 약, 염색 원료로 쓴다.

꽃과 열매

잎차례

무리지어 꽃 핀 모습

품종에 따라 꽃 색깔과 잎 모양이 다르다.

심어 가꾸려면 햇볕이 잘 들고 기름지며 물이 잘 빠지는 땅에 비늘줄기를 심는다. 가을에 심어 12월까지는 춥더라도 밖에 두며, 따뜻한 집안으로 옮긴 지 1~2달이 지나면 꽃이 핀다. 그냥 두어도 몇 년 동안 꽃이 피지만, 비늘줄기를 캐어 그늘에 말린 뒤 기온이 22~23℃인 곳에 두면 더 잘 핀다. 물가꾸기를 할 때는 뿌리가 충분히 나올 때까지 비늘줄기를 춥고 어두운 곳에 두었다가 서서히 꺼내는 것이 좋다. 비늘줄기 주변에 붙은 눈을 떼어 심어 가꾸어도 새 포기로 자라며 1~2년 뒤에 꽃이 핀다.

글라디올러스

Gladiolus gandavensis Van Houtte | gladiolus, corn flag, sword lily
백합목 붓꽃과 | 층층붓꽃, 수산황

글라디올러스는 남아프리카의 바위산, 메마른 초원, 습지 같은 곳에서 저절로 자란다. 전 세계에 원종이 180종쯤 있고, 원종을 개량한 원예 품종이 10,000종 넘게 있다고 알려져 있다.

땅 속의 알줄기는 둥글납작하며, 위쪽은 죽은 비늘잎 여러 장으로 덮여 있다. 맨 먼저 나오는 잎 2~3장은 줄기의 밑동을 감싼다. 꽃은 줄기 끝에 달리는데 밑에서부터 차례로 올라가며 한쪽을 향해 필 때가 많다. 품종에 따라 다르지만, 꽃 하나하나가 뾰족한 녹색 잎처럼 생긴 포에 싸인다. 보통 한 줄기에 10~20송이씩 피고 수술이 3개, 암술머리가 3갈래로 갈라진 암술이 1개 있다.

주로 길게 자란 줄기를 잘라 꽃꽂이를 한다. 알줄기에는 비타민 C가 많이 들어 있으며, 열을 내리고 독을 풀어 주므로 약으로 쓴다.

사는 곳 원산지는 남아프리카다. 우리나라에서는 심어 가꾼다.

모습 여러해살이풀. 높이가 80~100cm다. 땅 속에 둥근 알줄기가 있다.

잎 어긋나기. 줄기 밑동에서 보통 7~8(12)장 나와 2줄로 곧게 자란다.

꽃 7월에 핀다. 지름 3~4cm로 나팔 모양이며, 위쪽이 6갈래로 갈라져 벌어진다. 색깔은 품종에 따라 여러 가지다.

열매 삭과. 9~10월에 익는다. 씨앗은 얇고 날개가 있다.

쓰임새 꽃을 감상하려고 심어 가꾸고, 비늘줄기는 약으로 쓴다.

꽃과 열매　　잎차례

꽃이 핀 모습 줄기 끝에 한쪽으로 치우쳐서 여러 송이 달린다.

알줄기 둥글납작하며, 밑으로 뿌리를 내린다.

마

Dioscorea batatas Decne. | chinese yam, cinnamon vine

백합목 마과 | 개마, 산약, 산우, 서여

마는 우리나라 산지에서 저절로 자라고 참마를 비롯해 각시마, 도꼬로마, 부채마 등 종류가 여럿 있다. 먹거나 약으로 쓰려고 밭에 심어 가꾸기도 하는데, 따뜻한 지방일수록 더 잘 자란다.

덩굴풀이긴 하지만 줄기와 잎이 워낙 무성하게 자라므로, 다른 식물을 감고 올라가기보다는 덮으면서 자란다. 자잘한 꽃이 여러 송이 모여 수상꽃차례를 만들며, 이 꽃차례는 잎겨드랑이에 1~3개 생긴다. 수꽃과 암꽃이 서로 다른 그루에서 피며, 수술 6개로 된 수꽃의 꽃차례는 곧게 서지만 암꽃의 꽃차례는 밑으로 처진다. 잎겨드랑이에는 둥근 살눈이 생기는데, 이것이 땅에 떨어지면 싹이 터서 새로 자란다.

덩이뿌리는 기운을 돋우고 몸을 튼튼하게 하므로 먹거나 약으로 쓰는데, 말려서 달여 마시거나 날것을 갈아 마신다. 북한에서는 부채마에서 탄수화물을 뽑아내고 갖가지 사포닌 물질을 골라내어, 고혈압이나 동맥경화증을 고치는 약으로 쓴다고 한다. 보통 마와 참마를 가리지 않고 쓰는데, 참마는 줄기가 녹색이고 열매가 지름 약 2cm로 더 작다.

암꽃차례

사는 곳 우리나라 전국에서 저절로 자란다.

모습 여러해살이 덩굴풀. 뿌리는 굵은 원기둥꼴로 덩이지면서 땅 속 깊이 뻗고, 줄기는 자주색이고 가늘며 덩굴지면서 길게 자란다.

잎 마주나기. 긴 세모꼴이며, 아래쪽이 심장꼴이고 끝이 뾰족하다. 잎겨드랑이에서 살눈이 나온다.

꽃 암수딴그루. 수상꽃차례. 6~7월에 핀다. 흰색이며, 수꽃차례는 곧게 서고 암꽃차례는 밑으로 처진다.

열매 삭과. 8~9월에 익는다. 날개가 3개 달리며, 씨앗에도 날개가 달린다.

쓰임새 뿌리를 먹거나 약으로 쓴다.

꽃과 열매  잎차례

다른 식물을 덮어 버릴 만큼 무성하게 자란다.

덩이뿌리 땅 속 깊이 뻗어 내려가며, 탄수화물과 사포닌이 많이 들어 있어서 먹거나 약으로 쓴다.

용설란

Agave americana L. | century plant, maguey, american aloe
백합목 용설란과

용설란은 열대 지방에서 저절로 자라는 식물인데, 우리나라에서는 겨울 추위를 견디지 못하므로 주로 집안에서 화분에 심어 가꾼다.

잎이 시들지 않고 가장자리에 가시가 돋아 선인장의 한 종류로 보기 쉬운데 선인장과는 전혀 다른 식물이다. 길쭉한 잎이 용의 혀를 닮았고 난초의 잎과 비슷해서 '용설란'이라는 이름이 붙었지만 난초도 아니다. 100년 만에 꽃이 핀다고 해서 '세기의 식물'이라고도 부르지만 100년 동안 꽃이 아주 안 피는 것은 아니며, 20년쯤 가꾸면 이따금 꽃줄기가 올라오기도 한다. 꽃이 피면 본래 자라던 식물체는 죽고 밑에서 작은 싹이 새로 돋아 자란다.

잎에 가시가 있어서 원산지에서는 마당의 산울타리로 꾸민다. 잎은 섬유를 뽑아내며 약으로도 쓴다. 꽃줄기에서 뽑아낸 즙으로는 '풀케'(pulque)라는 술을 빚는다.

사는 곳 원산지가 멕시코다. 우리나라에서는 온실에서 심어 가꾼다.

모습 늘푸른 여러해살이풀. 높이가 100~200cm다.

잎 모여나기. 길이 100cm 이상으로 자라며, 끝이 뾰족하다. 살과 즙이 많고 가장자리에 날카로운 가시가 있다.

꽃 산형꽃차례가 여러 개 모인 원추꽃차례. 잎 사이에서 나온 꽃줄기에 달린다. 노랗고 가장자리가 6갈래로 갈라진다.

열매 삭과. 원기둥꼴이다.

쓰임새 푸른 잎을 감상하려고 심어 가꾼다.

잎차례

긴 잎이 용의 혀나 난초 잎을 닮아서 '용설란'이라고 한다.

얼룩용설란
Agave americana var. *variegata*
잎 가장자리에 노란 무늬가 있다.

실유카 *Yucca smalliana*
원산지는 북아메리카며, 잎 가장자리에서 섬유가 갈라져 나온다. 한 포기에서 약 200송이의 꽃이 여름부터 가을까지 핀다.

부레옥잠

Eichhornia crassipes Solm.-Laub. | water hyacinth
백합목 물옥잠과 | 풍옥란, 풍선란, 흑옥잠, 봉안련, 부레물옥잠, 수부연

부레옥잠은 물 위에 떠서 사는 식물로 질소와 인, 영양염 따위가 섞인 흐린 물에서 잘 자란다. 본래 여러해살이풀이지만 우리나라에서는 겨울을 나지 못하므로 한 해밖에 못 산다. 물의 온도가 20℃ 이상이라야 잘 자라며 -3℃ 이하면 얼어 죽는다. 그래서 아주 따뜻한 남부 지방이나 제주도에서만 겨울을 난다.

풍선처럼 부푼 잎자루에는 공기가 들어차서 물에 잘 뜬다. 뿌리에 난 잔뿌리는 물과 양분을 빨아들이며, 잎과 꽃이 물 위에 균형 잡고 잘 뜨도록 돕는다. 꽃의 가운데에 우뚝 선 화피에는 보라색 줄무늬가 있고, 줄무늬 가운데에는 마름모꼴의 노란 무늬가 있다. 이것이 봉황의 눈동자를 닮았다고 하여 부레옥잠을 '봉안련'이라고도 부른다. 꽃은 하루 동안 피며, 꽃가루받이를 마친 꽃줄기는 구부러져 물 속으로 들어가 열매를 맺는다.

보통 기는줄기에 나는 눈으로 번식하는데, 봄에 다 자란 부레옥잠 1포기는 1년에 보통 752포기, 많게는 1,000포기 이상까지 늘어난다고 한다. 특별한 경우에는 씨앗으로 번식하는데, 물이 얕아져 땅이 드러나고 식물체가 썩어 쌓인 기름진 곳에서 싹이 잘 튼다.

사는 곳 원산지는 열대 아메리카다. 우리나라 전국에서 심어 가꾼다.

모습 여러해살이풀. 뿌리는 물 속에 있고, 잎과 꽃은 물 위에 뜬다.

잎 모여나기. 둥글고 반들반들하다. 잎자루는 길이 10~20cm로 가운데가 부풀었다.

꽃 수상꽃차례. 8~9월에 핀다. 아래쪽은 붙고 위쪽은 6갈래로 갈라진 나팔 모양이며, 옅은 보라색 바탕에 노란 무늬가 있다.

열매 삭과. 9~10월에 익는다. 씨앗은 갈색이다.

쓰임새 어항이나 연못에 심어 집안을 꾸미며, 물을 정화하는 데 쓴다.

꽃과 열매   잎차례

꽃차례 나팔 모양의 꽃 여러 송이가 긴 꽃줄기에 이삭 모양으로 촘촘하게 달려 있다.

물옥잠 *Monochoria korsakowi*
우리나라가 원산지다. 부레옥잠과는 달리 잎자루가 부풀지 않아서 물 위에 뜨지 않으며, 뿌리를 땅 속에 박고 얕은 물에서 자란다. 짙은 보라색 꽃이 핀다.

꽃이 활짝 핀 모습

가는줄기에 나는 눈으로 번식하며, 1포기가 1년 만에 1,000여 포기까지 늘어난다.

물풀 중에서 최고의 물청소부는 누굴까? 부레옥잠이다. 물풀 중에서 축산 폐수로 더러워진 물을 깨끗하게 하는 능력이 가장 뛰어나다. 넓이 약 100㎡에서 약 2,000kg의 질소와 인을 빨아들인다고 하니, 500여 명의 사람이 버린 폐수를 깨끗한 물로 바꾸는 셈이다. 그런데 겨울을 나지 못하는 곳에서는 가을에 미리 물에서 꺼내야 한다. 안 그러면 얼어 죽어서 썩으므로 오히려 물을 더럽힌다.

잎자루를 자른 모습 얇은 막으로 나뉜 여러 개의 방에 공기가 들어찬 모습이 물고기의 부레와 비슷하다.

닭의장풀

Commelina communis L. | dayflower

닭의장풀목 닭의장풀과 | 달개비, 닭개비, 닭의밑씻개, 닭의꼬꼬, 남화초, 계장초

닭의장풀은 담 밑이나 밭둑, 물이 흐르는 산자락 등 좀 그늘지고 물기가 있는 곳이면 아무데서나 잘 자란다. 일본, 중국, 러시아에서도 자란다. 닭장 근처에서 많이 자라고 꽃잎이 닭의 볏처럼 생겼다고 하여 '닭의장풀'이란 이름이 붙었으며, 흔히 '달개비'라고도 부른다.

줄기는 마디마다 각을 지면서 올라가고, 이 마디가 땅에 닿으면 곧장 뿌리를 내리면서 새로 자란다. 꽃잎과 꽃받침을 구분하기 어려워서 통틀어 화피라고 부르는데, 조금 주름지고 남색인 내화피 2장이 부챗살처럼 퍼지며 그 가운데에 샛노란 수술이 드러난다. 내화피는 본래 3장인데 1장은 작고 반투명하여 잘 보이지 않는다. 화피 속에는 샛노란 꽃밥을 단 수술이 2개, 꽃밥이 없는 수술이 4개 있다.

땀띠가 나거나 옷이 올랐을 때, 신경통이 났을 때 꽃이 핀 줄기를 말렸다가 끓인 물에 넣어 목욕하면 잘 낫는다고 한다. 어린 잎과 줄기는 나물로 먹는다. 남색 내화피는 따서 샐러드에 넣어 먹거나 비단을 파랗게 물들이는 원료로 쓴다. 가축의 먹이로도 쓴다.

사는 곳 우리나라 전국에서 저절로 자란다.

모습 한해살이풀. 높이가 15~50cm다.

잎 어긋나기. 길이 5~7cm로 피침꼴이며, 아래쪽은 줄기를 감싸는 잎집이 된다.

꽃 취산꽃차례. 7~8월에 핀다. 외화피는 3장이며 흰색이다. 내화피는 3장인데, 위의 2장은 남색이고 아래의 1장은 반투명하다.

열매 삭과. 9~10월에 익는다. 타원꼴이다.

쓰임새 집 마당이나 화분에 심어 감상한다. 나물로 먹고 약으로도 쓴다.

꽃과 열매  잎차례

무리지어 꽃 핀 모습

흰닭의장풀
Commelina communis for. *albiflora*
흰 꽃이 핀다.

자주닭개비(큰닭개비)
Tradescantia reflexa
원산지가 북아메리카며, 닭의장풀보다 키가 크다. 닭의장풀과 달리 잎이 길게 쭉 뻗으며, 화피가 3장이고 보라색이다. 방사능 양에 따라 꽃 색깔이 달라져서 원자력발전소 주변에 방사능이 새는지를 알아보려고 많이 심는다.

꽃 남색 내화피 2장 사이로 샛노란 수술이 나온 모습이, 노란 더듬이를 지닌 푸른 나비 같다.

조개풀

Arthraxon hispidus (Thunb.) Makino

벼목 벼과 | 대롱제완지, 북덕제환지, 옵밤제완지, 옷밤제와니, 옷밤제환지

조개풀은 숲 속의 도랑이나 길가처럼 햇볕이 좀 들고 물기가 많은 곳에서 무리 지어 자란다. 줄기의 아래쪽은 땅을 기면서 땅에 닿는 마디마다 뿌리를 내리고, 위쪽은 곧게 올라간다. 마디에는 털이 난다. 다른 벼과 식물처럼 꽃잎이 없는 꽃이 피며, 길이 0.4cm쯤의 녹색이나 자주색 작은이삭이 모여 달린 겹수상꽃차례가 우산살 모양으로 줄기의 끝에 여러 개 모인다. 작은이삭의 제1포영에는 암술과 수술이 흔적만 남아 있고, 제2포영에는 암술과 수술이 함께 있다. 내영의 뒤쪽 밑에는 길이 2cm쯤 되는 까끄라기가 달린다.

꽃이 필 때 통째로 말려서, 가래를 없애고 종기를 아물게 하는 약으로 쓴다. 벌레를 없애는 약으로도 쓴다. 가축의 먹이로 많이 쓰며, 종이나 천을 노랗게 물들이는 원료로 쓴다.

사는 곳 우리나라 전국에서 저절로 자란다.

모습 한해살이풀. 높이가 20~50cm다.

잎 어긋나기. 길이 2~6cm로, 줄기를 감싸는 아래쪽이 심장꼴이고 가장자리는 물결처럼 주름진다.

꽃 겹수상꽃차례. 8~9월에 핀다. 꽃차례는 길이 2~5cm며 꽃 3~20송이로 되어 있다.

열매 영과. 10월에 익는다.

쓰임새 물감의 원료와 동물의 먹이로 쓴다.

꽃과 열매 　　잎차례

꽃이 핀 모습 겹수상꽃차례가 줄기 끝에 우산살 모양으로 여러 개 모여 있다.

주름조개풀
Oplismenus undulatifolius
여러해살이풀. 높이가 10~30cm며, 잎 가장자리가 물결처럼 주름진다. 겹수상꽃차례는 길이 6~12cm로 8~10개 모인다. 열매는 익으면 겉이 끈적끈적해져서 다른 물체에 잘 달라붙는다.

율무

Coix lachryma-jobi var. *mayuen* (Roman.) Stapf | job's-tear, tear-grass

벼목 벼과 | 구실, 수승, 수승냥, 추승냥, 의주자, 인미, 의미

율무는 염주의 변종으로, 원산지가 아열대 지방이지만 어떤 기후도 잘 견디므로 우리나라에서는 아무데서나 심어 가꿀 수 있다.

암꽃차례는 딱딱한 잎집에 싸여 있으며, 암꽃 3송이 중에서 1송이만 열매를 맺는다. 수꽃차례는 암꽃차례를 뚫고 길이 3cm쯤 자란다.

심어 가꾸려면 4월 말쯤에 모판에다 씨앗을 뿌리고, 싹이 틀 때까지 비닐로 덮어 두었다가 기름진 땅에 모종을 옮겨 심는다. 장마 피해는 덜 보지만 가뭄 피해를 많이 본다.

열매는 쓸모가 많다. 껍질을 벗겨서 쌀에 섞어 밥을 짓거나 가루를 내어 차로 마신다. 어머니들이 흔히 앓는 병이나 폐결핵, 신경통, 설사병을 낫게 하며, 기생충을 없애고 통증을 줄이며 장을 튼튼하게 하므로 약으로도 쓴다. 마른 잎은 달여서 녹차처럼 마시고, 가축의 먹이로 쓴다.

사는 곳 원산지는 중국 남부의 아열대 지방이다. 우리나라 전국에서 심어 가꾼다.

모습 한해살이풀. 높이가 100~150cm다. 줄기는 가지를 많이 친다.

잎 어긋나기. 길쭉하며 가장자리가 까끌까끌하다.

꽃 수상꽃차례. 7월에 핀다. 길이가 다른 꽃차례가 잎겨드랑이에 3~5개 생긴다.

열매 영과. 10월에 익는다. 긴 달걀꼴이며, 껍질은 딱딱하지 않다.

쓰임새 차를 만들어 마시거나 약으로 쓴다.

꽃과 열매

잎차례

열매

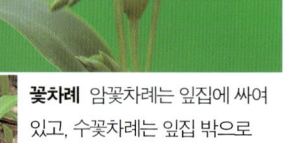
꽃차례 암꽃차례는 잎집에 싸여 있고, 수꽃차례는 잎집 밖으로 길게 나와 있다.

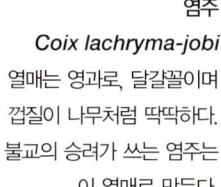
염주
Coix lachryma-jobi
열매는 영과로, 달걀꼴이며 껍질이 나무처럼 딱딱하다. 불교의 승려가 쓰는 염주는 이 열매로 만든다.

보리

Hordeum vulgare var. *hexastichon* Aschers. | barley
벼목 벼과 | 맥

보리는 거의 10,000년 전부터 심어 가꾸었다고 한다. 높은 기온을 잘 견디므로 적도 근처에서 온대 지방까지 두루 심어 가꾸지만, 추위에는 약하므로 우리나라에서는 북위 38° 이남 지방에서 심어 가꾼다. 보통 이모작을 하며 가을에 벼, 콩 따위를 거둔 논이나 밭에 씨앗을 뿌려, 싹이 난 뒤에 잘 밟아 주면 죽지 않고 이듬해 봄에 꽃이 피고 6월쯤에 거둘 수 있다.

마디가 15~20개 있는 이삭이 줄기 끝에 달리고, 마디 1개에 꽃이 될 작은이삭이 3개씩 달려 1줄을 이룬다. 작은이삭 2줄이 모여 6줄로 보이는 것을 '여섯줄보리'라고 하며, 맥주보리처럼 작은이삭 3개 중에서 2개가 여물지 않고 납작하게 쭈그러들어 2줄로 보이는 것은 '두줄보리'라고 한다. 꽃잎이나 꽃받침 대신 호영, 내영이라는 껍질이 있고 그 속에 암술이 1개, 수술이 3개 들어 있으며, 호영의 끝에 긴 까끄라기가 달린다.

껍질을 벗겨낸 보리쌀로는 밥을 짓거나 과자, 빵, 차 따위를 만든다. 낟알을 싹 틔워 말린 엿기름으로는 물엿, 맥주, 미림, 술 따위를 만든다. 짚은 공예품의 재료나 땔감, 가축의 먹이로 쓴다.

사는 곳 원산지가 티베트와 터키 근처라는 설이 있다. 우리나라 전국에서 심어 가꾼다.

모습 두해살이풀. 높이가 60~100cm다. 줄기는 원기둥꼴이며 속이 비고, 끝에 이삭이 달린다.

잎 어긋나기. 너비 0.1~1.5cm로 긴 피침꼴이며, 잎자루 여러 개가 줄기를 감싸면서 잎집이 된다.

꽃 수상꽃차례. 4~5월에 핀다. 꽃차례는 길이 5~8cm다.

열매 영과. 6~7월에 익는다.

쓰임새 밥을 지어 먹고 차로 마시며 술을 빚는다.

꽃과 열매    잎차례

이삭이 팰 무렵의 모습

거둘 때가 된 모습

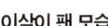
이삭이 팬 모습

보리밟기를 하는 까닭 보리밟기란 겨울이 오기 전에 보리의 싹을 밟는 일이다. 싹을 밟아 상처를 내면 웃자라지 않고 싹 속의 물이 증발하여 세포액이 짙어지므로, 겨울 추위를 잘 견디고 새눈이 많이 나와서 포기를 늘릴 수 있다. 더욱이 땅을 밟아 놓으면 서릿발에 흙이 들뜨지 않아 뿌리가 단단히 박힌다. 보통 잎이 3장 나오면 밟고, 마디가 생길 때까지 몇 번 더 한다.

벼

Oryza sativa L.

벼목 벼과 | 나락, 베, 수도

벼는 물이 충분하면 싹이 먼저 나오지만, 부족하면 뿌리가 먼저 나온다. 잎이 3장쯤 날 때까지는 씨앗 속에 있는 양분을 쓰고, 그 다음부터는 뿌리가 땅 속의 양분을 빨아들이고 잎은 햇볕을 받아 양분을 만든다. 씨앗이 싹터 자라서 줄기에 잎이 5~7장 난 것은 '모'라고 한다.

마지막 잎의 잎집에서 이삭이 나오면 바로 꽃이 피는데, 작은이삭이 여러 개 나와 원뿔꼴 꽃차례를 만든다. 작은이삭 1개에 꽃이 3송이 달리는데, 양쪽의 2송이는 쪼그라들고 가운데의 1송이만 남아서 열매를 맺는다. 꽃잎이나 꽃받침 대신 호영, 내영이라는 껍질이 있으며 그 속에 암술과 수술이 있다. 수술은 모두 6개인데 이 점은 벼만이 지닌 특징이다. 암술머리는 2갈래로 갈라진다. 1~2.5시간만 피어 있어서 다른 꽃의 꽃가루를 받을 시간이 없으므로 꽃가루받이는 한 송이 안에서 한다. 꽃가루받이를 한 씨방은 25일쯤 뒤에 낟알의 생김새를 띠고, 35일쯤 지나면 무르익는다.

낟알의 겉껍질을 벗긴 쌀로는 주로 밥을 지어 먹고 온갖 음식을 해먹는다. 낟알을 떨고 남은 볏짚으로 가마니를 짜거나 새끼를 꼬아 생활 도구를 만들고, 초가 지붕을 이는 데도 쓴다. 낟알의 겉껍질인 왕겨는 기름을 짜거나 가축의 먹이, 비료, 약으로 쓴다.

사는 곳 원산지가 남부아시아나 동남아시아이라는 설이 있다. 우리나라 전국에서 심어 가꾼다.

모습 한해살이풀. 높이가 50~100cm다. 줄기는 뿌리 근처에서 가지를 친다.

잎 어긋나기. 길이 약 30cm, 너비 0.3~0.5cm로 가늘고 길며 끝으로 가면서 뾰족해진다. 겉과 가장자리가 까끌까끌하다.

꽃 원추꽃차례. 7~9월에 핀다. 꽃차례는 길이 15~35cm로 곧다.

열매 영과. 9~10월에 익는다.

쓰임새 주로 밥을 지어 먹고 술이나 떡, 엿을 만들어 먹기도 한다.

꽃과 열매 | 잎차례

꽃

낟알이 영글 때의 모습

피의 한 종류
개피, 돌피, 털피 등을 통틀어 '피'라고 한다. 잎 나는 모습이 벼와 아주 비슷하며, 벼에 필요한 양분을 빼앗는 잡초이므로 제때 뽑아 버려야 한다.

다랑이논 산기슭의 비탈진 땅을 일구어 계단처럼 만든 논

벼농사

1 소금물에 담가 가라앉은 알찬 볍씨를 골라 깨끗한 물에 헹구고 말린 뒤, 1주일 동안 물에 담가 두면 볍씨에 싹이 튼다.

2 3월 말에서 4월에 못자리를 만들어 볍씨를 뿌린다.

3 40~50일 동안 모를 키운다.

4 못자리에서 자란 모를 쪄서 5월에 논에서 모내기를 한다.

5 6 모의 뿌리가 자리를 잡도록 7~10일 동안 논에 물을 대며, 한창 자랄 때 거름을 주고 병해충과 잡초를 없앤다. 이삭이 패어 거둘 때까지 물꼬를 열어 논바닥이 마르게 한다.

7 8 9 낟알이 영글면 9월 하순쯤에 벼베기를 하여 거두고, 이삭에서 낟알을 떨어 방앗간에서 찧는다.

맵쌀

검은쌀

찹쌀

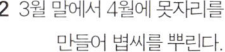

갈대

Phragmites communis Trin. | common reed

벼목 벼과 | 갈, 노초, 노위, 갈때, 달

갈대는 북반구의 온대와 아한대 지방에서 자란다. 주로 바다 근처의 강가나 습지에서 무리지어 자라므로, 흔히 높은 산등성이에서 갈대밭을 보았다고 하는 사람들은 잘못 안 것이며 억새밭을 본 것이다.

달뿌리풀을 보고도 갈대라고 하는 사람이 많다. 뿌리줄기가 땅 속으로 뻗는 것은 갈대고, 땅 위로 뻗는 것은 달뿌리풀이다. 잎집과 잎몸이 나뉘는 잎귀에 털이 난 것을 보고도 갈대를 알아볼 수 있다.

꽃은 2~4송이 모여 핀다. 수술과 암술을 모두 갖춘 것도 있고 수술만 발달한 것도 있다. 꽃이 달리는 자리의 아래쪽에는 긴 털이 가득 난다.

어린 싹은 먹고, 줄기로는 깔개나 발을 만들든지 이엉을 엮어 지붕을 인다. 뿌리줄기는 열을 내리고 몸 안에 쌓인 독을 풀며 오줌을 잘 누게 하므로 약으로 쓴다. 특히 꽃은 피를 멎게 하고 독을 없앤다. 생태계를 다시 살리려 할 때 많이 심는데, 시화호 같은 바닷가 하천이나 호수 주변에 심으면 물을 깨끗하게 하고 새와 물고기의 삶터가 된다.

사는 곳 우리나라 전국에서 저절로 자란다.

모습 여러해살이풀. 높이가 100~200cm다. 땅 속에서 뿌리줄기가 길게 뻗고 마디에서 수염뿌리를 내린다.

잎 어긋나기. 길이 20~50cm, 너비 2~3cm로 긴 피침꼴이며 아래쪽은 줄기를 감싸는 잎집이 된다.

꽃 원추꽃차례. 9월에 핀다. 꽃차례는 줄기 끝에 생기며, 길이가 15~30cm고 끝이 아래로 처진다.

열매 영과. 10월에 익는다. 꽃차례 모양 그대로 익는다.

쓰임새 먹거나 약으로 쓰며, 생활 도구의 재료로도 쓴다.

꽃과 열매 | 잎차례

열매를 맺은 모습 열매이삭이 갈색이다.

달뿌리풀 *Phragmites japonica*
높은 산의 계곡 가장자리에서 자란다. 뿌리줄기가 땅 위에서 옆으로 기면서 자란다. 잎귀가 발달하지 않는다.

꽃차례

참억새의 열매가 날아가는 모습 열매이삭이 은빛 도는 흰색이다.

갈대와 억새는 어떻게 구별할까? 갈대는 낮은 지대의 물가나 습지에서 자라지만 억새는 낮은 들부터 높은 산까지 마른 곳에서 자란다. 갈대는 줄기 끝에 꽃차례가 여기저기 달려서 잘 엉키지만, 억새는 줄기 끝의 한 곳에 부챗살 모양으로 달리므로 잘 엉키지 않는다. 열매이삭을 보면, 갈대는 갈색이지만 억새는 은빛이 도는 흰색이다.

무리지어 자라는 모습 바다 근처의 강가나 습지에서 자란다.

참억새

Miscanthus sinensis Anderss.

벼목 벼과 | 어욱, 어워기, 어웍, 왕쎄

참억새는 산과 들에서 무리지어 자라며, 크게 자라면 어른의 키를 넘는다. 땅 속의 뿌리줄기는 옆으로 뻗으면서 퍼져 나가고 마디마다 뿌리를 내린다. 잎 가장자리에는 아주 작고 단단한 톱니가 있어서 살갗을 베기 쉽다. 9월에 꽃잎이 없는 작은 꽃이 여러 송이 줄줄이 달리면서 먼지떨이처럼 생긴 꽃차례를 만든다. 노란 수술이 있으며, 꽃이 달리는 자리에 흰 솜털이 많다. 가을이 다 지나면 씨앗과 솜털만 남은 열매이삭이 바람에 나부낀다. 씨앗이 아주 작은데다 털까지 달려서 바람을 타고 멀리 날아간다.

줄기와 뿌리를 약으로 쓰면 오줌을 잘 누고 기침이 멎는다. 꽃병에 꽂아 집안에 두면 참 멋스럽다. 심어 가꾸려면 눈이 많은 뿌리줄기를 잘라 꽂는다. 아주 튼튼해서 햇볕이 잘 들고 물이 잘 빠지는 곳이면 어디에서든 금세 자란다.

사는 곳 우리나라 전국에서 저절로 자란다.

모습 여러해살이풀. 높이가 100~200cm다. 굵고 짧은 뿌리줄기에 줄기가 빽빽하게 난다.

잎 어긋나기. 길이 약 100cm, 너비 1~2cm로 선꼴이다. 흰 중심맥이 발달한다.

꽃 수상꽃차례. 9월에 핀다. 길이 20~30cm인 꽃차례는 털이 많은 작은이삭으로 되어 있고 여러 개 모여 달린다.

열매 수과. 10월에 익는다. 흰 솜털이 있다.

쓰임새 꽃꽂이 재료나 약으로 쓴다.

꽃과 열매 | 잎차례

꽃차례

꽃이 핀 모습

열매이삭 씨앗과 솜털만 남아 바람에 날리는 모습

물억새 *Miscanthus sacchariflorus*
높이 약 250cm까지 자라며, 뿌리줄기가 가늘고 길다. 꽃차례는 길이 24cm 이하며, 작은이삭의 아래쪽에 아주 긴 털이 난다. 강가나 습지에서 무리지어 자란다.

줄

Zizania latifolia Turcz. | water rice, water bamboo, manchurian wild rice

벼목 벼과 | 줄풀

줄은 강가나 냇가에서, 뿌리와 밑동만 물 속에 담그고 물 위로 자라는 식물이다. 일본이나 중국, 러시아, 동남아시아 등에 널리 퍼져서 자란다. 깊이 50cm쯤 되는 물가에서 가장 잘 자란다.

뿌리줄기가 옆으로 길게 뻗으면서 군데군데 새싹을 내보내므로 무리지어 자란다. 꽃은 꽃줄기에 원뿔꼴로 모여 달리는데 위에는 암꽃차례, 아래에는 수꽃차례가 있다. 암꽃은 연둣빛이 도는 노란색으로 까끄라기가 있고, 수꽃은 옅은 자줏빛이 돌며 까끄라기가 없다.

줄이 자라는 곳은 붕어나 잉어의 좋은 보금자리가 되며 붕어는 줄기에 몸을 비비면서 알을 낳는다. 잎은 엮어서 도롱이, 차양, 자리 등을 만들며 열매는 '고미'라 하여 먹을 것이 모자랐던 시절에 쌀 대신 먹기도 했다. 식물체 곳곳을 약으로 쓰는데, 장이나 위에 열이 나거나 오줌을 너무 자주 누는 병에 잘 듣는다. 깜부기병에 걸리면 줄기에 흑수균이 침입해서 마디가 길어지지 않고 버섯처럼 퍼지는데, 이러한 줄기를 먹는다. 그 때 생기는 검은 홀씨를 떼어서 눈썹을 그리는 연필이나 검정색 물감의 원료로 쓴다.

사는 곳 우리나라 전국에서 저절로 자란다.

모습 여러해살이풀. 높이가 100~200cm다. 진흙 속에 뿌리를 내리며, 뿌리줄기가 옆으로 뻗는다.

잎 모여나기. 길이 50~100cm, 너비 2~3cm로 아래쪽이 가늘어져서 잎집이 된다. 잎혀는 긴 세모꼴이며 희다. 가장자리는 거칠고 날카롭다.

꽃 원추꽃차례. 8월에 핀다. 꽃줄기는 길이 100~200cm, 꽃차례는 길이 30~50cm다.

열매 영과. 9월에 익는다.

쓰임새 물을 정화하려고 심어 가꾸며, 약이나 생활 도구의 재료로 쓴다.

꽃과 열매    잎차례

꽃차례

유기물이 풍부한 냇가의 진흙땅에 뿌리를 박고 살므로 뿌리틈에는 잉어, 붕어, 조개, 거머리 같은 생물이 보금자리를 꾸민다.

꽃이 피기 전의 모습

사탕수수

Saccharum officinarum L. | suger cane
벼목 벼과 | 감자

사탕수수는 설탕을 얻으려고 심어 가꾸는 식물로, 기원전 6,000년 전부터 심어 가꾸었다고 한다. 인도나 필리핀, 하와이, 브라질, 쿠바, 멕시코 같은 열대와 아열대 지방에서 대규모로 심어 가꾸며 한 해의 평균 기온이 20℃ 이상, 평균 강우량이 1,200~2,000mm인 곳에서 잘 자라므로 우리나라에서는 기후가 맞지 않아서 심어 가꿀 수 없다. 보통 마디를 잘라 심은 지 1년이 되면 거둘 수 있다.

꽃차례 1개에는 작은이삭이 아주 많이 달리며 작은이삭은 꽃 1송이로 되어 있다. 꽃마다 수술이 3개, 암술이 1개 있다.

줄기에서 즙을 짜서 다른 성분을 없앤 뒤 농축하면 원당이 되고, 원당을 걸러 내어 분리하면 설탕이 된다. 처음에는 깨끗한 흰 설탕이 만들어지다가 색깔이 점점 검어지면서 나중에는 흑설탕이 만들어진다. 설탕의 원료가 되는 식물은 많지만 사탕수수와 사탕무를 가장 많이 쓴다.

사는 곳 원산지는 인도다. 열대와 아열대 지방에서 심어 가꾼다.

모습 여러해살이풀. 높이가 200~600cm다. 줄기에 마디가 20~30개 있고, 가지를 치지 않는다.

잎 어긋나기. 길이가 약 70cm다.

꽃 원추꽃차례. 9~10월에 핀다. 회색빛을 띤 흰색이며, 꽃차례는 줄기 끝에 생기고 길이가 약 60cm다.

열매 영과. 11~12월에 익는다.

쓰임새 설탕의 원료로 쓴다.

꽃과 열매   잎차례

일본 오키나와 섬의 사탕수수밭에서 꽃이 핀 모습

남태평양 피지의 사탕수수밭

줄기를 거두는 모습

설탕의 원료는 어디에 들어 있을까? 사탕수수의 줄기에 들어 있다. 설탕의 원료는 '수크로오스'로, 줄기에 10~20%쯤 들어 있으며 줄기의 가운데에 가장 많고 아래쪽과 위쪽에는 적다.

수수

Sorghum bicolor Moench | millet
벼목 벼과 | 대죽, 대축, 고량

수수는 열대 아프리카에서 이집트와 아시리아를 거쳐, 기원전 4세기쯤에는 인도로 건너가 재배되었다고 한다. 우리나라에는 중국을 통해 들어왔다. 온도가 높고 햇볕만 잘 들면 몹시 메마르고 거름기 없는 땅에서도 잘 자란다.

꽃차례는 층층이 생기며, 층마다 꽃자루가 돌아가면서 나와 그 끝에 작은이삭이 달린다. 작은이삭에는 암술과 수술을 모두 갖춘 꽃과 수술만 갖춘 수꽃이 달리는데, 맨 끝에는 갖춘꽃 1송이와 수꽃 2송이가 짝을 지어 달린다. 아주 긴 까끄라기도 있다. 한 꽃차례에서 약 2,000송이의 꽃이 열매를 맺는다. 우리나라에서 심어 가꾸는 것은 열매가 대개 붉은 갈색이지만, 품종에 따라 노란 것도 있고 흰 것도 있다.

낟알은 겉껍질을 벗겨서 다른 곡식과 섞어 밥을 지어 먹으며 떡을 만들거나 술을 빚는다. 열매와 뿌리는 피, 설사, 구토를 멎게 한다. 예전에는 줄기를 잘라 빗자루를 만들거나 집을 지을 때 벽과 지붕을 잇는 재료로 썼다. 이삭이 달렸던 줄기를 잘라 위에서부터 고르게 껍질을 벗겨내고 남은 속대는 '수수깡'이라고 하며 놀잇감을 만드는 재료로 많이 쓴다.

사는 곳 원산지는 에티오피아를 중심으로 한 열대 아프리카다. 우리나라 전국에서 심어 가꾼다.

모습 한해살이풀. 높이가 약 200cm다.

잎 어긋나기. 길이가 50~60cm며, 끝이 아래로 처진다.

꽃 수상꽃차례가 여러 개 모인 원추꽃차례. 7~8월에 핀다. 꽃차례는 길이 약 30cm로 줄기 끝에 생긴다.

열매 영과. 9~10월에 익는다. 지름이 0.3~0.6cm다.

쓰임새 먹거나 약으로 쓰며, 생활 도구를 만드는 재료로도 쓴다.

꽃과 열매 | 잎차례

꽃차례

수수밭 열매가 붉게 익고 있다.

꽃차례
잎집에서 올라오는 모습

조

Setaria italica (L.) Beauv. | barn grass, chinese corn, italian millet
벼목 벼과

조는 아시아와 유럽에서 특히 많이 심어 가꾼다. 중국에서는 기원전 2,700년 전부터 곡식으로 가꾸었으며, 우리나라도 조를 '오곡'(五穀)의 하나로 치면서 오래 전부터 가꾸었다. 가뭄에는 아주 강하지만 습기에는 약하다.

조의 속명인 세타리아(*Setaria*)는 '강한 털을 가졌다'는 라틴어에서 나왔는데, 여기서 '강한 털'이란 까끄라기를 말한다. 작은이삭이 달리는 자루 밑에 열매가 1~4개 달리고, 여기에 열매보다 2곱 이상 긴 까끄라기가 난다. 작은이삭에는 본래 꽃이 2송이 피는데, 1송이는 퇴화하고 1송이만 제구실을 하여 열매를 맺는다.

조는 씨앗을 봄에 뿌리는 봄조와 여름에 뿌리는 그루조로 나뉜다. 씨앗의 성질에 따라 차조(큰조)와 메조(작은조)로 나뉘기도 한다. 벼나 보리와 형제 사이일 것 같지만, 사실은 강아지풀과 형제 사이다. 까끄라기가 달린 작은이삭의 생김새를 보면 알 수 있다.

열매를 '좁쌀'이라고 하며 당뇨병 환자나 비장, 위장이 약한 사람, 밥을 잘 먹지 못하는 사람이 죽을 쑤어 먹으면 좋다. 새의 모이로 많이 쓴다.

사는 곳 원산지는 중국이다. 우리나라 전국에서 심어 가꾼다.

모습 한해살이풀. 높이가 100~150cm다. 줄기는 가지를 치지 않는다.

잎 어긋나기. 길이 30cm 안팎으로 피침꼴이며. 가장자리에 잔 톱니가 있다.

꽃 수상꽃차례. 7~8월에 핀다. 꽃차례는 길이 약 20cm, 너비 약 2.5cm로 원기둥꼴이며 한쪽으로 휜다.

열매 영과. 9~10월에 익는다.

쓰임새 다른 곡식과 섞어 밥을 지어 먹거나 새 모이로 쓴다.

꽃과 열매 | 잎차례

꽃차례

조밭 특별히 거름을 주지 않아도 잘 자라며, 쌀이 귀하던 시절엔 요긴한 식량이었다.

'복슬황조'라 불리는 품종의 열매이삭

강아지풀

Setaria viridis (L.) Beauv. | green bristle grass
벼목 벼과 | 가라지, 구미초, 개꼬리풀

강아지풀은 전 세계의 온대와 난대 지방에 고루 퍼져서 자란다. 우리나라에서는 물기가 많지 않고 햇볕이 잘 드는 길가, 빈터, 숲 가장자리에서 많이 자란다. 흔히 보는 풀이지만 비슷하게 생긴 다른 종류가 여럿 있으므로, 꽃차례의 길이와 색깔로 구별해야 한다.

땅 속으로 수염뿌리를 뻗는다. 줄기는 모여 나며, 녹색이나 자주색이고 털이 없으며 마디가 길다. 잎의 아래쪽은 줄기를 감싸는 잎집이 되며, 잎집과 잎혀에 털이 있다. 작은 꽃이 여러 송이 모여 원뿔꼴 꽃차례를 이루었다가 다시 원기둥꼴 꽃차례를 이룬다. 이러한 꽃차례가 강아지의 꼬리를 닮았다고 해서 '강아지풀'로 부르게 되었다. '개꼬리풀'이라고도 부르며, 한자어로는 '구미초'(狗尾草)라고 한다. 작은이삭의 아래쪽에는 낟알보다 3~4곱쯤 긴 까끄라기가 4~7개 달린다.

꽃줄기는 꺾어서 놀잇감으로 쓴다. 식물체 전부를 약으로 쓰며, 줄기는 베어서 가축의 먹이로 준다. 옛날에 흉년이 들면 열매로 끼니를 때우기도 했다. 뿌리는 캐어서 촌충을 없애는 약으로 썼다.

사는 곳 우리나라 전국에서 저절로 자란다.

모습 한해살이풀. 높이가 20~70cm다. 줄기는 곧고 가늘며 아래쪽에서 가지를 친다.

잎 어긋나기. 길이 5~20cm, 너비 0.5~2cm로 선꼴이나 피침꼴이며 가장자리가 거칠다.

꽃 원추꽃차례. 7~9월에 핀다. 옅은 녹색이나 자주색이다. 꽃차례는 길이 약 5cm로 원기둥꼴이다. 작은꽃자루의 아래쪽에는 빳빳한 털이 있다.

열매 영과. 9~10월에 익는다. 길고 둥글다.

쓰임새 약이나 가축의 먹이로 쓴다.

꽃과 열매 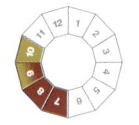 잎차례

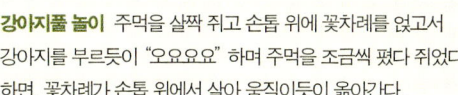
강아지풀 놀이 주먹을 살짝 쥐고 손톱 위에 꽃차례를 얹고서 강아지를 부르듯이 "오요요요" 하며 주먹을 조금씩 폈다 쥐었다 하면, 꽃차례가 손톱 위에서 살아 움직이듯이 옮아간다.

열매를 맺은 모습

가을강아지풀 *Setaria faberi*
꽃차례는 길이 5~10cm로 강아지풀보다 훨씬 길고 굵으며 끝이 아래로 처진다.

금강아지풀 *Setaria glauca*
꽃차례가 금빛을 띠고 잎집과 잎혀에 털이 없다.

옥수수

Zea mays L. | corn, maize, indian corn

벼목 벼과 | 강냉이, 강내미, 옥시기, 진주미, 옥미

옥수수의 고향은 열대 아메리카로 알려져 있으며, 아스테크나 마야, 잉카 같은 고대 제국의 문명을 엿보게 하는 유적에서 옥수수가 발견된다. 멕시코에서 심어 가꾸기 시작하여 북아메리카 대륙으로 퍼져 나갔고, 특히 인디언이 주식으로 먹었다. 우리나라에는 고려시대에 원나라 군사들이 들여왔다고 한다.

  씨앗을 뿌리고 100일쯤 지나면 꽃이 피며, 수꽃과 암꽃이 한 그루에 있지만 꽃가루받이는 서로 다른 그루의 암수끼리 한다. 수꽃차례가 나오고 3~5일 지나면 꽃가루가 날리며, 꽃가루받이가 끝나고 45~60일 지나면 열매가 익는다. 우리가 먹는 부분은 암꽃차례로, 꽃차례를 이루는 암꽃 하나하나가 열매를 맺는다. 반들반들한 수염처럼 길게 자라는 것은 암술대다.

  쪄서 간식으로 많이 먹고, 열매를 한알한알 떼내어 말린 것을 튀겨 팝콘으로 먹는다. 콩가루나 밀가루와 섞어서 과자, 빵 따위를 만들고 엿과 묵도 만들며, 기름을 짠다. 암술대는 방광에 난 염증을 고치는 약으로 쓴다.

사는 곳 원산지가 중앙아메리카나 남아메리카라는 설이 있다. 우리나라 전국에서 심어 가꾼다.

모습 한해살이풀. 높이가 100~300cm다. 줄기는 곧게 자란다.

잎 어긋나기. 길이 약 100cm로 겉에 털이 있고, 아래쪽은 잎집이 되어 줄기를 감싼다.

꽃 원추꽃차례. 7~8월에 핀다. 수꽃차례는 줄기 끝에 달리고, 암꽃차례는 줄기 위쪽의 잎겨드랑이에 달린다.

열매 영과. 8~9월에 익는다. 지름 약 0.6cm로 둥글고 평평하며, 길고 둥근 실패 모양의 대에 모여 달린다.

쓰임새 먹거나 약으로 쓰며, 가축의 먹이로 쓴다.

꽃과 열매  잎차례

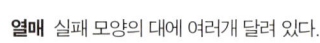
수꽃 / 수술의 꽃밥

수꽃차례

열매 실패 모양의 대에 여러개 달려 있다.

옥수수밭 옥수수는 여러 품종이 있는데 먹을 건지, 가축의 먹이로 쓸 건지 등 쓰임새에 따라 골라 심는다.

자라는 모습 1 씨앗을 뿌리면 싹이 틀 때 뿌리가 1개 나온다. 2 그 마디에서 새 뿌리가 몇 개 더 나와서 3 물과 양분을 흡수하면 1주일 뒤에 참뿌리가 생긴다. 4 그 뒤로는 물과 햇볕만 있으면 아주 잘 자란다. 5 줄기는 보통 어른의 키만큼이고, 아주 작은 것도 있지만 높이 약 600cm나 될 만큼 아주 큰 것도 있다.

암꽃차례
수염처럼 길게 자란
암술대가 끝에
달려 있다.

밀

Triticum aestivum L.
벼목 벼과

밀은 오늘날 전 세계의 온대 지방에서 밭에 심어 가꾼다. 인류는 지금으로부터 10,000~15,000년 전에 농사를 짓기 시작했는데, 밀은 그 때부터 심어 가꾸었다고 한다. 우리나라에서는 삼국시대부터 심어 가꾸었으나, 요즘에는 외국에서 싸게 들여온 밀을 쓰느라 심어 가꾸는 곳이 많지 않다. 1년 평균 기온이 약 3.8℃인 곳이 자라기에 좋다. 보리보다 뿌리가 깊게 뻗어서 땅 속의 물과 양분을 잘 빨아들이므로 마른 땅에서도 자란다.

줄기의 좀 볼록한 마디에서 잎이 나오므로 언뜻 보면 보리와 비슷하지만, 보리보다 줄기가 더 뻣뻣하고 다 자란 잎의 색깔이 더 짙다. 잎은 어릴 때 자줏빛을 띠며, 끝이 뾰족하고 밑은 잎집이 되어 줄기를 감싼다. 꽃차례에 있는 약 20개의 마디마다 작은이삭이 달린다. 작은이삭은 꽃 4~5송이로 되어 있으며, 거칠고 굵은 까끄라기가 달린다.

열매는 가루를 내어 빵, 국수, 과자 같은 음식을 만들고, 껍질인 '밀기울'은 가축의 먹이로 쓴다. 줄기와 마른 잎은 '밀짚'이라고 하는데, 질기고 뻣뻣하여 밀짚모자 같은 공예품을 만든다. 마음을 편안하게 하고 열을 내리는 약으로 쓰며, 최근에는 암 치료제로 연구한다.

사는 곳 원산지는 아프가니스탄이나 카프카스 지방이다. 우리나라 전국에서 심어 가꾼다.

모습 두해살이풀. 높이가 100~150cm다. 줄기는 2~3개 모여 난다.

잎 어긋나기. 길이 1.3~1.5cm, 너비 1~2cm로 넓은 피침꼴이며, 뒤로 젖혀진다.

꽃 수상꽃차례. 5월에 핀다. 줄기 끝에 여러 송이 모여 달려 길이 6~10cm의 꽃차례를 만든다.

열매 영과. 6월에 갈색으로 익으며, 넓은 타원꼴이다.

쓰임새 먹거나 약으로 쓰고, 가축의 먹이로도 쓴다.

꽃과 열매  잎차례

꽃차례

밀밭
거두기 바로 전의 모습

열매이삭

심어 가꾸려면 보통 가을에 벼를 거둔 자리에다 심는다. 땅이 축축하면 안 되고 지하수면이 70cm쯤 돼야 안전하며, 콩이나 조를 거둔 밭에 심기도 한다. 싹이 트고 어렵게 겨울을 난 밀은 봄에 왕성하게 자라서 꽃이 핀 뒤에 열매를 맺는다.

잔디

Zoysia japonica Steud. | lawn grass

벼목 벼과

잔디는 햇볕이 잘 드는 산과 들에 자라며, 전 세계에서 40종류가 자란다. 우리나라에서도 왕잔디, 갯잔디, 금잔디 등 여러 종류가 자란다. 뿌리줄기가 힘차게 뻗으면서 땅을 완전히 덮고 잘 번식하며 독성이 없어야 좋은 잔디라고 할 수 있다. 우리나라에서 자라는 잔디는 이러한 특징을 고루 갖추었고 추위와 더위를 잘 견딘다.

3월 말에서 4월 초에 새싹이 돋고 5월에 꽃이 피며 7월에 열매를 맺는다. 여름이 지나 기온이 10℃ 이하로 내려가면 누렇게 변하여 겨울 휴면에 들어간다. 심어 가꾸는 잔디는 꽃이 피면 죽으므로, 꽃 피기 전에 반드시 잔디깎기를 해야 한다. 길이 약 0.3cm로 달걀꼴인 작은이삭은 꽃 1송이로 되어 있으며, 꽃이 피면 작은이삭 위로 수술과 암술이 살짝 나온다.

뿌리줄기가 옆으로 뻗으면서 흙을 서로 엉겨 붙게 하므로 운동 경기장이나 골프장, 공원 등에 잔디밭을 만들어 가꾸며, 묘지를 꾸밀 때 많이 심는다.

사는 곳 우리나라 전국에서 저절로 자란다.

모습 여러해살이풀. 높이가 10~20cm다. 뿌리줄기는 옆으로 뻗고 마디에서 뿌리를 내린다.

잎 모여나기. 길이 3~8cm로 아래쪽은 잎집이 된다. 어릴 때는 앞뒤 양쪽에 털이 있다.

꽃 총상꽃차례. 5~6월에 핀다. 높이 15~20cm인 꽃줄기의 끝에 꽃차례가 길이 3~5cm로 생긴다.

열매 영과. 7~8월에 익는다.

쓰임새 묘지, 축구장, 골프장에 많이 심고, 집 마당이나 공원에도 심는다.

꽃과 열매  잎차례

꽃차례 꽃줄기에서 나온 짧은 가지마다 꽃 1송이로 된 작은이삭이 달린다.

열매이삭

잔디밭 잔디나 잔디의 뿌리로 가득 찬 땅 조각을 '떼'라고 한다. 떼를 일정한 간격으로 심으면 금세 뿌리줄기가 뻗어 잔디밭이 된다.

창포

Acorus calamus var. *angustatus* Bess. | sweet flag
천남성목 천남성과 | 향포, 왕창포, 물쌔, 물채, 창풀, 챙피, 쟁피풀, 백백창, 수창포

창포는 개울가나 연못, 호숫가처럼 물기가 많은 곳에서 자란다. 요즘에 땅을 정리한다고 습지를 없애고, 물을 오염시키는 탓에 창포가 자랄 만한 곳이 점점 줄어서 보기가 어려워졌다. 일본과 중국, 시베리아에서도 자란다.

온몸에서 향기가 나는데, 잎을 살짝 비빈 손을 코에 대보면 금세 향긋함을 느낄 수 있다. 우리나라에는 창포를 이용하는 고유한 풍속이 있다. 단옷날이 되면 잎을 삶은 물로 머리를 감고 목욕을 하는데, 그러면 머릿결과 피부가 아주 매끄러워지며 1년 내내 피부병에 안 걸린다고 한다. 단옷날에는 뿌리줄기를 깎아 비녀를 만들기도 하는데, 끝에 붉은 연지를 발라 머리에 꽂으면 1년 내내 나쁜 일이 생기지 않는다고 한다. 예로부터 조상이 따른 풍속을 본떠서 오늘날에는 창포로 비누나 화장품, 목욕 용품 등을 만든다.

뿌리줄기는 이질이나 류머티즘 때문에 생기는 통증을 줄이며, 이 아픈 데나 종기에 잘 들어서 약으로 쓴다.

사는 곳 우리나라 전국에서 저절로 자란다.

모습 여러해살이풀. 땅 속의 뿌리줄기가 옆으로 뻗으며 마디에서 수염뿌리를 내린다.

잎 모여나기. 줄기의 밑동에 나며, 길이 60~90cm로 반들반들하다. 아래쪽은 서로 얼싸안아 2줄로 난 것처럼 보인다.

꽃 육수꽃차례. 6~7월에 핀다. 길이 약 30cm인 꽃줄기의 끝에 작은 꽃이 여러 송이 모여 달린다. 연둣빛이 도는 옅은 노란색이며 화피 6장, 수술 6개, 암술 1개로 되어 있다.

열매 장과. 7~8월에 붉게 익으며, 긴 타원꼴이다.

쓰임새 약이나 향료로 쓴다.

꽃과 열매  잎차례

물가에서 무리지어 자라는 모습

석창포 *Acorus gramineus*
키가 창포보다 작고, 잎은 길이 20~50cm다. 꽃차례는 길이 5~10cm로 창포보다 짧다.

창포로 천을 물들이면 노랑 계열의 색깔로 물이 든다. 베를 물들이면 옅은 갈색이 되고 여러 번 들일수록 짙어진다. 창포로 물들인 옷을 입으면 몸에 나쁜 벌레가 슬지 않아서 좋고, 창포물을 들인 종이는 상하지 않고 향기가 난다.

꽃차례 막상 보고도 꽃인지 못 알아 볼 만큼 1송이의 크기가 아주 작고 여럿이 모여서 손가락 모양의 꽃차례를 만든다.

토란

Colocasia antiquorum var. *esculenta* Engl. | taro
천남성목 천남성과

토란은 물기가 좀 있는 땅에 심어 놓으면 특별히 돌보지 않아도 잘 자란다. 이름의 뜻은 '땅에서 나는 알' 인데, 여기서 말하는 '알' 이란 알줄기를 가리킨다. 감자처럼 생긴 알줄기는 땅 속의 양분을 갈무리하며, 겉이 섬유로 덮여 있고 옆으로 새끼를 친다.

잎 사이에서 나온 꽃자루는 길고 넓은 포에 싸이며, 포 속에서 막대 모양의 긴 꽃차례가 생긴다. 꽃차례 위쪽에는 수꽃이, 아래쪽에는 암꽃이 여러 송이 모여 있다. 오랫동안 알줄기를 나눠 심어 번식시켰으므로 꽃 피고 열매 맺어 번식하는 본성을 잃었다. 따라서 꽃과 열매를 보기 힘들다.

줄기를 자르면 붉은 즙이 나오는데, 독성이 있어서 직접 만지지 말아야 한다. '토란대' 라고 부르는 잎자루는 삶아서 들깨와 함께 무쳐 먹고, 육개장 등에 넣어 먹기도 한다. 한가윗날엔 알줄기로 국을 끓여 먹는다. 요즘에는 잎에 물이 스미지 않는 원리를 연구하여 방수페인트나 방수천을 개발하는 데 응용하려고 한다.

사는 곳 원산지는 열대 아시아다. 우리나라 전국에서 심어 가꾼다.

모습 여러해살이풀. 높이가 80~100cm다. 땅 속에서 알줄기가 타원꼴로 자란다.

잎 모여나기. 뿌리에서 나온다. 길이 30~50cm로 귀 모양이며, 털은 없고 가장자리가 주름진다.

꽃 육수꽃차례. 8~9월에 핀다. 잎 사이에서 꽃자루가 1~4개 나온다. 포는 길이 25~30cm, 너비 약 6cm로 끝이 뾰족하다.

열매 거의 맺지 않는다.

쓰임새 나물로 먹거나 국을 끓여 먹는다.

포와 꽃차례 뒤로 젖혀진 포 1장이 꽃자루를 감싸고 있고, 포 속에 막대 모양의 꽃차례가 있다.

꽃과 열매   잎차례

알줄기

잎 아주 크고 넓은 방패 모양으로, 겉에 물이 떨어져도 표면장력에 의해 스미지 않고 방울져 굴러다닌다.

천남성

Arisaema amurense var. *serratum* Nakai

천남성목 천남성과 | 청사두초, 천남생이, 톱니아물천남성, 천남상, 처남상, 츌남생

천남성은 산 속의 그늘지고 기름지며 물기 많은 곳에서 1~2포기씩 자란다.

알줄기는 땅 속에서 양분을 갈무리하며 밑으로 수염뿌리를 내린다. 새싹의 위쪽에 여러 장 들어 있는 꼬깃꼬깃한 잎은 자라면서 점점 펼쳐진다. 날씨가 따뜻해지면 키가 커지면서 곧 꽃이 핀다. 꽃잎이 없는 꽃이 여러 송이 빽빽이 모여 곤봉 모양의 꽃차례를 만들며, 꽃차례는 녹색 포에 싸인다. 포는 길이 약 8cm 되는 긴 통에 뚜껑이 달린 듯한 모양이다. 주변 환경에 따라 성을 스스로 바꾸므로, 어느 해에는 수꽃이 피다가 또 어느 해에는 암꽃이 핀다. 열매는 꽃이 진 자리에서 꽃차례 모양대로 익는다. 빨간색, 주황색, 노란색 등 여러 색깔의 둥근 열매가 다닥다닥 붙은 모습이 옥수수 같다.

독성이 강하므로 무심코 잎을 따기만 해도 가렵거나 물집이 생긴다. 이러한 독도 잘 쓰면 약이 된다. 주로 알줄기를 약으로 쓰는데, 혈압이 높아 몸이 마비되었거나 류머티즘을 앓는 사람이 쓰면 잘 듣고, 가래를 없애며 통증을 줄이는 효능이 있다. 해로운 벌레를 죽이는 데도 쓴다.

사는 곳 우리나라 전국에서 저절로 자란다.

모습 여러해살이풀. 땅 속에서 둥글납작한 알줄기가 자란다.

잎 1장씩 난다. 작은 잎 5장으로 된 겹잎이며, 작은 잎의 크기가 저마다 다르다.

꽃 암수딴그루. 육수꽃차례. 5~7월에 핀다. 꽃차례는 곤봉 모양이며 꽃잎 같은 포에 싸인다.

열매 장과. 8~9월에 붉게 익는다.

쓰임새 마당이나 화분에 심어 감상하며, 약으로도 쓴다.

 꽃과 열매 잎차례

큰천남성 *Arisaema ringens*
우리나라 남부 지방에서 자란다. 작은 잎 3장으로 된 겹잎이 2장 달린다.

덜 익은 열매

두루미천남성 *Arisaema heterophyllum*
작은 잎 13~19장으로 된 겹잎이 1장 달리며, 작은 잎은 두루미 날개처럼 펼쳐진다. 꽃차례는 채찍처럼 길게 늘어나 포 밖으로 많이 나온다.

열매가 붉게 익어 가는 모습

포와 꽃차례 긴 통에 뚜껑이 달린
듯한 것이 포다. 포 밖으로 살짝
고개를 내민 듯한 것은 꽃차례다.

섬남성 *Arisaema takesimense*
울릉도에서만 자란다. 잎은 2장이고
가운데에 흰 줄무늬가 있다.

열매이삭

개구리밥

Spirodela polyrhiza (L.) Schleid. | polyrhiza duck weed
천남성목 개구리밥과 | 부평초, 수평, 머구리밥, 자평, 물옷

개구리밥은 온대와 열대 지방에 고루 퍼져서 자라며, 논이나 연못에서 흔히 볼 수 있다.

　물 위에 뜨는 것은 엽상체로, 잎처럼 보이지만 줄기가 변해서 된 기관이며, 줄기와 잎의 구실을 모두 한다. 엽상체 속에는 얇은 막으로 가로막힌 방이 여러 개 있고, 방마다 공기가 들어 있으므로 물에 잘 뜬다. 엽상체에서 물 위에 나와 있는 앞쪽은 녹색이고 광합성을 하며, 물에 닿는 뒤쪽은 자줏빛이 돌고 뿌리를 내린다. 뿌리가 나는 곳 옆에는 겨울에 타원꼴의 작은 눈이 생기는데, 점점 커져서 2~3개로 불어나면 떨어져 나가 물 밑에 가라앉았다가 이듬해 봄에 다시 물 위로 올라와 자란다. 실뿌리 끝에서 장갑을 씌운 듯 툭 튀어나온 부분은 양분을 빨아들이고 멀리 떠내려가지 못하도록 조절하는 구실을 한다. 눈으로 번식하므로 꽃은 거의 안 피며, 피어도 꽃잎이 없어 알아보기 어렵다.

　흔히 연못이나 어항에 넣어 가꾸지만, 너무 잘 번식하므로 잘 돌봐야 한다. 오줌을 잘 누게 하고 가려움증이나 두드러기를 낫게 하는 약으로 쓴다.

사는 곳 우리나라 전국에서 저절로 자란다.

모습 여러해살이 물풀. 엽상체가 물 위에 뜨고 밑으로 실뿌리를 여러 개 내린다.

엽상체 길이 0.5~0.8cm로 넓고 평평하며, 맥 5~11개가 벌린 손가락 모양으로 생긴다.

꽃 7~8월에 핀다. 포가 1개 있고 그 속에 수꽃이 2개, 암꽃이 1개 있다. 암수 모두 희다.

열매 포과. 9~10월에 익으며, 병 모양이다.

쓰임새 집안의 연못이나 어항을 꾸미려고 심어 가꾸며, 약으로도 쓴다.

꽃과 열매

물 위에 떠서 자라는 모습

좀개구리밥
Lemna paucicostata
엽상체는 길이 0.3~0.5cm로 개구리밥보다 작고 맥이 3개 생기며, 밑으로 뿌리를 1개씩 내린다.

물 속으로 뿌리를 내린 모습

부들

Typha orientalis Presl | cattail, reed mace
부들목 부들과 | 포초, 향포, 포채

부들은 연못이나 강의 가장자리처럼 물기가 많은 땅에서 자라며, 뿌리는 진흙에 박고 잎과 꽃줄기는 물 밖으로 내놓는다.

땅 속에서는 털 없이 밋밋한 뿌리줄기가 옆으로 뻗으면서 밑으로 수염뿌리를 내린다. 줄기는 곧게 올라가 어린 아이 키만큼 높이 자란다. 여름이면 줄기 끝에 소시지처럼 생긴 꽃차례가 생기는데, 위쪽은 수꽃차례고 바로 아래쪽은 암꽃차례다. 열매는 꽃차례 모양대로 익으며, 솜털이 달려서 멀리 날아가 씨앗을 퍼뜨린다.

꽃가루는 피를 멎게 하고 통증을 줄이며 멍을 풀어서 약으로 쓴다. 어린 싹은 나물로 먹거나 뿌리와 함께 쪄서 먹는다. 꽃차례는 말려서 양초나 횃불이 없을 때 대신 쓰고, 뭉쳐서 이불이나 베개 속에 솜처럼 넣기도 한다. 가늘고 긴 잎을 솜씨 좋게 엮어서 방석이나 자리, 부채, 바구니 같은 생활 도구를 다양하게 만들어 쓴다. 요즘에는 물을 깨끗하게 하거나 물고기의 삶터를 마련해 주려고 물가에 많이 심는다. 꽃꽂이 재료로도 쓴다.

사는 곳 우리나라 전국에서 저절로 자란다.

모습 여러해살이 물풀. 높이가 100~200cm다. 줄기는 원기둥꼴이고, 뿌리줄기가 옆으로 뻗는다.

잎 어긋나기. 길이 50~130cm, 너비 1~2cm로 선꼴이며, 도톰하고 흰빛이 조금 돈다.

꽃 수상꽃차례. 7월에 핀다. 꽃잎이 없으며, 꽃차례는 길이 10~20cm다.

열매 수과. 9~10월에 익는다. 열매이삭은 길이 7~10cm로 붉은 갈색이고 긴 타원꼴이다.

쓰임새 잎은 공예품 재료로, 꽃가루는 약으로 쓴다.

 꽃과 열매  잎차례

암꽃차례

열매 익으면 솜털이 달린 씨앗이 날아간다.

수꽃차례

암꽃차례

애기부들 *Typha angustata*
수꽃차례와 암꽃차례가 떨어져 있다.

생강

Zingiber officinale Rosc. | ginger

생강목 생강과 | 새앙, 새양

우리나라에서는 생강을 고려시대 전부터 심어 가꾸었다고 한다. 우리가 먹는 부분은 뿌리줄기다. 땅 속에서 양분을 저장하여 울퉁불퉁하게 굵어진 줄기로, 살이 많으며 맵고 향기가 짙다.

덩이줄기 마디에서 잎집으로 된 헛줄기가 곧게 올라간다. 여기에 잎이 2줄로 달리는데, 생김새가 대나무 잎과 비슷하고 옆맥이 많이 난다.

우리나라에서는 기후가 알맞지 않아 꽃이 안 피는데, 이따금 온실에서 키우는 것은 꽃이 핀다. 꽃은 포 사이에서 나온다. 꽃잎은 3갈래로 갈라지고 갈라진 조각의 끝이 뾰족하며, 꽃받침은 짧은 통처럼 생겼다. 헛수술이 변해 꽃잎처럼 된 부분이 있는데 자주색 바탕에 옅은 노란색 반점이 있다. 수술이 1개며, 암술대는 실처럼 가늘고 옅은 자주색이다.

뿌리줄기는 갖가지 음식에 양념으로 쓰는데, 김치를 담글 때 버무림 양념에 꼭 들어간다. 국과 찌개를 끓일 때 나쁜 냄새나 맛을 없애려고 향신료로 쓰며, 차나 술을 만들어 마시기도 한다. 열을 내리고 몸을 따뜻하게 하며 가래를 없애서 약으로 많이 쓴다.

사는 곳 원산지는 서인도 지방이다. 우리나라 남부 지방에서 심어 가꾼다.

모습 여러해살이풀. 높이가 30~50cm다. 땅 속에서 뿌리줄기가 자란다.

잎 어긋나기. 가늘고 긴 피침꼴이며, 아래쪽은 줄기를 감싸는 잎집이 된다.

꽃 두상꽃차례. 8월에 핀다. 길이 약 20cm인 꽃줄기 끝에 꽃차례가 생긴다. 노란빛이 도는 녹색이다.

열매 삭과. 9~10월에 익는다.

쓰임새 음식에 양념으로 넣어 먹고 약으로 쓴다.

꽃과 열매  | 잎차례

뿌리줄기 땅 속으로 뻗은 모습

생강밭

뿌리줄기 새싹이 올라온 모습

파초

Musa basjoo Sieb. | hardy banana, hardy fiber banana, japanese banana

생강목 파초과 | 반초, 반추

파초는 고려시대에 처음 들여와 주로 양반집에서 심어 가꾸었던 식물이다. 김동명의 시 「파초」로 널리 알려졌지만, 요즘에는 잘 심지 않아서 보기 드물다.

뿌리줄기 옆에 생기는 덩이줄기로 포기를 늘리며, 잎은 뿌리줄기에서 여러 장 나와 서로 감싸면서 줄기처럼 자란다. 줄기에 비해 잎이 아주 크고 넓은데, 옆맥이 나란해서 거센 바람에 잘 찢어지지만 오히려 바람의 힘을 흩어지게 하므로 식물체는 쓰러지지 않고 잘 버틴다. 잎 사이에서 나온 꽃줄기에 꽃이 달리는데, 아래쪽에는 암꽃과 수꽃이 같이 달리고 위쪽에는 수꽃만 달린다. 잎처럼 생긴 포 속에 꽃이 여러 송이 달리며, 꽃이 피면 포가 떨어진다. 잎과 꽃은 바나나와 아주 비슷하지만, 키가 바나나보다 작고 잎은 더 크며 포의 색깔이 다르고 열매가 더 작다.

섬유를 뽑아 종이나 실을 만들어서 '섬유바나나'라고도 부른다. 통째로 삶아 즙을 짜서 마시면 열이 내려가고 통증이 줄어들며 오줌이 잘 나오므로 약으로 쓴다.

사는 곳 원산지는 중국이다. 우리나라 남부 지방에서 심어 가꾼다.

모습 여러해살이풀. 높이가 약 500cm다. 큰 뿌리줄기의 옆에 작은 덩이줄기가 생긴다.

잎 모여나기. 길이 약 200cm, 너비 약 50cm로 긴 타원꼴이며, 옆맥이 나란하게 생긴다.

꽃 두상꽃차례. 7~8월에 핀다. 길이 6~7cm로, 15송이가 포 속에 2줄로 늘어서면서 달린다. 포는 노란빛이 도는 갈색이다.

열매 장과. 10월에 익는다. 길이가 약 6cm며, 노란빛이 도는 녹색으로 익으면서 작은 바나나처럼 된다. 속에 검은 씨앗이 있다.

쓰임새 식물체 전부를 약으로 쓰고, 종이나 천의 원료로 쓴다.

꽃과 열매   잎차례

잎 줄기에 비해 아주 크고 옆맥이 나란해서 바람에 잘 찢어진다.

바나나 꽃

바나나
Musa paradisiaca
파초보다 키는 크지만 잎이 더 작다

칸나

Canna generalis Bailey | common garden canna
생강목 생강과 | 홍초, 꽃칸나, 꽃홍초

칸나는 원래의 품종을 원예 품종으로 개량한 것이 전 세계에 100가지 이상 있다. 우리나라에서 주로 심어 가꾸는 것은, 인도나 말레이시아 같은 열대 아시아에서 저절로 자라는 것을 들여온 것이다.

땅 속에는 고구마처럼 생긴 뿌리줄기가 굵게 자란다. 땅 위로는 줄기가 아주 굵고 곧게 자라는데, 자르면 끈끈한 진이 나온다. 잎에는 나란히맥이 발달하며, 잎 아래쪽은 줄기를 감싸면서 잎집이 된다. 꽃은 약 20일에 걸쳐서 피며, 여름부터 가을까지 오랫동안 볼 수 있다. 보통 꽃줄기 1개에 꽃차례가 2개 생기며, 꽃차례 1개는 꽃 15~16송이로 되어 있다. 수술은 꽃잎 모양으로 둥글며 한쪽에 꽃밥이 달린다. 암술대는 넓고 길며 붉다. 꽃 색깔은 붉은색, 노란색 등 품종에 따라 여러 가지다. 열매는 둥글고 겉에 작은 돌기가 생기며, 속에 검은 씨앗이 들어 있다.

햇볕이 잘 들고 물이 잘 빠지는 곳에서는 거름 없이도 잘 자라서 아파트 꽃밭이나 집 마당에 많이 심어 가꾼다.

사는 곳 원산지는 전 세계의 열대 지방이다. 우리나라에서는 심어 가꾼다.

모습 여러해살이풀. 높이가 100~200cm다. 땅 속에서 뿌리줄기가 자란다.

잎 어긋나기. 길이 약 30~40cm로 넓은 타원꼴이다.

꽃 7~9월에 핀다. 지름이 약 10cm다. 꽃잎과 꽃받침잎이 각각 3장이며 수술은 6개다.

열매 삭과. 10월에 익는다.

쓰임새 마당이나 화분에 심어 집안을 꾸민다.

꽃과 열매   **잎차례**

심어 가꾸려면 서리가 내리기 전 가을에 잎을 베어내고 뿌리줄기가 다치지 않게 포기째 캔다. 뿌리줄기를 3~4일 간 햇볕에 말린 뒤 물이 잘 빠지는 땅 속에 묻어 두었다가 이듬해 5월에 뿌리줄기를 몇 마디씩 잘라 10~15cm 깊이로 옮겨 심는다. 꽃이 진 즉시 잘라 주어야 계속 핀다.

꽃이 핀 모습
여름부터 가을까지 오랫동안 피며, 품종에 따라 꽃잎 색깔이 다르다.

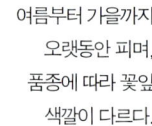

뿌리줄기

개불알꽃

Cypripedium macranthum Sw. | thunberg lady's slipper
난초목 난초과 | 복주머니란, 까치오줌통, 오종개꽃, 요강꽃, 작란화

개불알꽃은 우리나라뿐만 아니라 일본과 러시아, 몽골 등에서도 자란다. 예전에는 깊은 산 속의 기름진 땅에서 무리지어 자라는 모습을 흔히 볼 수 있었는데 요즘에는 꽃을 탐내는 사람들이 마구 캐가서 점점 사라져 간다.

잎 여러 장이 서로 포개지듯 나와 줄기를 감싸는데, 이 중에서 줄기 아래쪽에 나는 것은 너무 작아서 잎처럼 보이지 않는다. 꽃은 화피 6장으로 되어 있는데 위쪽의 3장을 꽃받침, 아래의 3장은 꽃잎으로 구분하기도 한다. 꽃잎 중에서 아래에 있는 것은 큰 주머니처럼 부풀어 있다. 이것을 '잎술꽃잎'이라고 부르는데, 아주 독특하고 예쁘게 생겼지만 냄새가 고약하다.

개불알꽃은 심어 가꾸기가 아주 어렵다. 보통 눈이 3~4개쯤 달린 뿌리줄기를 나누어 심는데, 기름지고 물이 잘 빠지며 바람이 잘 통하고 햇볕을 70%쯤 가려 주는 잎지는나무 아래가 자라기에 알맞다.

오줌을 잘 누게 하고 피를 잘 돌게 하며, 통증을 줄여 주고 부은 몸을 가라앉히므로 약으로 쓴다.

사는 곳 우리나라 전국에서 저절로 자란다.

모습 여러해살이풀. 높이가 25~40cm다. 땅 속의 뿌리줄기가 옆으로 뻗으며 마디에서 뿌리를 내린다.

잎 어긋나기. 길이 8~15cm, 너비 5~8cm로 타원꼴이며, 아래쪽은 잎집이 된다. 털이 듬성듬성 난다.

꽃 5~7월에 핀다. 줄기 끝에 1송이씩 달린다. 길이 4~6cm로 짙은 분홍색이다.

열매 삭과. 7~8월에 익는다.

쓰임새 꽃을 감상하려고 심어 가꾼다.

꽃과 열매 　　잎차례

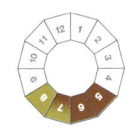 

꽃이 핀 모습 잎지는나무 밑에 심어 가꾸면 잘 자란다.

꽃 잎술꽃잎이 복주머니처럼 생겨서 '복주머니란'이라고도 부른다.

풍란
Neofinetia falcata (Thunb.) Hu
난초목 난초과 | 소엽풍란, 부귀란, 선초, 건란, 괘란, 현한, 발란

풍란은 바닷가 낭떠러지, 섬의 바위나 나무줄기에 붙어서 자란다. 꽃을 즐기는 사람들이 마구 캐가는 바람에 이제는 거의 볼 수 없으므로, 아주 없어지기 전에 서둘러 보호해야 한다. 최근에는 조직배양으로 풍란을 많이 만들 수 있으므로 꽃시장에서 사다가 심어 가꿀 수는 있다.

굵은 뿌리가 아주 많이 나는데, 그 중에는 나무나 바위에 붙는 것도 있고 공기 중에 그냥 나와 있는 것도 있다. 이러한 뿌리는 물을 풍부하게 저장하고 있어서 물이 적은 곳에서도 오랫동안 살 수 있다. 풍란이 자라는 바닷가에는 안개가 많아 공기 중의 습도가 높으므로 직접 심어 가꿀 때에는 환경을 이와 비슷하게 만들어야 한다. 잎은 1년에 2장 나며, 잎이 달리는 부분에는 마디 같은 것이 있어서 이것을 세면 나이를 짐작할 수 있다. 꽃 뒤쪽으로 꼬리처럼 길게 튀어 나온 꿀주머니는 꽃보다 3~4곱쯤 길다.

사는 곳 우리나라 남부 지방에서 저절로 자란다.

모습 늘푸른 여러해살이풀. 높이가 3~15cm다.

잎 어긋나기. 길이 5~10cm, 너비 0.6~0.8cm며, 2장이 서로 포개지듯이 나와 활처럼 휜다.

꽃 총상꽃차례. 7월에 핀다. 꽃잎이 5장이며 3장은 위를, 2장은 아래를 향한다. 흰색이다.

열매 삭과. 9~10월에 익는다. 지름 약 3cm로 타원꼴이다.

쓰임새 감상하려고 심어 가꾼다.

꽃과 열매  　 잎차례

나무줄기에 붙어서 자라는 모습

꽃이 핀 모습 매우 향기롭고 뒤쪽에 꿀주머니가 길게 튀어나와 있다.

나도풍란(대엽풍란) *Aerides japonicum*
사는 곳이 풍란과 비슷하다. 잎이 풍란보다 넓고 꿀주머니가 길지 않다. 꽃잎 중에서 아래에 있는 것은 입술처럼 생겼고 분홍색 점이 있다.

보춘화

Cymbidium goeringii Reichb. fil.

난초목 난초과 | 춘란, 건란, 난초, 난, 녹란, 초란, 이월란, 산란

보춘화는 봄에 피는 난초라서 '춘란' 이라고도 부르며, 우리나라에서 저절로 자라는 대표적인 난초고 가장 많이 심어 가꾼다. 남부 지방에서 많이 자라지만, 최근에는 중부 지방에서도 저절로 자라는 것을 확인했다. 햇볕이 조금 들고 메마른 숲에서 많이 자라며, 일본과 중국에서도 자란다.

땅 속으로 굵고 살과 즙이 많은 수염뿌리를 뻗어서 물을 빨아들이므로 웬만한 가뭄은 잘 견딘다. 뿌리 위쪽에는 둥근 비늘줄기가 달린다. 비늘줄기가 옆으로 뻗으면서 눈을 만들어 해마다 땅 위로 새싹을 올려 보내면서 포기를 늘린다. 꽃은 잎 사이에서 나온 꽃줄기에 달리고 향긋하다. 난초과 식물은 꽃이 특이하게 생겼는데 보춘화도 그렇다. 꽃잎 6장 중에서 맨 아래 늘어진 흰 꽃잎을 입술꽃잎이라고 하는데 안쪽에는 자주색 점이 있고 잘 들여다보면 돌기가 보인다. 입술꽃잎의 양옆과 위에는 연두색 꽃잎이 3장씩 있는데 그 가운데에 작은 속꽃잎이 2장 있다.

꽃, 뿌리, 잎 등은 피부병을 고치고 피를 멎게 하는 약으로 쓴다.

사는 곳 우리나라 남부 지방에서 저절로 자란다.

모습 늘푸른 여러해살이풀

잎 모여나기. 길이 20~30cm로 선꼴이며, 가장자리에 잔 톱니가 있다.

꽃 2~4월에 핀다. 길이 10~25cm의 곧은 꽃줄기 끝에 1~2송이씩 달린다.

열매 삭과. 6~7월에 갈색으로 익는다. 타원꼴이며, 속에 먼지만큼 아주 작은 씨앗이 많이 들어 있다.

쓰임새 꽃을 보려고 심어 가꾸며, 약으로도 쓴다.

꽃과 열매   잎차례

꽃이 핀 모습

열매 타원꼴이다.

뿌리 물을 듬뿍 머금어 굵다.

보춘화는 꽃가루받이를 어떻게 할까? 꽃잎 안쪽에서 수술은 위에, 암술은 아래에 있으므로 꽃가루받이를 스스로 할 수 없다. 꼭 벌이 다른 식물의 꽃가루를 묻혀 와서 꿀을 따고 나갈 때 암술머리에 묻혀 주고, 다시 다른 식물로 꽃가루를 옮겨 주어야 한다.

갈래꽃식물아강

모시풀	수련	땅콩	수박
삼	할미꽃	콩	호박
홉	노루귀	자운영	참외
메밀	복수초	감초	오이
쪽	끈끈이주걱	긴강남차	박
여뀌	애기똥풀	팥	수세미오이
싱아	금낭화	녹두	마름
명아주	무	강낭콩	달맞이꽃
시금치	양배추	토끼풀	물수세미
맨드라미	배추	괭이밥	인삼
쇠비름	유채	피마자	당근
채송화	꽃다지	물봉선	미나리
분꽃	냉이	봉숭아	
자리공	기린초	접시꽃	
패랭이꽃	돌나물	목화	
동자꽃	뱀딸기	아욱	
선인장	딸기	제비꽃	
연꽃	양지꽃	팬지	

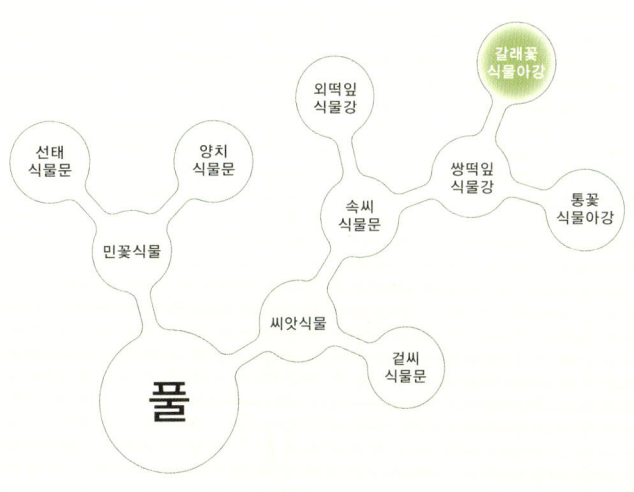

모시풀

Boehmeria nivea (L.) Gaudich. | chinese silk plant, ramie, china grass
쐐기풀목 쐐기풀과 | 저마, 모시쿨

인류가 모시풀을 심어 가꾼 역사는 매우 오래 됐다. 이집트에서는 이미 7,000년 전에 모시풀에서 뽑은 섬유로 천을 짜서 미라를 쌌다고 하며, 우리나라에서는 신라시대에 다른 나라로 모시를 수출했고 고려시대에는 흔하게 썼다고 한다. 중국에서 목화를 들여와 널리 퍼지기 전까지는 의생활에서 아주 중요한 식물이었다. 밭에 심어 가꾸는데, 이따금 숲 가장자리에서 저절로 자라기도 한다.

줄기와 잎자루, 잎에 털이 많다. 암꽃과 수꽃이 한 그루에서 따로 피고 잎겨드랑이에 꽃차례가 생기는데, 작은 꽃 여러 송이가 동그랗게 모이면서 줄지어 길게 달린다.

줄기에서 섬유를 뽑아내어 실을 자아 천을 짜고 물고기를 잡는 그물을 뜨며 배의 밧줄을 꼰다. 섬유를 뽑으려면 먼저 잎을 따버린 줄기를 다발로 묶어서 물에 5~6시간쯤 담갔다가 껍질을 벗겨 틀에 놓고 모시칼로 섬유만 벗겨낸다. 그리고 섬유를 맑은 물에 씻어 햇볕에 말려 바래기를 거듭한다. 이렇게 만든 섬유는 가볍고 물에 상하지 않는다. 식물체 곳곳을 약으로 쓰는데, 피를 멎게 하고 독을 푸는 등의 효능이 있다.

사는 곳 원산지가 동남아시아다. 우리나라에서는 심어 가꾼다.

모습 여러해살이풀. 높이가 100~200cm다. 뿌리는 땅 속에서 옆으로 뻗으면서 나무처럼 단단해지고, 줄기에는 잔털이 많이 난다.

잎 어긋나기. 길이 10~15cm로 달걀꼴이다.

꽃 7~8월에 핀다. 꽃차례는 길이 5~10cm로 암꽃차례는 위에, 수꽃차례는 아래에 있다.

열매 수과. 9~10월에 익는다. 길이 약 0.1cm로 타원꼴이다.

쓰임새 약으로 쓰며, 섬유를 뽑아 천을 짠다.

꽃과 열매   잎차례

잎 뒷면 끝이 조금 길고 가장자리에는 고른 톱니가 있으며 뒤쪽에는 흰 털이 많다.

수꽃차례 옅은 노란색이다.

암꽃차례 옅은 녹색이다.

삼

Cannabis sativa L. | hemp
쐐기풀목 삼과 | 마, 대마

삼은 섬유식물로 사람의 생활과 밀접한 관계가 있어서 심어 가꾼 역사도 매우 길다. 기원전 2,000년쯤에 중앙아시아에서 가꾸기 시작하여 기원전 1,500년쯤에는 중국과 유럽에까지 퍼졌다고 한다. 우리나라에서는 삼국시대부터 심어 가꾸었다고 한다.

뿌리는 땅 속으로 곧게 뻗어 깊이 30~40cm까지 들어간다. 줄기는 보통 높이 300cm쯤 자라는데 열대 지방에서는 더 크게 자란다. 줄기는 녹색이며 속이 비고 무디게 네모진다. 줄기 겉에는 세로로 골이 패고, 속에는 길이 3~4cm의 가는 실처럼 섬유가 생긴다. 이 섬유를 뽑아내어 실을 자아 짠 천이 삼베다.

열매는 머리카락을 나게 하고 똥을 잘 누게 하므로 약으로 쓴다. 섬유는 그물, 모기장 등의 원료로 쓴다. 줄기, 잎, 꽃에는 마취 성분이 있어서 감각·사고·운동 기능을 떨어뜨리는데, 나라에서는 이것으로 대마초나 마약을 만들지 못하도록 재배를 법으로 제한한다. 따라서 나라의 허가 없이는 심어 가꾸지 못한다.

사는 곳 원산지는 중앙아시아다. 우리나라에서는 주로 심어 가꾸며, 이따금 저절로 자라는 것도 있다.

모습 한해살이풀. 높이가 100~250cm다. 줄기는 곧게 자라며 잔털이 난다.

잎 줄기의 아래쪽은 마주나기, 위쪽은 어긋나기. 피침꼴이며, 뒤쪽에 잔털이 많고 가장자리에 톱니가 있다.

꽃 암수딴그루. 수꽃은 원추꽃차례, 암꽃은 수상꽃차례. 7~8월에 핀다. 수꽃은 꽃받침잎과 수술이 각각 5개 있다. 암꽃은 암술대가 2갈래로 갈라진 암술이 1개 있고, 포 1개가 암술을 감싸고 있다.

열매 수과. 9~10월에 익는다. 짙은 회색이고 단단하다.

쓰임새 열매를 약으로 쓰고, 줄기의 섬유로 실을 자아 천을 짠다.

꽃과 열매   잎차례

열매

잎 줄기의 아래쪽에는 작은 잎 5~9장으로 된 겹잎이 달리며, 잎자루가 길다. 위쪽에는 홑잎이나 작은 잎 3장으로 된 겹잎이 달리며, 잎자루가 짧다.

꽃차례 수꽃은 가지 끝의 잎겨드랑이에 원뿔꼴로 모여 달리며 암꽃은 줄기 끝의 잎겨드랑이에 이삭 모양으로 모여 달린다.

홉

Humulus lupulus L. | hop

쐐기풀목 삼과 | 호프

홉의 고향은 확실하지 않지만, 러시아 남부의 카프카스 지방에서 유럽으로 전해졌다는 말이 있다. 여름철 평균 기온이 20℃를 넘지 않고 물이 잘 빠지는 곳에서 잘 자라며, 바람이 심하거나 그늘지고 메마른 곳에서는 제대로 자라지 못한다. 우리나라에서는 주로 수입하며, 대관령과 진부령처럼 여름철이 서늘한 곳에서는 더러 심어 가꾸기도 한다.

덩굴줄기에 갈고리 같은 작은 가시가 있어서 나무줄기 같은 곳에 잘 달라붙는다. 수꽃은 흰빛이 도는 녹색이며 화피 5장, 짧은 실처럼 생긴 수술로 되어 있다. 포도송이처럼 생긴 암꽃차례는 밑으로 처지며, 잎처럼 생긴 큰 포에 덮여 있다. 큰 포의 겨드랑이마다 암꽃이 4송이씩 들어 있는데, 꽃 하나하나가 다시 작은 포에 덮여 있다. 꽃가루받이가 끝나면, 길게 나와 있던 암술머리가 떨어지면서 꽃을 덮고 있는 작은 포가 크게 자라며, 작은 포와 큰 포에 밝은 녹색의 돌기가 생긴다. 이 돌기에서 '루풀린'이라는 끈적끈적한 물질이 나오는데, 독특한 향기와 쓴맛이 있어서 맥주의 향신료로 쓴다.

암꽃차례는 맥주의 주원료 말고 약으로도 쓰는데, 위를 튼튼하게 하고 소화를 도우며 오줌을 잘 누게 하고 마음을 편안하게 하는 효능이 있다.

사는 곳 우리나라 대관령과 진부령에서 심어 가꾼다.

모습 여러해살이 덩굴풀. 덩굴줄기가 오른쪽으로 감으면서 올라간다.

잎 마주나기. 둥글거나 심장꼴이며, 3~5갈래나 7갈래로 갈라진다. 앞뒤 양쪽에 거친 털이 있고, 가장자리에 뾰족한 톱니가 있다.

꽃 암수딴그루(이따금 암수한그루). 수꽃은 원추꽃차례, 암꽃은 총상꽃차례. 8~9월에 핀다.

열매 구과. 10월에 익는다. 볼록렌즈처럼 생겼고 둥근 포에 덮인다.

쓰임새 암꽃차례는 맥주의 원료로 쓰며, 어린 싹은 나물로 먹는다.

꽃과 열매　　잎차례

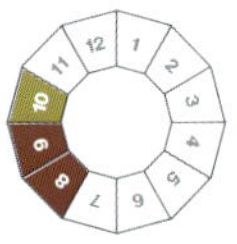

열매이삭 열매 하나하나가 포에 싸여 있다.

심을 때는 암꽃차례를 쓰므로 암그루를 더 많이 심는데, 보통 암나무 100~300그루, 꽃가루를 줄 수나무 1그루 정도의 비율로 심는다.

암꽃차례

메밀

Fagopyrum esculentum Moench | buck wheat

마디풀목 마디풀과 | 모밀, 모

메밀은 서늘한 곳에서 자라며, 이효석의 소설 『메밀꽃 필 무렵』에 나오는 봉평을 비롯한 강원도 지방에서 많이 심어 가꾼다. 고향은 시베리아의 바이칼호 근처로, 우리나라에서는 기원전 8세기쯤에 들여왔다고 한다. 씨앗을 뿌리면 곧 싹이 나서 2~3개월 만에 다 자라며, 병충해를 잘 입지 않아서 농약을 쓸 필요가 없다.

꽃은 화피가 5갈래로 깊이 갈라지며, 그 속에 암술 1개와 수술 8개가 있다. 같은 품종이라도 암술이 길고 수술이 짧은 것이 있으며, 그것과 정반대로 생긴 것이 있다. 두 종류는 품종 전체에서 반씩이다. 암술과 수술의 밑에는 누렇고 작은 혹 모양의 꿀샘이 8~9개씩 달려 있다. 꿀이 많아서 벌꿀을 얻는 데 아주 요긴한 식물이다.

열매에서 뽑아낸 녹말로는 국수나 과자, 맥주를 만든다. 씨앗이나 잎은 약으로 쓰는데 성인병과 당뇨, 고혈압을 미리 막아 주는 효능이 있다. 열매껍질은 베갯속으로 많이 쓴다.

사는 곳 원산지는 중앙아시아이다. 우리나라 전국에서 심어 가꾼다.

모습 한해살이풀. 높이가 30~90cm다. 줄기는 속이 비고 보통 붉으며, 가지를 많이 친다.

잎 어긋나기. 길이 3~10cm로 세모꼴이며, 아래쪽이 심장꼴이다. 잎자루가 길다.

꽃 총상꽃차례. 7~10월에 핀다. 보통 흰 꽃이 피며 이따금 붉은 꽃도 핀다.

열매 수과. 9~11월에 익는다. 길이 0.5~0.6cm로 세모진 달걀꼴이다. 희다가 점점 붉어져서 검게 익는다.

쓰임새 먹거나 약으로 쓴다.

꽃과 열매   잎차례

꽃이 핀 모습

열매이삭

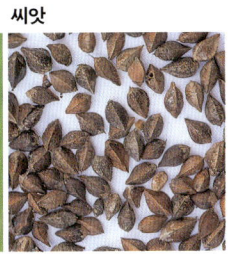

씨앗

꽃차례

쪽

Persicaria tinctoria H. Gross | polygonum indigo
마디풀목 마디풀과

쪽은 마디풀과에 딸린 식물이어서 줄기에 뚜렷한 마디가 생긴다. 잎이 달리는 자리에는 잎집처럼 얇은 막이 여러 겹 감싸듯이 난다.

녹색 잎은 따서 말리면 검은빛이 도는 남색으로 변하는데, 거기에는 인디칸이라는 물질이 들어 있다. 이 물질이 알맞은 온도와 물을 만나 발효되고 다시 공기 중의 산소를 만나면 인디고라는 색소로 변해서 남색을 낸다. 흔히 구름 한 점 없이 파란 하늘을 '쪽빛 하늘'이라고 말하는데 그 쪽빛이 바로 남색이며, 잎으로 종이와 천을 물들이면 무척 곱고 아름답다.

쪽잎으로 물들인 옷감은 색이 바래지 않고 벌레가 슬지 않으며 상하지도 않는다. 예로부터 오래 보관할 책은 쪽잎으로 물들인 한지로 만들었다. 열매나 식물체 전부를 약으로 쓰는데, 기침을 멎게 하고 가래를 없애며 열을 내리고 독을 없애는 효능이 있다.

사는 곳 원산지는 중국이다. 우리나라 전국에서 심어 가꾼다.

모습 한해살이풀. 높이가 50~60cm다. 줄기는 둥글며 붉은 보라색이다.

잎 어긋나기. 긴 타원꼴이며, 끝이 둥글고 잎자루가 짧다. 턱잎은 얇고 가장자리에 털이 있다.

꽃 수상꽃차례. 8~9월에 핀다. 화피는 붉고 끝이 5갈래로 깊이 갈라진다. 꽃자루가 없다.

열매 수과. 10월에 짙은 갈색으로 익는다. 길이 약 0.2cm로 달걀꼴이다.

쓰임새 천과 종이를 물들이는 원료나 약으로 쓴다.

꽃과 열매  잎차례

꽃차례 여뀌와 같은 집안 식물이어서 모양이 비슷하다.

쪽으로 물들인 천

쪽물 들이기 1 잎을 씻어서 항아리에 넣고 물을 붓는다. 2 물에 잠긴 잎을 한 번 뒤적여 주고 하루 만에 건진다. 3 건진 잎에 물 10되를 붓고 조개껍데기 등을 태운 석회가루 2되를 넣어 고루 섞는다. 4 흰 거품이 인 다음 푸른 거품이 일 때 다시 저으면 푸른 거품이 가라앉는다. 5 붉은 물을 따라내고 남은 것은 짜서 물기를 없앤다. 6 명아주나 콩대를 태워 만든 잿물을 35~36℃로 끓여서 5를 섞는다. 7 온도를 그대로 유지하면서 5~6일 두면 남색 물이 우러나는데, 여기에 천을 여러 번 담갔다 건졌다 하면 물이 든다.

여뀌

Persicaria hydropiper (L.) Spach | water pepper
마디풀목 마디풀과 | 버들여뀌, 매운여뀌, 엿구, 엿귀

여뀌는 북반구의 온대와 난대 지방에서 두루 자란다. 마디풀과에 딸린 다른 식물과 마찬가지로 마디가 발달한다. 가장자리에 털이 있고 얇은 종이처럼 반투명한 턱잎이 마디를 둘러싸고 있다.

꽃은 꽃잎과 꽃받침의 구분 없이 화피로 되어 있으며, 꽃줄기 끝에 꽃자루 없이 여러 송이가 드문드문 달린다. 화피는 옅은 녹색 바탕에 뚜렷한 무늬가 있고 끝이 좀 붉다. 수술이 6개, 암술은 2개 있다.

어린 싹을 나물로 먹는데 매운맛이 난다. 물고기를 잡을 때 잎을 찢어서 낸 즙을 물에 풀면 주변에 있는 물고기의 행동이 둔해져서 쉽게 잡을 수 있다. 혈압을 내리고 피를 멎게 하며 나쁜 균을 죽이는 효능이 뛰어나므로 약으로 쓴다.

턱잎 줄기의 마디를 둘러싸고 있으며 여뀌류의 중요한 특징이다.

사는 곳 우리나라 전국에서 저절로 자란다.

모습 한해살이풀. 높이가 40~80cm다. 줄기는 가지를 많이 치면서 자란다.

잎 어긋나기. 길이 3~12cm, 너비 1~3cm로 피침꼴이며, 가장자리가 밋밋하고 잎자루가 없다.

꽃 수상꽃차례. 6~9월에 핀다. 꽃차례는 길이 5~10cm다.

열매 수과. 9~10월에 검게 익는다. 길이 0.15~0.3cm로 찌그러진 달걀꼴이다.

쓰임새 약으로 쓰며, 어린 싹을 먹는다.

꽃과 열매 | 잎차례

큰개여뀌의 꽃 핀 모습

이삭여뀌 *Persicaria filiforme*
잎은 길이 7~15cm, 너비 4~9cm로 큰 편이다. 꽃차례도 길이 20~40cm로 크며, 빨간 꽃이 드문드문 달린다.

큰개여뀌의 꽃차례 꽃줄기 끝에 이삭 모양으로 생긴다.

싱아

Aconogonum polymorphum (Ledeb.) Nakai et Mori
마디풀목 마디풀과 | 숭애

싱아는 주로 산기슭이나 숲 가장자리, 햇볕이 잘 드는 들판에서 자란다. 옛날에는 아주 흔했고 더러 밭에 심어서 저절로 번식하면서 자라도록 내버려 두기도 했는데, 요즘엔 울창한 숲이 늘어나면서 그늘이 많이 생긴 탓에 살 곳이 마땅치 않아 점점 드물어진다.

마디풀과 식물이 모두 그렇듯이 줄기에 마디가 발달하고, 잎겨드랑이에서 작은 잎처럼 생긴 턱잎이 나온다. 줄기 위쪽의 잎겨드랑이나 가지 끝에 꽃차례가 여러 개 생기며, 포 1개에 꽃이 2~3송이씩 달린다.

어린 잎과 줄기는 즙이 많고 새콤달콤해서 나물로 무쳐 먹는다. 군것질거리가 별로 없던 옛날에는 아이들이 산과 들로 뛰어 다니며 놀다가 어린 싹을 따서 즐겨 씹었다.

사는 곳 우리나라 전국에서 저절로 자란다.

모습 여러해살이풀. 높이가 약 100cm다. 줄기는 굵고 곧게 자라며, 가지를 많이 친다.

잎 어긋나기. 길이 12~15cm, 너비 4~5cm로 타원꼴이나 피침꼴이다. 턱잎은 얇은 종이처럼 반투명하다.

꽃 총상꽃차례가 여러 개 모인 원추꽃차례. 6~8월에 핀다. 젖빛 화피 5장으로 되어 있으며 수술이 8개고 암술대가 짧다.

열매 수과. 10월에 익는다. 옅은 갈색이며, 길이 약 0.5cm로 세모진다.

쓰임새 어린 줄기를 먹는다.

꽃과 열매 | 잎차례

무리지어 자라는 모습 다른 마디풀과 식물보다 키가 커서 쉽게 알아볼 수 있다.

꽃차례 줄기 끝에서 갈라진 가지마다 꽃 여러 송이가 나란히 길게 달린다.

명아주

Chenopodium album var. *centrorubrum* Makino | lambs-quarters
중심자목 명아주과 | 회채, 맹아대, 홍심려, 학정초, 연지채, 능쟁이, 도트라지

명아주는 길가나 밭, 빈터 같은 곳에서 많이 자란다. 줄기가 곧게 자라며, 잎은 타원꼴로 끝이 뾰족하고 가장자리가 물결처럼 주름진다. 줄기 가운데에 달리는 어린 잎에는 붉은 가루 같은 돌기가 있다.

꽃은 화려한 꽃잎 없이 아주 작아서 눈에 거의 안 띄지만, 여러 송이 모여 이삭 모양의 꽃차례를 이루었다가 다시 원뿔꼴 꽃차례를 이루는 모습이 소담스러워 보인다. 꽃잎과 꽃받침이 구분되지 않은 채 화피가 5갈래로 깊이 갈라지고 그 속에 수술이 5개, 암술대가 2개 있다. 꽃자루는 없다.

흔히 어린 싹을 나물로 먹는다. 통째로 말려서 위와 장을 튼튼하게 하는 약을 만들며, 일사병을 낫게 하고 벌레를 죽이거나 독을 없애는 데 쓰기도 한다. 농작물을 가꾸는 밭에서 자라면 잡초지만, 거름을 주어 줄기를 아주 굵게 키운 뒤 거꾸로 말리면 '청려장'이란 이름난 지팡이가 된다.

사는 곳 우리나라 전국에서 저절로 자란다.

모습 한해살이풀. 높이가 약 100cm다. 온통 흰 가루로 덮이고, 줄기에 녹색 줄무늬가 생긴다.

잎 어긋나기. 길이 5~7cm로 세모꼴이며, 잎자루가 길다.

꽃 수상꽃차례가 여러 개 모인 원추꽃차례. 6~7월에 핀다. 노란빛이 도는 녹색이고 화피가 5갈래로 갈라진다.

열매 포과. 8~9월에 검게 익는다. 타원꼴이며 화피에 싸여 있다.

쓰임새 먹거나 약으로 쓴다.

꽃과 열매  잎차례

흰명아주의 꽃차례
흰명아주의 꽃 핀 모습

명아주 꽃이 피기 전의 모습

흰명아주 *Chenopodium album*
어린 잎이 붉지 않고 흰빛이 돈다.

시금치

Spinacia oleracea L. | spinach

중심자목 명아주과 | 시금초, 지금치

우리나라에 시금치가 처음 들어온 것은 조선시대 초기로 중국에서 들여와 심었다고 한다.

자라기에 딱 알맞은 기온은 15~20℃로 0℃ 이하에서도 잘 자라지만, 23℃를 넘으면 더디게 자라고 25℃ 이상이면 병이 생긴다.

수꽃과 암꽃은 서로 다른 그루에 달린다. 수꽃은 화피조각 4장과 옅은 노란색 꽃밥을 단 수술로 되어 있으며, 여러 송이 모여 원추(수상)꽃차례를 만든다. 암꽃은 잎겨드랑이에 3~4송이씩 달린다. 수꽃과 암꽃은 기온에 따라 바뀌기도 한다. 주로 어린 잎을 먹느라 피기 전에 거두므로 꽃을 보기가 어렵다. 열매는 꽃받침처럼 보이는 포에 싸여 있다.

잎을 채소로 먹는데, 알칼리성이고 비타민과 철분이 많아서 어린이가 먹으면 뼈가 튼튼해진다. 괴혈병, 당뇨병, 변비 같은 여러 병에 약으로 쓴다.

사는 곳 원산지는 아시아 서남부 지역이다. 우리나라 전국에서 심어 가꾼다.

모습 한해살이나 두해살이풀. 높이가 약 50cm다. 뿌리는 옅은 분홍색으로 굵고 길며 무르다.

잎 어긋나기. 줄기의 밑동에서는 모여나기. 줄기의 아래쪽에는 세모꼴이나 달걀꼴 잎이, 위쪽에는 피침꼴 잎이 달린다.

꽃 암수딴그루. 5월에 핀다.

열매 포과. 7~8월에 익는다. 가시가 2개 달린다.

쓰임새 먹거나 약으로 쓴다.

꽃과 열매  잎차례

열매를 맺은 모습

어린 잎 나물로 먹는다.

꽃이 핀 모습

맨드라미

Celosia cristata L. | lock's comb

중심자목 비름과 | 계관화, 닭벼슬꽃, 맨드래미, 계두화, 만도라기

맨드라미는 햇볕이 잘 들고 좀 메마른 곳에서 아주 잘 자라며, 전 세계에 60종류가 있다. 닭의 볏처럼 주름져 위로 펼쳐지는 부분은 꽃줄기의 일부로, 그 아래쪽에는 아주 작은 꽃들이 꽃자루 없이 다닥다닥 달린다. 화피가 5갈래로 갈라지며 긴 수술대가 5개, 암술이 1개 있다. 주로 붉은 꽃이 피지만, 품종에 따라 노란 꽃도 피고 흰 꽃도 핀다. 요즘에는 개맨드라미도 많이 심어 가꾸는데 꽃차례가 촛불 모양이다.

가을에 씨앗을 받아 두었다가 5월쯤에 뿌리면 7월부터 서리가 내릴 때까지 꽃이 핀다. 꽃 피는 기간이 길고 생김새가 단정하며 높은 온도와 병충해에 강하다. 따라서 우리나라에서 여름철에 심어 가꾸기에 알맞은 식물이다.

예로부터 울 안 장독대 근처에 많이 심었다. 맨드라미에 들어 있는 색소는 몸에 해롭지 않아서 음식을 물들일 때 쓴다. 꽃과 씨앗은 약으로 쓴다.

사는 곳 원산지는 열대 아시아이다. 우리나라 전국에서 심어 가꾼다.

모습 한해살이풀. 높이가 약 90cm다. 털이 없고 붉다.

잎 어긋나기. 길이 5~10cm로 달걀꼴이고 끝이 뾰족하며, 잎자루가 길다.

꽃 육수꽃차례. 7~8월에 핀다. 닭의 볏처럼 생긴 꽃자루의 아래쪽에 여러 송이 다닥다닥 달리며, 대개 붉다.

열매 삭과. 9~10월에 익는다. 달걀꼴이고 꽃받침에 싸여 있으며, 익으면 뚜껑처럼 열리면서 검은 씨앗이 3~5개 나온다.

쓰임새 마당에 심어 가꿔 집안을 꾸미고, 염색 원료나 약으로 쓴다.

꽃과 열매    잎차례

꽃차례 닭의 볏처럼 생긴 꽃줄기 아래쪽에 꽃이 꽃자루 없이 다닥다닥 붙어 있다.

꽃차례가 촛불 모양인 종류도 있다.

쇠비름

Portulaca oleracea L. | common purselane, pigweed

중심자목 쇠비름과 | 마치현, 돼지풀, 쐬비늠, 참비름, 씨엄씨풀, 오행초

쇠비름은 햇볕이 잘 드는 빈터나 길가, 밭에서 자란다. 줄기는 가지를 많이 치면서, 땅바닥에 눕듯이 사방으로 퍼져 방석 모양으로 덮는다.

한 그루가 5가지 색깔을 띠는데, 잎은 녹색이고 줄기는 붉은색, 꽃은 노란색, 뿌리는 흰색, 씨앗은 검은색이다. 이 5가지 색깔이 음양오행설의 5가지 기운을 상징한다고 하여 쇠비름을 '오행초'라고도 부른다.

꽃은 주로 가지 끝에 달리지만, 줄기가 갈라지는 겨드랑이 부분에도 달린다. 꽃잎 5장, 꽃받침잎 2장, 수술 7~12개, 암술 1개로 되어 있다. 여름에 피기 시작해 가을까지 꾸준히 피어서 오래도록 볼 수 있다.

어린 싹이나 부드러운 부분은 나물로 먹는다. 벌레나 뱀에 물렸을 때 독을 없애는 약으로 쓰며, 요즘에는 암 치료제로 연구한다. 하지만 농작물을 심는 밭에서는 귀찮은 잡초다.

사는 곳 우리나라 전국에서 저절로 자란다.

모습 한해살이풀. 높이가 15~30cm다. 줄기는 붉은 보라색이고 속에 살이 많다.

잎 어긋나기(가지 끝에서는 돌려나기). 길이 1.5~2.5cm로 반들반들하며 가장자리가 밋밋하다.

꽃 6~8월에 핀다. 가지 끝에 꽃자루 없이 3~5송이 달린다. 노랗고 지름이 약 0.8cm다.

열매 삭과. 8월에 익는다. 타원꼴이며, 익으면 가운데가 갈라져 뚜껑처럼 열린다.

쓰임새 나물로 먹거나 약으로 쓴다.

꽃과 열매  잎차례

열매 다 익으면 가운데가 갈라져 뚜껑처럼 열리면서 검은 씨앗이 드러난다.

꽃이 핀 모습

땅바닥을 방석 모양으로 덮은 모습

채송화

Portulaca grandiflora Hooker | sundial peach, garden portulaca, rose moss
중심자목 쇠비름과 | 대명화, 양마치현, 땅꽃

채송화는 본래 더운 곳에서 저절로 자라는 식물이지만, 우리나라에서는 아무데나 심어도 잘 자라고 공해가 심한 도시에서도 자랄 만큼 생명력이 강하다.

꽃은 줄기 끝에 꽃자루 없이 1~2송이씩 달리며, 낮에 피었다가 밤에 오므라든다. 여름부터 피지만 줄기가 자라면서 잇달아 꽃이 피므로 가을에도 볼 수 있다. 색깔은 흰색, 노란색, 빨간색, 자주색 등 여러 가지다. 꽃이 피는 식물은 거의 곤충의 도움으로 꽃가루받이를 하지만 채송화는 날씨가 궂거나 곤충이 찾지 않아서 꽃가루를 받기 어려우면, 한 송이 안에서 스스로 꽃가루받이를 한다.

키가 작으므로 꽃밭의 앞쪽에 줄지어 심어야 눈에 잘 띄고 보기 좋다. 심어 가꾸려면 씨앗을 뿌리거나 줄기를 잘라 꽂으면 된다. 식물체 전부를 약으로 쓰는데, 열을 내리고 독을 푸는 효능이 있다.

사는 곳 원산지는 남아메리카다. 우리나라 전국에서 심어 가꾼다.

모습 한해살이풀. 높이가 10~20cm다. 줄기는 붉고 가지를 많이 친다.

잎 어긋나기. 길이 1~2cm로 작고 뭉툭한 원기둥꼴이다. 속에 즙이 많고, 잎겨드랑이에는 흰 털이 난다.

꽃 7~10월에 핀다. 지름 약 3cm로 꽃잎 5장과 꽃받침잎 2장으로 되어 있으며, 수술이 많고 암술대에 암술머리가 5~9개 있다.

열매 삭과. 9~10월에 익는다. 다 익으면 껍질이 얇은 종이처럼 반투명해지고 가운데가 갈라져 뚜껑처럼 열린다.

쓰임새 꽃을 감상하거나 약으로 쓴다.

꽃과 열매

잎차례

꽃이 핀 모습

열매 다 익어서 껍질이 뚜껑처럼 열려 까만 씨앗이 드러났다.

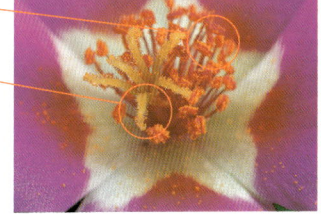

수술
암술

분꽃

Mirabilis jalapa L. | four-o'clock, marvel of peru
중심자목 분꽃과 | 분화, 자화분, 자미리

분꽃은 본래 여러해살이풀이지만, 우리나라에서 흔히 심어 가꾸는 것은 개량한 원예 품종이므로 한 해밖에 못 산다.

꽃은 가지 끝에 여러 송이 모여 달리며, 해질 무렵부터 이튿날 아침까지 피어 해가 높이 뜨는 낮에 오므라든다. 언뜻 꽃받침처럼 보이는 부분은 포인데, 꽃이 지면 열매가 달리는 부분으로 녹색이고 위쪽이 5갈래로 갈라진다. 꽃잎처럼 보이는 부분은 화피로, 아래쪽은 대롱처럼 되고 위쪽은 5갈래로 갈라지면서 넓게 벌어진다. 수술 5개와 암술 1개가 화피 밖으로 길게 나온다. 화피는 품종에 따라 붉은색, 노란색, 흰색 등 색깔이 여러 가지다. 유전학자인 멘델은 분꽃의 화피 색깔을 이용한 실험으로 유전 법칙을 발견했다. 열매는 녹색으로 자라다가 검게 익는다. 둥글고 딱딱하며 겉에 주름이 많이 진다. 검은 껍질에 싸여 있는 씨앗은 거의 배젖으로 되어 있는데, 배젖이 분가루처럼 아주 희어서 '분꽃'이라고 부르게 되었다.

배젖은 실제로 피부를 곱게 하는 화장품의 원료로 쓰며, 뿌리나 잎은 열을 내리고 오줌을 잘 누게 하는 약으로 쓴다.

사는 곳 원산지는 남아메리카다. 우리나라 전국에서 심어 가꾼다.

모습 여러해살이풀. 높이가 60~100cm다. 줄기는 가지를 많이 친다.

잎 마주나기. 길이 3~10cm로 달걀꼴이며 가장자리가 밋밋하다.

꽃 취산꽃차례. 6~11월에 핀다. 가지 끝에 3~4송이씩 달리며, 지름 3cm 안팎으로 나팔 모양이다.

열매 수과. 9~11월에 검게 익는다.

쓰임새 꽃을 감상하려고 심어 가꾸며, 화장품 원료나 약으로 쓴다.

꽃과 열매   잎차례

꽃 화피의 아래쪽은 대롱 모양이고 위쪽은 5갈래로 갈라져 넓게 벌어졌다.

꽃이 핀 모습

열매 녹색 포가 밑을 싸고 있다.

자리공

Phytolacca esculenta V. Houtte.
중심자목 자리공과 | 상륙

자리공은 우리나라뿐만 아니라 중국과 일본에서도 자란다. 우리나라에서는 본래 저절로 자랐는지, 필요해서 일부러 심어 가꾸었는지 아직 확실하지 않다. 예전에는 마을 근처에 많이 자라서 여러 용도로 썼지만, 지금은 그리 흔치 않다.

땅 속의 뿌리는 굵고 길게 뻗고, 줄기는 원기둥꼴로 곧게 자란다. 꽃은 아주 작고 희며, 잎과 마주 보고 나오는 꽃줄기에 여러 송이 촘촘히 붙어서 길고 곧은 꽃차례를 이룬다. 꽃잎은 없고 꽃받침이 5갈래로 갈라지며 암술과 수술이 8개씩 있다. 열매는 8개가 돌아가듯이 나란히 붙고, 다 익어도 열매이삭이 꽃차례 모양 그대로 곧다.

옛날에는 아이들이 열매를 따다가 포도주처럼 만들어 소꿉놀이를 많이 했다. 뿌리는 오줌을 잘 누게 하고, 찧어서 상처 난 곳에 붙이면 잘 아물어서 약으로 썼다.

사는 곳 우리나라 전국에서 저절로 자란다.

모습 여러해살이풀. 높이가 약 130cm다. 온몸에 털이 안 난다.

잎 어긋나기. 길이 10~20cm, 너비 5~12cm로 피침꼴이며, 가장자리가 밋밋하다.

꽃 총상꽃차례. 5~7월에 핀다. 꽃차례는 길이 5~12cm로 곧다.

열매 장과. 7~8월에 익는다. 보라색으로 즙이 많고, 검은 씨앗이 1개씩 들어 있다.

쓰임새 물감의 원료로 쓰며, 뿌리는 약으로 쓴다.

꽃차례 자잘한 흰 꽃 여러 송이가 촘촘히 달려 있다.

꽃과 열매  잎차례

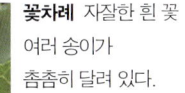

미국자리공의 꽃차례

미국자리공 *Phytolacca americana*
원산지가 북아메리카인 귀화식물이다. 수술과 암술이 각각 10개고 열매가 익으면 열매이삭이 아래로 처진다. 줄기에 자줏빛이 많이 돈다.

패랭이꽃
Dianthus chinensis L.

중심자목 석죽과 | 석죽화, 지여죽, 낙양화, 천국화, 참대풀, 산죽, 패리꽃

패랭이꽃은 석죽과에 딸린 식물이다. 석죽과 식물은 줄기에서 마주 나온 잎 2장이 서로 포개지면서 대나무처럼 줄기에 마디를 만드는 공통점이 있다. 패랭이꽃도 마찬가지다. 햇볕이 잘 들고 메마른 산기슭, 강가 모래땅에서 자라며, 꽃이 옛날 하층민이 쓰던 패랭이를 닮아서 '패랭이꽃'이라고 부르게 되었다.

패랭이꽃 종류를 잘 살펴보면 꽃 모양을 빼고 줄기와 잎이 카네이션과 똑같다. 패랭이꽃 종류를 개량하여 겹꽃으로 만든 원예 품종이 카네이션이기 때문이다. 꽃은 줄기 끝에서 갈라진 가지의 끝에 1송이씩 달린다. 꽃잎의 아래쪽은 원통꼴이고 위쪽은 5갈래로 갈라지면서 평평하게 벌어진다. 갈라진 부분의 밑에는 긴 털과 함께 흰 무늬가 있는데, 꿀을 먹는 곤충이 이 무늬를 보고 날아든다. 갈라진 조각의 가장자리도 여러 갈래로 얕게 갈라진다.

집 마당에 심어 꽃을 감상하기에 좋다. 오줌을 잘 누게 하고 피를 잘 돌게 하며 염증을 없애므로 식물체 전부를 약으로 쓴다. 패랭이꽃보다는 술패랭이꽃이 더 아름답고 꽃도 더 많이 핀다.

사는 곳 우리나라 전국에서 저절로 자란다.

모습 여러해살이풀. 높이가 30~40cm다. 줄기는 흰빛이 돈다.

잎 마주나기. 길이 3~4cm, 너비 0.7~0.9cm로 선꼴이며, 끝이 뾰족하고 가장자리가 밋밋하다.

꽃 6~8월에 핀다. 꽃잎은 짙은 분홍색 바탕에 흰 무늬가 있으며, 원통꼴 꽃받침 밑에는 작은 포가 보통 4장 있다. 수술은 10개, 암술대는 2개다.

열매 삭과. 9~10월에 익는다. 꽃받침에 싸여 있고, 익으면 끝이 4갈래로 갈라진다.

쓰임새 꽃을 감상하며, 약으로 쓴다.

꽃과 열매    잎차례

꽃이 핀 모습

술패랭이
Dianthus superbus var. *longicalycinus*
깊은 산 속의 냇가에서 자란다. 분홍색 꽃이 피고, 꽃잎이 긴 술처럼 잘게 갈라진다.

동자꽃

Lychnis cognata Max. | korean lychnis
중심자목 석죽과 | 전추라

동자꽃은 깊은 산의 숲 속이나 높은 산의 물기 있는 풀밭에서 자라며, 중국이나 일본, 러시아에서도 자란다. 심어 가꾸려면 기름지고 물기가 많으며 물이 잘 빠지는 땅에 심어야 한다. 춥고 그늘진 곳에서는 잘 살지만 메마른 곳에서는 못 산다. 양지바른 곳에서는 꽃이 화사하게 피지만 잎이 누렇게 뜨기 쉬우므로 나무 밑처럼 반그늘이 지는 곳에 심어서 가꾸는 것이 좋다. 물은 자주 주어야 한다.

석죽과에 딸린 식물이 모두 그렇듯이 타원꼴의 잎이 몇 장씩 마주 붙어서 나오며, 잎 아래쪽은 줄기를 감싼다. 줄기의 끝이나 잎겨드랑이에 꽃이 1송이씩 달리는데, 언뜻 보기엔 통꽃 같지만 꽃잎 5장으로 된 갈래꽃이다. 꽃잎 아래쪽은 뾰족해서 긴 통처럼 생긴 꽃받침이 감싸고, 위쪽은 평평하게 젖혀진다. 꽃잎의 가장자리, 접히는 목 부분 등에 작은 톱니처럼 갈라진 꽃잎 조각이 있다.

사는 곳 우리나라 전국에서 저절로 자란다.

모습 여러해살이풀. 높이가 30~60cm다. 줄기는 곧게 자라며, 마디가 있고 긴 털이 난다.

잎 마주나기. 길이 5~8cm로 타원꼴이며, 앞뒤 양쪽에 털이 있고 가장자리가 밋밋하다. 잎자루는 없다.

꽃 7~8월에 핀다. 지름 약 4cm로 주홍색이며, 꽃잎은 5장이고 끝이 움푹 파인다. 암술은 5개, 수술은 10개다.

열매 삭과. 9월에 익는다. 긴 타원꼴이며 갈색이다.

쓰임새 꽃을 감상한다.

꽃과 열매 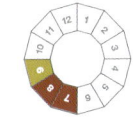 잎차례

열매

꽃이 핀 모습 꽃잎 끝의 가운데가 움푹 파여서 하트(♥)처럼 보인다.

제비동자꽃 *Lychnis wilfordii*
남한에서는 대관령 습지에서만 자라는 희귀식물로, 꽃잎 끝이 제비꼬리처럼 깊이 갈라진다.

선인장

Opuntia ficus-indica var. *saboten* Makino | cactus
선인장목 선인장과 | 백년초

선인장속에 딸린 여러 식물을 통틀어 '선인장'이라고 부른다. 여기서 설명하는 선인장은 우리나라 제주도와 마라도의 바닷가 낭떠러지에서 저절로 자라는 식물로, '백년초'라고도 부른다. 어떻게 우리나라에서 자라게 되었는지는 확실치 않다. 원산지에서 자라던 선인장의 씨앗이 해류를 타고 흘러들어 저절로 자랐다는 말도 있고, 외국에서 들여와 가꾸던 것이 저절로 번식하여 자랐다는 말도 있다. 선인장과에 딸린 식물은 전 세계에 2,000여 종이 있다.

녹색 잎처럼 보이는 넓적한 부분은 줄기며, 아주 가늘고 뾰족한 가시가 잎이다. 줄기는 엽록소가 있어서 광합성을 하여 양분을 만들고 물을 저장한다. 잎은 물이 증발하는 것을 되도록 막으려고 넓이를 줄이느라 가시가 되었으며, 동물로부터 몸을 지키는 구실을 한다. 선인장 중에는 줄기가 깊게 주름진 종류가 많은데, 이 주름은 주변의 복사열로 체온이 너무 올라가지 않도록 조절하는 구실을 한다.

우리나라는 원산지가 아니지만 선인장을 갖가지 모양과 색깔로 만들어 많이 수출한다. 뿌리, 잎, 꽃, 열매를 모두 약으로 쓰는데, 기운을 돋우고 피를 잘 돌게 하며 독을 없애는 효능이 있다. 요즘에는 열매가 노화나 암을 막아 준다고 하여 음식으로 개발하고 있다.

사는 곳 원산지는 멕시코 같은 건조한 지역이다. 우리나라 제주도에서 저절로 자란다.

모습 여러해살이풀. 높이가 약 200cm다. 줄기는 넓은 타원꼴이고 가지를 많이 치며 살과 즙이 많다. 줄기 겉에는 길이 1~3cm인 가시가 2~5개씩 달린다.

잎 작은 침꼴이고 일찍 떨어진다.

꽃 7~8월에 핀다. 줄기 마디의 위쪽에 달리며, 노랗다. 꽃잎, 꽃받침잎, 수술이 많고 암술은 1개다.

열매 장과. 9~11월에 익는다. 호리병 모양이며 씨앗이 많이 들어 있다.

쓰임새 화분에 심어 가꾸면서 집안을 꾸미며, 약으로도 쓴다.

꽃과 열매

'백용환'이라고 부르는 품종

품종에 따라 색깔과 모양이 가지가지 선인장은 품종에 따라 줄기, 가시, 꽃의 모양과 색깔이 저마다 다르다. 줄기는 공처럼 둥근 것, 모가 진 것, 줄처럼 아주 긴 것 등 여러 모양이 있고 색깔도 여러 가지다. 가시의 모양과 색깔도 제각각인데, 큰 가시 1~2개를 작은 가시 5~20개가 에워싼 모양이 가장 흔하다. 꽃은 대부분 아주 화려하고 향기롭다.

'금적용'이라고 부르는 품종

제주도 바닷가에서 무리지어 저절로 자라는 모습

붉은 꽃봉오리와 노랗게 핀 꽃

'대능주철황'이라고 부르는 품종

선인장은 왜 사막에서도 잘 살까? 메마른 곳에서도 잘 적응하도록 변했기 때문이다. 줄기는 광합성을 하여 양분을 만들기도 하지만 물을 저장하는 구실을 하므로 말라 죽을 염려가 없다. 줄기 겉에 진 주름은 체온이 너무 올라가지 않게 조절해 주므로 사막의 뜨거운 열기를 잘 견딘다. 잎은 아주 가늘고 뾰족한 가시여서 물이 증발하는 것을 막을뿐더러, 찔리면 아프므로 사막에 사는 동물이 해치지 못하게 한다.

117

연꽃

Nelumbo nucifera Gaertner | hindu lotus, lotus, sacred water lily

미나리아재비목 수련과 | 연, 하화, 불좌수, 연의, 연화, 연예

연꽃은 원산지를 아직 잘 모르지만 아주 오래 전부터 심어 가꾸었다고 한다. 그리 깊지 않은 물에서 뿌리는 땅 속에 박고 잎과 꽃은 물 밖으로 내민다.

우리가 먹는 뿌리줄기는 '연근'이라고 부르며, 땅 속으로 힘차게 뻗으면서 굵어지고 마디에서 뿌리를 내린다. 둥근 잎은 잎자루 끝이 닿는 가운데가 움푹 들어가서 방패처럼 보인다. 비올 때 우산으로 써도 될 만큼 잎이 크며, 겉에 물이 떨어져도 젖지 않고 그대로 방울져 구른다. 잎자루와 꽃줄기에는 가시가 난다. 꽃은 품종에 따라 색깔이 다른데, 옅은 분홍색이 가장 흔하고 흰색은 드물다. 꽃잎이 지면 공을 반으로 자른 듯한 모양의 꽃받침통만 남고, 꽃받침통의 씨방 속에 열매가 생긴다. 열매는 '연밥'이라고도 부르며, 벌집처럼 숭숭 뚫린 구멍 속에 열매가 1개씩 들어 있다. 열매는 일단 밖으로 나오면 어떤 자극에도 끄떡없을 만큼 아주 단단하게 굳지만, 주변 환경이 알맞으면 싹이 튼다.

요즘에는 연근을 얻으려고 일부러 심어 가꾸는데, 영양소가 풍부해서 갖가지 요리를 해서 먹는다. 열매도 영양소가 풍부하며, 특히 몸을 튼튼하게 하고 오줌을 잘 누게 해서 약으로 쓴다.

사는 곳 원산지가 인도나 중국, 이집트라는 설이 있다. 우리나라 전국에서 심어 가꾼다.

모습 여러해살이 물풀. 높이가 약 100cm다. 뿌리줄기는 원통꼴이고 마디가 많이 생기며 옆으로 길게 뻗는다.

잎 모여나기. 뿌리줄기에서 나와 물 위까지 자란다. 지름 30~50cm로 둥글며 맥이 사방으로 퍼진다.

꽃 7~8월에 핀다. 뿌리에서 나온 꽃자루 끝에 1송이씩 달린다. 지름 15~20cm로 분홍색이나 흰색이며, 꽃잎 1장의 길이는 8~12cm다.

열매 견과. 9월에 검게 익는다. 지름 약 2cm로 타원꼴이다.

쓰임새 꽃을 보려고 심어 가꾸며, 먹거나 약으로 쓴다.

꽃과 열매  잎차례

어리연꽃 *Nymphoides indica*
용담과. 잎겨드랑이에서 꽃줄기가 나와 물 위에서 꽃이 핀다. 흰 바탕에 가운데가 노란 꽃이 10송이씩 모여서 핀다. 열매는 삭과다.

가시연꽃 *Euryale ferox*
희귀식물. 꽃을 빼고 온몸에 가시가 많은 점이 특징이다. 잎 사이에서 나온 꽃자루 끝에 보라색 꽃이 핀다. 열매는 장과다.

열매(연밥) 꽃받침통의 씨방에 1개씩 들어 있다.

열매 이야기 연꽃의 열매는 어떤 자극에도 끄떡하지 않은 채 수백 년이 지난 뒤에도 싹이 틀 만큼 아주 단단하다. 1951년 일본에서 2,000~3,000년 전에 여문 것으로 보이는 열매 3개를 심었더니 3년 만에 꽃이 피었다고 한다.

열매(연밥)를 맺은 모습

순결과 부활을 상징하는 꽃 연꽃은 진흙에 뿌리를 박고 흙탕물에 몸을 담근 채 자라지만, 전혀 더러워지지 않고 물 밖으로 웅장한 잎과 깨끗한 꽃을 내민다. 그래서 세상의 유혹에 물들지 않는 순수하고 고결한 정신을 연꽃에 빗대어 표현하곤 한다. 해가 저물면 오므라들다가 아침마다 새롭게 활짝 피는 꽃을 보고, 신성한 존재가 되살아나는 모습을 떠올리기도 한다.

암술과 수술

물 속의 줄기
가로로 자른 모습

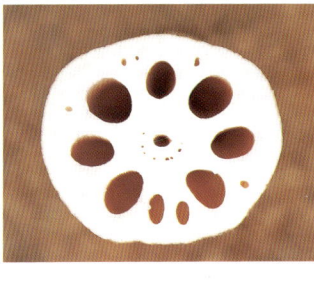

뿌리줄기
가로로 자른 모습

수련

Nymphaea tetragona Georgi | water lily, tetragonal water lily
미나리아재비목 수련과 | 미초, 자오련, 연봉초

수련은 전 세계에서 가장 사랑받는 물풀이다. 일본, 시베리아, 유럽, 북아메리카, 오스트레일리아에서도 저절로 자라고 꽃 색깔이 가지각색인 원예 품종이 많다. 원산지가 열대 지방인 품종이 많아서 겨울 추위가 심한 우리나라에서 가꿀 수 없는 것이 많다.

흔히 수련과 연꽃을 혼동하는데 잎을 보면 구별할 수 있다. 수련 잎은 뿌리줄기에서 나와 물 표면까지 올라온 잎자루에 달리므로 물 위에 바로 뜨고, 연꽃 잎은 물 위로 한참 올라온 잎자루에 달리므로 공중에 떠 있다. 줄기와 잎에는 공기를 머금는 구멍이 여러 개 나서 물에 잘 뜬다. 꽃잎 속에는 노란 꽃밥을 단 수술이 40개쯤 있으며, 암술대는 납작하여 없다시피 하고 암술머리는 둥글다. 열매는 물 위에서 익다가 겉껍질이 모두 삭을 무렵 물 밑으로 가라앉으며, 땅 속에서 겨울을 나고 이듬해에 다시 싹이 튼다. 요즘에 연못에 많이 심어 가꾸는 종류는 대부분 원예 품종이어서 열매를 거의 맺지 않는다.

여름에 꽃을 꺾어 두었다가 약으로 쓰는데, 통증을 줄이고 피를 멎게 하며 장을 튼튼하게 하고 잠이 잘 오게 한다.

사는 곳 우리나라에서 저절로 자라며, 중부 이남 지방에서 심어 가꾼다.

모습 여러해살이 물풀. 높이가 약 100cm다. 땅 속의 뿌리줄기는 짧고 굵게 자라면서 밑으로 뿌리를 많이 내린다.

잎 모여나기. 지름 5~12cm로 둥근 말발굽 모양이며, 가장자리가 밋밋하다. 햇볕을 받는 앞쪽은 녹색이고, 물이 닿는 뒤쪽은 검은 자주색이다.

꽃 6~8월에 핀다. 보통 흰색이며, 품종에 따라 색깔이 다르다. 지름 5~8cm로 꽃잎이 8~15장이며, 꽃받침잎은 4장으로 녹색이고 타원꼴이다.

열매 삭과. 9~10월에 익는다. 꽃받침잎에 싸여 있으며, 달걀꼴이다.

쓰임새 꽃을 감상하거나 약으로 쓴다.

꽃과 열매  잎차례

꽃이 핀 모습

잠을 자는 꽃 수련은 꽃이 수면운동을 한다. 햇볕이 강한 한낮에 활짝 폈다가 저녁이면 오므라든다. 낮에도 날씨가 궂어서 햇볕이 거의 안 들면 오므라든다. 이와 같이 날이 저물면 잠을 자고 연꽃을 닮았다고 하여 '수련(잠을 자는 연꽃)'이라는 이름이 붙었다.

애기수련(각시수련) *Nymphaea minima*
황해도 장산곶에서 저절로 자라며, 우리나라에서만 자라는 특산식물이자 희귀식물이다. 최근에는 남부 지방에서도 자라는 것을 확인했다. 꽃잎은 길이 약 1.5cm로 작다.

할미꽃

Pulsatilla koreana Nakai | korean pulsatilla, korean pasque-flower
미나리아재비목 미나리아재비과 | 백두옹, 할미씨까비, 주리꽃, 고냉이쿨, 하라비고장

할미꽃은 우리나라에서만 자라는 특산식물이다. 산과 들의 햇볕이 잘 들고 메마른 곳에서 자라고, 특히 얕은 산자락이나 묘지 근처에서 많이 볼 수 있다. 꽃은 흰 털이 빽빽이 나면서 아래로 꼬부라져 피고 열매는 희고 긴 깃털에 덮이는데 그 모습이 머리가 하얗게 센 할머니 같아서 '할미꽃'이라고 부르게 되었다.

어린 뿌리는 가늘지만 4~5년 된 뿌리는 한 포기로 몇 해를 피고지고 하다 보니 아주 굵고 길게 자라면서 땅 속 깊이 뻗는다. 그래서 옮겨 심으면 대체로 죽는다. 화피 바깥은 흰 털이 빽빽이 나서 거의 희게 보이지만, 속은 털이 안 나고 자주색을 띤다. 화피 속에는 노란 수술이 많이 달린다. 열매를 덮은 긴 깃털은 암술대가 그대로 남은 것으로, 씨앗 하나하나에 붙어서 바람을 타고 멀리 날아가도록 돕는다.

뿌리는 '백두옹'이라고 부르며 약으로 쓰는데, 특히 심장이 약한 사람에겐 좋지만 독성이 있으므로 함부로 먹으면 안 된다.

사는 곳 우리나라 전국에서 저절로 자란다.

모습 여러해살이풀. 높이가 30~40cm다. 온몸에 긴 털이 많이 난다.

잎 모여나기. 뿌리 위쪽에서 나온다. 작은 잎 5장으로 된 깃꼴겹잎으로, 작은 잎은 가장자리가 깊이 갈라진다. 잎자루가 길다.

꽃 4~5월에 핀다. 꽃줄기 끝에 1송이씩 달린다. 지름 약 3cm로 종 모양이며, 화피가 6장 있다.

열매 수과. 6~7월에 익는다. 길이 약 0.5cm로 긴 달걀꼴이며, 겉에 4cm 안팎의 흰 털이 난다.

쓰임새 집 마당에 심어 감상하거나 약으로 쓴다.

꽃과 열매  잎차례

꽃 화피 바깥쪽은 털이 나서 희지만 속은 자주색이다.

무리지어 꽃 핀 모습

심어 가꾸려면 잘 여문 씨앗을 거두어 털을 잘라내고 모래를 담은 화분에 바로 뿌린다. 2주 뒤에 튼 싹을 작은 화분에 옮겨 심어 잘 돌보면 2~3년 뒤에 꽃이 핀다.

열매 희고 긴 깃털에 덮인 모양이 할머니 머리 같다.

노루귀

Hepatica asiatica Nakai | asian liverleaf
미나리아재비목 미나리아재비과 | 장이세신, 파설초, 설할초

이른 봄에 나오는 노루귀 잎은 말리면서 뒤쪽에 보송보송한 털이 난다. 그 모습이 노루의 귀를 닮았다고 하여 '노루귀'라는 이름이 붙었다.

노루귀 종류는 카멜레온처럼 제 몸을 환경에 잘 맞추어 사는 데 익숙하므로 꽃 색깔도 주변 환경에 따라 흰색, 분홍색, 남색 등으로 바꾼다. 꽃은 꽃자루 끝에 1송이씩 달려 위를 향해 핀다. 꽃잎과 꽃받침의 구분 없이 화피조각으로 되어 있으며, 화피조각 속에는 옅은 노란색 수술과 짙은 노란색 암술이 많이 들어 있다. 화피조각 밑에 달리는 것은 총포로, 길이가 약 0.8cm고 꽃받침 모양이다. 잎은 꽃보다 늦게 나오며, 좀 두껍고 앞쪽에 흰 얼룩무늬가 있다.

뿌리, 줄기, 잎이 모두 딸린 식물체 전부를 '장이세신'이라 부르며 약으로 쓴다. 머리, 이, 배 아픈 데나 설사, 감기에 잘 듣지만 독성이 있으므로 함부로 먹으면 안 된다. 잎이 아직 안 나고 꽃이 필 무렵에는 햇볕이 충분히 들고, 꽃이 지면 반그늘이 지는 잎지는 큰키나무 아래에 심어 가꾸면 잘 자란다.

잎 흰 얼룩무늬가 있다.

꽃 긴 털이 난 꽃자루 끝에 1송이씩 달려 있다.

사는 곳 우리나라 전국에서 저절로 자란다.

모습 여러해살이풀. 높이가 약 10cm다. 뿌리줄기는 짧고 마디가 많이 생기며, 마디에서 잔뿌리가 나와 사방으로 퍼진다.

잎 모여나기. 뿌리에서 나온 긴 잎자루에 달린다. 길이 약 5cm로 심장꼴이며, 가장자리가 3갈래로 갈라진다.

꽃 4월에 잎보다 먼저 나와 핀다. 지름 약 1.5cm로 화피조각이 6~8장 있다. 꽃자루는 길이 6~12cm로, 긴 털이 난다.

열매 수과. 6월에 익는다. 겉에 털이 나며, 밑을 총포가 싼다.

쓰임새 집 마당에 심어 감상하며, 식물체 전부를 약으로 쓴다.

꽃과 열매	잎차례

섬노루귀
Hepatica maxima
울릉도에서 저절로 자란다. 잎은 길이 약 8cm로 노루귀보다 크다. 화피가 6~8장, 총포가 3개 있다. 노루귀와 달리 열매에 털이 없다.

새끼노루귀
Hepatica insularis
우리나라에서만 자라는 특산식물로, 남부 지방의 섬에 있다. 잎과 꽃이 노루귀보다 작다. 잎에 뚜렷한 무늬가 있으며, 한 그루에서 잎과 꽃을 동시에 볼 수 있다.

복수초

Adonis amurensis Regel et Radde | amur adonis
미나리아재비목 미나리아재비과 | 눈색이꽃, 얼음꽃

복수초는 햇볕을 좋아하므로, 다른 식물이 메말라 있어 햇볕을 가릴 염려가 없는 이른 봄에 숲의 가장자리나 속에서 자란다.

이른 봄에 다른 식물보다 먼저 꽃이 피는 식물은, 미리 저장해 둔 양분으로 겨울을 나다가 언 땅이 녹으면 바로 꽃줄기가 올라오면서 꽃이 핀다. 이러한 식물은 땅 속에 있는 기관이 발달하기 마련인데, 복수초는 거무스름한 뿌리가 크게 발달한다. 우리나라에서 나는 복수초는 자라는 곳에 따라 모습이 조금씩 다르다. 제주도에서는 꽃이 잎과 같이 나와 아주 크게 핀다. 백아도, 덕적도 등 서해의 섬 지방에서는 꽃이 아주 크지만 잎보다 먼저 나온다. 강원도를 중심으로 한 깊은 산에서는 꽃이 작고 잎보다 먼저 나온다. 가지복수초는 줄기가 몇 갈래로 갈라지는 점이 특징이다.

꽃밭이나 화분에 심어 가꿀 수 있는데, 씨앗을 뿌린 뒤 2~3년쯤 지나야 꽃이 핀다. 심장을 튼튼하게 하고 오줌을 잘 누게 하는 효능이 있어서 식물체 전부를 약으로 쓴다.

사는 곳 우리나라 전국에서 저절로 자란다.

모습 여러해살이풀. 높이가 10~20cm다. 짧고 굵은 뿌리줄기에서 검은 갈색의 잔뿌리가 많이 나온다.

잎 어긋나기. 길이 3~10cm로 넓은 달걀꼴이며, 가장자리가 2번에 걸쳐서 깃꼴로 갈라진다.

꽃 2~4월에 핀다. 지름 3~7cm로, 샛노랗고 반들반들한 꽃잎이 20~30장 있다. 암술은 연두색이고 수술은 노란색이다.

열매 수과. 6~7월에 익는다. 지름 약 1cm로 둥글다.

쓰임새 꽃을 감상하고, 식물체 전부를 약으로 쓴다.

꽃과 열매 　　잎차례

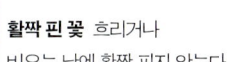
활짝 핀 꽃 흐리거나 비오는 날엔 활짝 피지 않는다.

뿌리에 미리 저장해 둔 양분으로 겨울을 난 뒤 언 땅이 녹으면 꽃이 핀다.

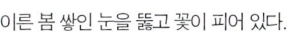

이른 봄 쌓인 눈을 뚫고 꽃이 피어 있다.

끈끈이주걱

Drosera rotundifolia L. | round-leaved sundew, sundew, youthwort
끈끈이귀개목 끈끈이귀개과

끈끈이주걱은 벌레를 잡아먹고 사는 식물로 유명하다. 전 세계에서 두루 자라며, 우리나라에서도 전국에 걸쳐 자라지만 수가 적어서 보기 드물다. 물기가 많고 햇볕이 잘 들며 산성을 띤 땅에서 잘 자란다.

잎 겉에 빽빽이 난 붉은 털에서 끈끈한 진을 내보내는데, 작은 곤충이 무심코 다가와 잎에 앉으면 끈끈한 진으로 몸을 감싸 꼼짝 못하게 한다. 게다가 털은 건드리면 구부러지는 특성이 있어서, 곤충이 움직일수록 더욱 죄어든다. 곤충이 빠져 나오려고 바둥댈수록 털은 끈끈한 진을 더 많이 내보내어서 서서히 곤충을 녹여 빨아들인다. 털이 곤충을 완전히 감싸는 데 걸리는 시간은 잎에 따라 조금씩 다르지만, 보통 털이 구부러지기 시작한 때로부터 4~6시간쯤 걸린다. 끈끈한 진은 사람의 위액처럼 강한 산성이며, 단백질과 여러 성분을 분해할 수 있는 효소가 있어서 곤충의 딱딱한 부분까지 모두 녹인다.

사는 곳 우리나라 전국에서 저절로 자란다.

모습 여러해살이풀. 벌레잡이식물. 높이가 약 20cm다.

잎 모여나기. 뿌리 근처에서 나와 옆으로 퍼지면서 자라며, 둥글다. 잎자루는 길이 3~13cm다.

꽃 총상꽃차례. 7월에 핀다. 흰색이며 꽃잎 5장, 5갈래로 깊이 갈라진 꽃받침, 수술 5개, 암술대가 2갈래로 갈라진 암술 3개로 되어 있다. 꽃줄기는 가늘고 길며 곧게 서고, 꽃자루는 길이 6~30cm다.

열매 삭과. 9월에 익는다. 길이 0.4~0.5cm로, 익으면 3갈래로 갈라진다. 씨앗의 양끝은 꼬리처럼 튀어나와 있다.

쓰임새 벌레를 잡으려고 집안에서 가꾸며, 과학 교육 자료로 쓴다.

꽃과 열매 | 잎차례

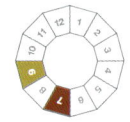

꽃이 핀 모습 잎 사이에서 올라온 긴 꽃줄기에 여러 송이가 한쪽으로 치우쳐 달린다.

잎 평소에 끈끈한 진을 털 끝에 매달고 있는데 그 모습이 꼭 이슬 방울 같아서 곤충이 감쪽같이 속는다.

끈끈이주걱은 곤충만 먹고 살까? 아니다. 엽록소가 있어서 광합성을 하여 양분을 직접 만들고, 뿌리에서 물과 양분을 빨아들인다.

애기똥풀

Chelidonium majus var. *asiaticum* (Hara) Ohwi | asian celandine
양귀비목 양귀비과

애기똥풀은 동부아시아 온대 지방에서 널리 자란다. 우리나라에서는 햇볕이 잘 드는 곳이면 아무데서나 볼 수 있으며, 마을 근처의 숲 가장자리에 잘 자란다.

뿌리는 붉은 굴색이며 땅 속 깊이 곧게 뻗는다. 잎자루 끝에 달리는 잎은 가장자리에 톱니가 있다. 꽃은 보통 5월부터 피기 시작하여 8월까지 볼 수 있고, 줄기 위쪽의 잎겨드랑이에서 나온 가지 끝에 몇 송이씩 달린다. 양귀비과 식물이 모두 그렇듯이 꽃잎이 4장 있다. 수술이 많고 암술은 1개며, 암술머리 끝은 2갈래로 얕게 갈라진다. 한 줄기에서 꽃봉오리와 꽃, 열매를 모두 볼 수 있다.

독이 있어서 함부로 먹으면 안 되지만, 아주 부드러운 싹은 삶아서 독성을 우려내어 나물로 먹는다. 약으로도 쓰는데, 위장염이나 위궤양 등으로 배가 아플 때 통증을 줄인다.

사는 곳 우리나라 전국에서 저절로 자란다.

모습 두해살이풀. 높이가 30~80cm다. 흰 줄기에 부드러운 털이 난다.

잎 어긋나기. 길이 7~15cm로 타원꼴이며, 깃꼴로 1~2갈래 갈라진다. 뒤쪽은 희다.

꽃 산형꽃차례. 5~8월에 노랗게 핀다. 꽃잎 4장과 꽃받침잎 2장으로 되어 있다.

열매 삭과. 9월에 익는다. 길이 약 3.5cm로 좁은 원기둥꼴이다.

쓰임새 약으로 쓰며, 어린 잎은 나물로 먹는다.

꽃과 열매  잎차례

꽃이 핀 모습

왜 이름이 '애기똥풀' 일까? 줄기에 상처를 내면 붉은빛이 도는 노란 즙이 흘러 나오는데, 그 색깔이 갓 태어난 아기의 똥 색깔과 비슷하다고 하여 '애기똥풀' 이라는 이름이 붙었다. 애기똥풀을 비롯한 양귀비과 식물은 모두 몸 속에 젖 같은 즙이 있다.

줄기와 잎을 자르면 노란 즙이 흘러 나온다.

피나물 *Hylomecon vernale*
줄기에 상처를 내면 빨간 색 즙이 나온다. 잎이 깃꼴로 갈라지지 않으며 꽃은 4~5월에 핀다.

금낭화

Dicentra spectabilis (L.) Lem. | bleeding heart

양귀비목 현호색과 | 등모란, 덩굴모란, 며느리주머니, 며늘치

금낭화는 깊은 산 속의 골짜기 근처에서 자란다. 우리나라에서 처음 발견한 곳은 설악산 봉정암 근처로, 그 전에는 원산지를 중국으로 알았지만 우리나라 곳곳에서 저절로 자라는 모습을 확인하면서 우리나라가 원산지임이 밝혀졌다.

줄기는 곧게 서며, 흰빛이 도는 녹색이고 무르다. 꽃잎 4장 중에서 바깥쪽에 있는 2장은 짙은 분홍색이며, 아래쪽이 좁아지면서 바깥으로 젖혀진 모양이 모자 같다. 안쪽에 있는 2장은 흰색이며 하나로 붙어서 밑으로 축 늘어진다. 꽃받침잎은 작은 비늘처럼 생겼는데 일찍 떨어진다. 봄부터 여름까지 꽃이 피므로, 한 번 심으면 몇 년이고 오랫동안 볼 수 있다.

봄에 어린 싹을 삶아서 독성을 우려내어 양념에 무쳐 먹거나 나물밥을 해먹는다. 독성이 있으므로 그냥 먹으면 절대로 안 된다. 잎은 상처를 입거나 멍들었을 때 약으로 쓰는데, 말려서 빻은 가루를 물에 이겨 아픈 곳에 붙이거나 그대로 달여 마시면 잘 낫는다. 날것을 찧어 붙여도 된다.

사는 곳 우리나라 전국에서 저절로 자란다.

모습 여러해살이풀. 높이가 30~60cm다. 뿌리가 굵고 땅 속 깊이 뻗는다.

잎 어긋나기. 긴 잎자루 끝에 3장씩 달리며, 각각 깃꼴로 2갈래 갈라진다.

꽃 총상꽃차례. 4~5월에 핀다. 짙은 분홍색과 흰색이 섞여 있다. 꽃잎 4장, 꽃받침잎 2장, 수술 6개, 암술 1개로 되어 있다.

열매 삭과. 9~10월에 익는다. 길이 1~2cm로 긴 타원꼴이며, 씨앗은 검고 반들반들하다.

쓰임새 집 마당에 심어 꽃을 감상하고, 먹거나 약으로 쓴다.

꽃 꽃자루가 짧은 꽃이 줄기 끝에 여러 송이 주렁주렁 달려 있다.

열매

꽃과 열매 / **잎차례**

심어 가꾸려면 기름지고 물이 잘 빠지는 땅에 심는 것이 좋다. 반음지식물이므로, 종일 햇볕이 드는 곳보다는 반그늘이 지는 곳에 심어야 가장 잘 자란다. 몇 년에 한 번씩 묵은 포기를 나눠 옮겨 심어야 꽃이 계속 핀다.

무

Raphanus sativus var. *hortensis* for. *acanthiformis* Makino | radish
양귀비목 십자화과 | 무우

무의 원산지는 확실하지 않지만, 이집트 피라미드의 비석에 새긴 글에 무 이야기가 있는 것으로 보아 아주 오래 전부터 심어 가꾸었음을 알 수 있다. 우리나라에서는 삼국시대에 이미 심어 가꾼 듯한데, 기록에는 고려시대에 중요한 채소로 여겨 널리 심었다고 한다. 개량 품종이 많아 저마다 모양과 심어 가꾸는 시기, 쓰임새 등이 다르다.

뿌리에서 녹색을 띤 부분을 줄기로 보기도 하는데, 땅 위로 올라와 엽록소가 생긴 뿌리로 보는 것이 옳다. 잎 사이에서 나온 꽃줄기가 100cm쯤 자라면 가지를 치며, 가지 끝에 꽃차례가 생긴다. 꽃은 꽃잎이 꽃받침보다 2곱쯤 길며, 수술 6개 중에서 4개는 길고 2개는 짧다. 보통 꽃줄기가 올라오기 전에 밑동을 뽑아 먹으므로 꽃을 보기가 쉽지 않다.

뿌리는 살과 즙이 많으며 맵고 달다. 비타민 C가 풍부해서 깍두기와 나박김치 등을 만들어 겨울에 먹으면 영양을 보충할 수 있다. 소화를 돕는 효소인 '디아스타제'도 들어 있어서 국, 나물, 생채, 말랭이, 단무지 등 온갖 음식을 만들어 먹으면 몸에 이롭다. 씨앗은 가래를 없애고 위를 튼튼하게 하는 약으로 쓴다.

사는 곳 우리나라 전국에서 심어 가꾼다.

모습 한해살이나 두해살이풀. 뿌리는 아주 큰 원기둥꼴이며, 위쪽에 줄기가 있지만 뚜렷하게 구분되지 않는다.

잎 어긋나기. 뿌리에서 나오며, 작은 잎 여러 장으로 된 깃꼴겹잎이다. 작은 잎은 긴 타원꼴이고 털이 나며, 맨 꼭대기에 있는 것이 가장 크다.

꽃 총상꽃차례. 4~5월에 핀다. 옅은 자주색이나 흰색이며 꽃잎과 꽃받침이 각각 4장, 수술이 6개, 암술이 1개다.

열매 각과. 6~7월에 익는다. 길이 4~6cm로, 껍질이 터지지 않는다. 붉은 갈색 씨앗이 2~3개씩 들어 있다.

쓰임새 뿌리는 먹고, 씨앗은 약으로 쓴다.

꽃과 열매  잎차례

뿌리와 잎 희고 굵은 뿌리에 실뿌리가 군데군데 난다. 잎은 '무청'이라고 하며, 아주 크고 가장자리가 들쭉날쭉하다.

꽃 꽃잎과 꽃받침이 +자 모양으로 달려 있다.

양배추

Brassica oleracea var. *capitata* L. | cabbage
양귀비목 십자화과

배추가 동양의 대표적인 채소라면, 양배추는 서양의 대표적인 채소다. 우리나라에서도 많이 심어 가꾼다.

긴 꽃줄기에는 꽃자루가 있는 꽃 여러 송이가 아래에서 위까지 어긋나게 달린다. 꽃잎과 꽃받침잎은 각각 4장씩 十자 모양으로 달린다. 암술은 1개며, 수술 6개 중에서 4개는 길고 2개는 짧다.

옛날에는 봄에 심어 여름에 거두거나 가을에 심어 봄에 거두었는데, 요즘에는 뛰어난 재배 기술과 좋은 품종을 개발해서 거의 1년 내내 심어 가꿀 수 있다.

최근에는 꽃양배추라는 품종이 새로 나왔는데, 잎이 녹색이 아닌 다른 색깔이며 뭉치지 않고 자란다. 가을과 겨울에 길가의 꽃밭을 꾸미려고 많이 심는다. 양배추와 같은 종류지만 먹지는 못한다.

잎에는 칼슘과 비타민이 많으므로 쌈, 샐러드, 수프를 만들어 먹거나 식초, 소금에 절여서 먹으면 몸에 좋다. 줄기와 잎은 약으로 쓰는데, 뇌와 내장 기관을 튼튼하게 한다.

사는 곳 원산지는 유럽의 지중해 연안과 소아시아의 바닷가다. 우리나라 전국에서 심어 가꾼다.

모습 두해살이풀

잎 돌려나기. 뿌리 근처에서 나온다. 두껍고 털이 없으며 가장자리에 톱니가 있다. 잎보다 더 두껍고 흰 맥이 여러 갈래로 퍼진다.

꽃 총상꽃차례. 5~6월에 핀다. 2년 된 뿌리에서 나온 꽃줄기에 달린다. 옅은 노란색이며, 꽃잎과 꽃받침잎이 각각 4장이다.

열매 각과. 7~8월에 익는다. 짧은 원기둥꼴이며 비스듬히 달린다.

쓰임새 먹거나 약으로 쓴다.

꽃과 열매 | 잎차례

양배추밭 요즘에는 1년 내내 심어 가꿀 수 있다.

잎 뿌리 근처에 나는 잎은 거의 둥글고 흰빛이 도는 녹색이며, 여러 장 겹친다. 가장 안쪽의 잎은 아주 단단하게 겹쳐서 공처럼 둥글게 된다.

배추

Brassica campestris subsp. *napus* var. *pekinensis* Makino | chinese cabbage
양귀비목 십자화과 | 당배치, 백채, 배채

배추는 우리나라, 중국, 일본 등 아시아의 세 나라 식생활에 없어서는 안 될 채소다. 우리나라는 고려시대 전에 중국에서 들여와 심었다고 한다. 여름에 난 잎을 먹는 솎음배추나 얼갈이배추는 속이 차지 않고, 대관령 같은 고랭지에서 나는 고랭지배추나 김장배추는 속이 꽉 찬다.

잎은 뿌리 근처에 나는 것과 줄기에 나는 것으로 나뉜다. 뿌리 근처에 나는 잎은 옅은 녹색으로 주름이 많이 지며, 희고 넓은 중심맥이 있고, 여러 장이 단단하게 겹친다. 가장자리에는 고르지 않은 톱니가 있다. 줄기에 나는 잎은 위쪽이 좀 퍼지고 아래쪽은 줄기를 단단하게 감싼다. 꽃은 꽃줄기 끝에 달리며, 암술이 수술보다 먼저 자라므로 꽃 피기 4~5일 전부터 꽃가루받이를 한다. 수술은 6개 중에서 4개가 길고 2개는 짧다. 열매는 속에 얇은 막으로 가로막힌 방이 2개 있으며, 다 익으면 껍질이 쪼개지면서 씨앗이 튀어 나온다. 잎을 먹느라 줄기가 자라 꽃이 피기 전에 뽑으므로 줄기와 꽃을 보기란 어렵다.

잎에는 여러 비타민이 들어 있어서 김치를 담가 먹으면 몸에 이롭다.

사는 곳 원산지는 중국이다. 우리나라 전국에서 심어 가꾼다.

모습 두해살이풀

잎 모여나기. 타원꼴이며, 어릴 때 털이 나지만 다 자라면 거의 없어진다.

꽃 총상꽃차례. 4월에 핀다. 꽃잎과 꽃받침이 각각 4장으로 十자 모양으로 달리며 암술이 1개, 수술이 6개다.

열매 각과. 6월에 익는다. 원기둥꼴이며, 끝에 긴 부리가 있다. 검은 갈색 씨앗이 18~25개씩 들어 있다.

쓰임새 주로 김치를 담가 먹는다.

꽃과 열매  잎차례

배추밭 줄기가 자라 꽃이 피기 전에 뽑아 먹는다.

잎 속이 꽉 차게 자랐다.

꽃 꽃잎이 十자 모양으로 달려 있다.

유채

Brassica campestris subsp. *napus* var. *nippo-oleifera* Makino | rape

양귀비목 십자화과 | 평지

유채의 원산지는 품종에 따라 다르다. 지중해 연안과 중앙아시아 고원 지대가 원산지인 종류도 있고, 스칸디나비아 반도와 시베리아가 원산지인 종류도 있다. 원산지에서는 기름을 얻으려고 16세기부터 심어 가꾸었다. 우리나라에서는 1960년대 이후에 들여왔고, 주로 남부 지방 바닷가나 제주도 곳곳에서 심어 가꾼다.

줄기 아래쪽에 달리는 잎은 깃꼴로 깊이 갈라지며 잎자루가 자주색이고 길다. 위쪽에 달리는 잎은 끝이 뾰족하고 밑이 귀처럼 처져 줄기를 감싸며 잎자루가 없다. 십자화과 식물이 모두 그렇듯이, 꽃잎과 꽃받침잎이 4장씩 모여 十자 모양을 만들고 수술 6개 중에서 4개는 길고 2개는 짧으며 잎을 먹는다.

옛날에는 씨앗에서 기름을 짜려고 많이 심었는데, 요즘에는 강가나 관광지를 아름답게 꾸미려고 밭을 만들어 가꾼다. 꽃에 든 꿀은 꿀벌이 좋아하는 먹이며, 씨앗에서 기름을 짜고 남은 깻묵은 가축의 먹이나 비료로 쓴다. 어린 줄기와 잎, 씨앗을 약으로 쓰는데, 종기가 나거나 아기를 낳은 여자가 피를 많이 흘릴 때 쓰면 잘 듣는다.

사는 곳 우리나라 남부 지방에서 심어 가꾼다.

모습 두해살이풀. 높이가 약 100cm다. 줄기는 가지를 많이 친다.

잎 어긋나기. 가장자리에 무딘 톱니가 있으며, 앞쪽은 짙은 녹색이지만 뒤쪽은 좀 희다.

꽃 총상꽃차례. 4월에 핀다. 노랗고 지름이 약 1cm다. 꽃잎과 꽃받침잎이 각각 4장, 수술이 6개, 암술이 1개, 꿀샘이 4개다.

열매 각과. 5~6월에 익는다. 익으면 껍질 가운데의 줄이 갈라지면서 검은 갈색 씨앗이 튀어 나온다.

쓰임새 꽃을 감상하고 약으로 쓰며 씨앗에서 기름을 짠다.

꽃과 열매  | 잎차례

꽃 노란 꽃잎 4장이 十자 모양으로 달려 있다.

열매 원기둥꼴이고 끝에 긴 부리가 있다.

어린 잎

갓 *Brassica juncea* var. *integrifolia*
원산지가 중국이며, 우리나라 전국에서 심어 가꾼다. 잎이 검은 자주색이고 가장자리가 거의 밋밋하다. 꽃은 봄부터 여름까지 노랗게 핀다.

꽃다지

Draba nemorosa var. *hebecarpa* Lindbl. | nemorosus draba
양귀비목 십자화과 | 대실

꽃다지는 북반구의 온대와 난대 지방에서 두루 자란다. 우리나라에서는 햇볕이 잘 드는 들, 밭 가장자리의 빈터, 꽃밭의 빈 자리에서 잘 자란다. 꽃다지가 자라는 곳에서는 냉이도 함께 자란다.

온몸에 짧은 털이 빽빽이 난다. 가을에 씨앗에서 싹이 트면 뿌리 근처에서 주걱 모양의 잎이 나와 방석처럼 땅 위를 덮고, 봄이 되면 줄기가 위로 길게 올라가면서 긴 타원꼴 잎이 달린다. 뿌리 근처에서 나오는 잎은 아래쪽이 좁아져 잎자루처럼 되며, 줄기에서 나오는 잎은 가장자리에 톱니가 좀 있다. 줄기나 가지의 끝에 꽃차례가 길이 1~2cm로 생긴다. 꽃잎과 꽃받침이 十자 모양으로 붙고, 꽃잎이 꽃받침잎보다 길며, 수술 6개 중에서 4개가 길고 2개는 짧다.

어린 싹은 부드럽고 맛있어서 나물로 먹거나 된장국을 끓여 먹는다. 씨앗은 '정력자'라고 부르며 약으로 쓴다. 농작물을 심은 밭에서는 양분을 빼앗는 잡초이므로 뽑아 버려야 한다.

사는 곳 우리나라 전국에서 저절로 자란다.

모습 두해살이풀. 높이가 약 20cm다. 줄기는 가지를 치면서 곧게 자란다.

잎 뿌리 근처에서는 모여나기, 줄기에서는 어긋나기. 뿌리 근처에 달린 잎은 길이 2~4cm, 줄기에 달린 잎은 길이 1~3cm다.

꽃 총상꽃차례. 4~6월에 노랗게 핀다.

열매 각과. 7~8월에 익는다. 길이 0.5~0.8cm, 너비 약 0.2cm로 긴 타원꼴이다.

쓰임새 어린 싹을 나물로 먹고, 씨앗은 약으로 쓴다.

꽃과 열매  잎차례

무리지어 꽃 핀 모습

꽃 생김새는 냉이와 비슷하지만 색깔이 노랗다.

열매 길고 평평한 타원꼴이며, 겉에 털이 있다.

냉이

Capsella bursa-pastoris (L.) Medicus | shepherd's purse
양귀비목 십자화과 | 나시, 나이, 나생이

냉이는 전 세계에 널리 자란다. 우리나라에서는 햇볕이 잘 드는 들이나 밭, 빈터 같은 곳에서 잘 자란다.

뿌리 근처에 나는 잎은 길이 10cm 이상이며, 중심맥에 거의 닿을 만큼 아주 깊이 갈라지는데 줄기 쪽으로 갈수록 더 심하다. 줄기에 나는 잎은 피침꼴이고 줄기 위로 갈수록 작아지면서 잎자루도 없어지며, 잎 아래쪽은 귀처럼 늘어져 줄기를 반쯤 감싼다.

꽃자루가 있는 작은 꽃 여러 송이가 줄기를 따라 어긋나게 달린다. 꽃잎과 꽃받침잎이 +자 모양으로 달리며, 수술 6개 중에서 4개는 길고 2개는 짧다. 한 포기에서 꽃과 열매를 모두 볼 수 있다.

냉이는 봄철에 입맛을 돋우는 봄나물로 유명하며, 겨우내 부족했던 비타민을 보충해 주어서 몸에 좋다. 어린 싹과 뿌리를 데쳐 나물로 먹거나 그대로 국을 끓여 먹으면 아주 향긋하고 맛있다. 감기나 몸살에 걸렸을 때 냉이국을 먹으면 열이 내려가고 소화도 잘 된다.

사는 곳 우리나라 전국에서 저절로 자란다.

모습 두해살이풀. 높이가 10~50cm다. 줄기는 온몸에 털이 많고 위쪽에서 가지를 많이 친다.

잎 뿌리에서는 모여나기, 줄기에서는 어긋나기

꽃 총상꽃차례. 4~6월에 핀다. 흰색이며 꽃잎과 꽃받침잎 각각 4장, 수술 6개, 암술 1개로 되어 있다.

열매 각과. 5~7월에 익는다. 길이 0.6~0.7cm로 세모꼴이며 끝이 오목하다. 속에 길이 약 0.08cm인 씨앗이 20~25개 들어 있다.

쓰임새 먹거나 약으로 쓴다.

꽃과 열매  잎차례

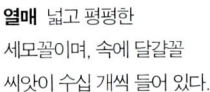
열매 넓고 평평한 세모꼴이며, 속에 달걀꼴 씨앗이 수십 개씩 들어 있다.

다닥냉이 *Lepidium apetalum*
줄기에 털이 없다. 열매는 거의 둥글고 위쪽의 가장자리에 끝이 오목한 좁은 날개가 있으며, 다닥다닥 많이 달린다.

말냉이 *Thlaspi arvense*
줄기에 털이 없다. 열매는 납작한 심장꼴이며 넓은 날개가 있다.

무리지어 꽃 핀 모습 햇볕이 잘 드는 들이나 밭, 빈터 같은 곳에서 잘 자란다.

고추냉이 *Wasabia koreana*
여러해살이풀. 울릉도의 찬 물이 흐르는
곳에서 자라며, 뿌리로 향신료를 만든다.

뿌리와 잎 희고 굵은 뿌리가 땅 속으로 곧게
뻗는다. 뿌리에 나는 잎은 방석처럼 땅을 덮고,
줄기에 나는 잎은 위로 갈수록 작아진다.

기린초

Sedum kamtschaticum Fisch. | kamschataka stonecrop, orange stonecrop
양귀비목 돌나물과

선인장처럼 줄기, 잎 등 식물체 곳곳이 두껍고 물을 많이 지닌 식물을 다육식물(多肉植物)이라고 한다. 기린초를 비롯해 돌나물과에 딸린 대부분의 식물은 다육식물이다. 그래서 거칠고 메마른 땅에서도 잘 견디며, 줄기나 잎의 일부분을 잘라 땅에 꽂아도 쉽게 뿌리를 내려 새로 자란다. 기린초는 햇볕이 잘 드는 산 속의 바위틈에서 무리지어 자란다.

꽃을 이루는 모든 기관의 개수가 5 또는 5의 곱절로, 꽃잎과 꽃받침잎, 씨방이 각각 5개고 수술은 10개다.

봄에 난 새싹을 따서 나물로 먹으면 맛이 담백하다. 집 마당을 꾸미려고 심어 가꾸기도 하는데, 이 때 물이나 거름을 많이 주면 오히려 제대로 자라지 못한다. 피를 멎게 하고 마음을 편안하게 하며 종기를 낫게 하므로, 식물체 전부를 약으로 쓴다.

사는 곳 우리나라 전국에서 저절로 자란다.

모습 여러해살이풀. 높이가 5~30cm. 굵은 뿌리에 잔뿌리가 나며, 줄기는 곧게 자란다.

잎 어긋나기. 길이 2~4cm로 달걀꼴이며, 두껍고 가장자리에 무딘 톱니가 있으며 속에는 즙이 많다.

꽃 취산꽃차례. 6~7월에 핀다. 꽃잎은 노랗고 꽃받침잎은 녹색이며, 각각 5장이다.

열매 골돌과. 8~9월에 익는다. 다 익으면 별 모양으로 갈라진다.

쓰임새 집 마당에 심어 감상하고, 먹거나 약으로 쓴다.

꽃과 열매  잎차례

꽃이 핀 모습 햇볕이 잘 드는 바위틈에서 무리지어 자란다.

꽃차례 작고 노란 꽃이 줄기 끝에 여러 송이 모여 취산꽃차례를 이룬다.

열매이삭 다 익은 열매가 별 모양으로 갈라져 있다.

돌나물

Sedum sarmentosum Bunge | stonecrop

장미목 돌나물과 | 돈나물, 수분초

돌나물은 산과 들의 좀 축축하고 햇볕이 잘 드는 곳에서 많이 자란다. 기후를 가리지 않고 물기만 있으면 아무데서나 잘 자라지만, 질소 성분이 많은 땅에서는 웃자라서 썩는다. 돌나물과 식물은 줄기와 잎에 물이 많아서, 선인장처럼 물을 지니고 있다가 필요하면 조금씩 쓰므로 땅이 메말라도 잘 견딘다.

줄기는 위로 뻗기도 하고, 땅 위로 가지를 치면서 기듯이 자라다가 마디에서 뿌리를 많이 내리기도 한다. 줄기를 아무데나 잘라서 땅에 심으면 마디에서 곧 뿌리를 내릴 만큼 생명력이 강하다.

어린 줄기와 잎으로 김치를 담가 먹으면 맛과 향이 아주 독특하다. 어린 싹은 부드러워서 나물로 먹는다. 식물체 전부를 '석지갑'이라고 하여 약으로 쓴다. 집안을 꾸미려고 마당의 돌틈이나 화분에 심어 가꾸며, 땅을 푸르게 꾸미려고 할 때 심으면 좋다.

사는 곳 우리나라 전국에서 저절로 자란다.

모습 여러해살이풀. 높이가 약 15cm다.

잎 돌려나기. 잎자루 없이 3장씩 난다. 길이 1.5~2cm, 너비 0.3~0.6cm로 피침꼴이나 긴 타원꼴이며, 노란빛이 도는 녹색이다. 가장자리가 밋밋하다.

꽃 취산꽃차례. 5~6월에 핀다. 지름 0.6~1cm로 노랗고 꽃잎과 꽃받침이 5장씩 있다. 꽃줄기는 길이 약 15cm며, 꽃자루는 없다.

열매 골돌과. 8월에 익는다. 익으면 비스듬히 벌어진다.

쓰임새 집 마당을 꾸미려고 심어 가꾸며, 먹거나 약으로 쓴다.

꽃과 열매 　　 잎차례

꽃 꽃잎과 꽃받침이 피침꼴이다.

무리지어 자라는 모습 산과 들의 좀 축축하고 햇볕이 잘 드는 곳에서 자란다.

바위채송화 *Sedum polystichoides*
생김새가 돌나물과 거의 비슷하지만, 높이 약 7cm로 더 작고 잎이 어긋나게 달리며 잎 아래쪽이 보통 자주색인 점이 다르다.

뱀딸기

Duchesnea chrysantha (Zoll. et Morr.) Miq. | false strawberry

장미목 장미과 | 땅딸기, 잠매, 야양매, 사매, 배암딸기, 게여미탈, 게염지탈

뱀딸기는 풀밭, 논둑, 숲 가장자리처럼 햇볕이 잘 드는 곳이면 아무데서나 볼 수 있다. 땅 위로 뻗는 기는줄기의 마디에서 뿌리를 내리면서 포기를 늘리므로 무리지어 자란다.

잎 앞쪽에는 털이 별로 없지만 뒤쪽에는 맥을 따라 긴 털이 난다. 잎 가장자리에는 톱니가 있다. 꽃잎 5장이 띄엄띄엄 달린 사이로 꽃받침이 보이며, 꽃받침이 꽃잎보다 좀 길고 암술과 수술이 여러 개 있다. 꽃받침통이 변해서 된 과육에 열매가 여러 개 박혀 있으며, 과육은 동그랗고 빨개서 보기에는 먹음직스럽지만 딸기처럼 달콤하진 않다.

열매가 박힌 과육은 먹는다. 식물체 전부를 '사매'라고 하며 약으로 쓰는데, 독을 없애고 열을 내리는 데 잘 듣는다. 최근에는 암 치료제로 연구한다. 옷감이나 종이를 물들이는 원료로도 쓰는데, 조금만 써도 물이 잘 든다.

사는 곳 우리나라 전국에서 저절로 자란다.

모습 여러해살이풀. 줄기는 땅을 기면서 길게 뻗고 마디에서 뿌리를 내린다.

잎 어긋나기. 작은 잎 3장으로 된 겹잎이다. 작은 잎은 길이 2~3cm로 달걀꼴이며, 턱잎은 길이 약 0.7cm로 가장자리가 밋밋하다.

꽃 4~5월에 노랗게 핀다. 잎겨드랑이에서 나온 긴 꽃줄기에 1송이씩 달린다. 길이 0.5~1cm로 끝이 좀 파인 세모꼴 꽃잎이 5장 있다.

열매 수과가 과육에 다닥다닥 박히는 취합과. 과육은 지름 1~1.5cm로 둥글며, 6월에 붉게 익는다.

쓰임새 먹거나 약으로 쓴다.

꽃과 열매   잎차례

열매가 박힌 과육 빨갛게 익어 탐스럽지만 맛은 별로 없다.

기는줄기 꽃이 필 때는 짧지만, 열매가 익을 무렵이면 마디에서 뿌리를 내리면서 길게 뻗는다.

꽃 생김새가 양지꽃과 비슷하지만 꽃잎이 한장한장 떨어진 점이 다르다.

딸기

Fragaria ananassa Duchesne | strawberry
장미목 장미과

우리나라에서는 딸기를 약 100년 전부터 심어 가꾸었다고 한다. 뿌리는 어릴 때 밋밋하지만 점점 자라면서 가는 뿌리가 갈라져 나온다. 잎은 가장자리에 톱니가 있고, 앞쪽에는 털이 없지만 뒤쪽의 맥 위나 긴 잎자루에 꼬불꼬불한 털이 있다.

꽃줄기는 꽃이 필 때에는 곧지만 꽃가루받이가 끝나고 열매를 맺으면 축 늘어지며, 암술과 수술이 노랗다. 꽃이 지면 꽃받침통이 자라 과육이 되며, 곰보처럼 생긴 과육의 파인 곳마다 씨앗처럼 생긴 열매가 다닥다닥 박힌다. 열매는 아주 작고 단단해서 동물이 먹으면 그대로 배설한다. 이렇게 땅에 떨어진 씨앗에서 싹이 터 번식한다.

과육은 달고 맛이 있어서 날로 먹고, 즙을 내거나 주스, 잼을 만들어 먹기도 한다. 비타민 C가 풍부해서 3~4개만 먹어도 1일 권장량을 섭취한 셈이 되며, 자주 먹으면 피부가 좋아지고 감기를 막을 수 있다. 피로를 풀고 상처를 아물게 하며 신경통을 낫게 하므로 약으로도 쓴다.

사는 곳 원산지는 남아메리카다. 우리나라 전국에서 심어 가꾼다.

모습 여러해살이풀. 줄기는 온통 꼬불꼬불한 털로 덮인다. 꽃이 지면 땅 위로 기는줄기가 뻗는다.

잎 모여나기. 뿌리에 난다. 작은 잎 3장으로 된 겹잎이며, 작은 잎은 길이 3~6cm로 달걀꼴이다.

꽃 취산꽃차례. 4~6월에 핀다. 꽃줄기 끝에 5~15송이씩 달린다. 흰색이며 지름이 2~3cm다. 꽃잎은 5~6장으로 꽃받침보다 훨씬 길며, 수술은 20~50개다.

열매 수과가 과육에 다닥다닥 박히는 취합과. 과육은 달걀꼴이며 6월에 붉게 익는다.

쓰임새 먹거나 약으로 쓴다.

꽃과 열매   잎차례

꽃 꽃줄기 끝에 여러 송이 모여 달리며, 흰 꽃잎 속에 노란 암술과 수술이 있다.

놀라운 번식력 꽃이 지면 기는줄기가 발달하고 마디에서 뿌리를 내리면서 포기를 늘린다. 어미 포기 1개에서 새끼 포기가 50~100개쯤 생긴다.

열매가 달린 모습 붉은 과육에 씨앗처럼 생긴 열매가 다닥다닥 박혀 있다.

기는줄기 땅 위로 뻗은 모습

양지꽃

Potentilla fragarioides var. *major* Max.

장미목 장미과 | 치자연, 소시랑개비

양지꽃은 산과 들의 양지 바른 곳에서 자라므로 '양지꽃'이라는 이름이 붙었으며, 메마른 땅에서도 잘 자란다.

줄기가 비스듬하게 눕듯이 올라가고, 뿌리에서 나오는 잎도 사방으로 비스듬히 퍼지므로 키가 작다. 겹잎에서 맨 끝에 달리는 작은 잎 3장은 다른 것보다 크며, 겹잎 아래쪽으로 갈수록 잎이 작아진다. 앞뒤 양쪽에 모두 털이 있으며 맥 위에는 더 많다. 잎 가장자리에 톱니가 있고, 턱잎은 갸름하다. 곧게 올라가는 꽃줄기 끝에 노란 꽃이 여러 송이 달린다. 꽃잎은 달걀꼴이며 끝이 오목하다. 꽃받침조각은 피침꼴로 5개며, 꽃받침조각 사이에 덧꽃받침이 5장 있다. 꽃턱에 털이 있고 암술과 수술이 여러 개 있다.

식물체 전부를 '치자연'이라고 부르며, 몸을 튼튼하게 하는 약으로 쓴다. 집 안을 꾸미려고 마당이나 화분에 심어 가꾸기도 하는데 특별히 손질하지 않아도 잘 자란다.

사는 곳 우리나라 전국에서 저절로 자란다.

모습 여러해살이풀. 높이가 30~50cm다. 굵은 뿌리와 가는 뿌리가 사방으로 뻗고, 줄기는 온통 긴 털로 덮인다.

잎 모여나기. 뿌리에서 나오는 잎은 작은 잎 3~15장으로 된 깃꼴겹잎이다. 작은 잎은 길이 1.5~5cm, 너비 1~3cm로 달걀꼴이다.

꽃 취산꽃차례. 4~6월에 핀다. 지름이 1~1.5cm고 꽃잎이 5장이다.

열매 수과. 6~7월에 익는다. 길이 약 0.2cm로 달걀꼴이며, 잔주름이 지고 털은 없다.

쓰임새 어린 싹을 나물로 먹고, 식물체 전부를 약으로 쓴다.

꽃과 열매    잎차례

꽃이 핀 모습 산과 들의 양지 바른 곳이면 아무데서나 잘 자란다.

돌양지꽃 *Potentilla dickinsii*
바위틈에서 잘 자라고, 잎 뒤쪽이 희다. 양지꽃과 달리 열매에 털이 있다.

세잎양지꽃 *Potentilla freyniana*
작은 잎 3장으로 된 겹잎이 달리며, 열매에 털이 없다.

땅콩

Arachis hypogaea L. | peanut, earth nut

장미목 콩과 | 낙화생, 호콩

땅콩은 잉카제국 시대부터 심어 가꾸었다고 하며, 우리나라에는 1800년대 초에 중국을 통해 들어왔다.

뿌리에는 뿌리혹박테리아가 붙어서 필요한 양분을 서로 주고받으면서 공생한다. 겹잎을 이루는 작은 잎은 끝이 둥글고 겉에 짧은 돌기가 있으며, 밤이 되면 위를 향하면서 접힌다. 꽃은 아침에 피어서 저녁에 시든다. 꽃자루처럼 보이는 긴 꽃받침통의 끝에 꽃잎과 꽃받침조각, 수술이 달린다. 꽃받침통 속에는 씨방이 1개 있고, 실처럼 생긴 암술대가 밖으로 길게 나온다. 꽃가루받이가 끝나면 씨방의 아래쪽이 자루처럼 길게 자라 땅 속으로 들어가서 열매를 맺는다. 씨방이 땅 속으로 잘 들어가려면 흙이 부드러워야 하므로, 모래땅에 심어 가꾼다. 열매의 꼬투리는 허리가 잘록한 고치 모양이며, 속에는 붉은 갈색 껍질에 싸인 긴 타원꼴 씨앗이 1~3개씩 들어 있다.

씨앗은 볶아서 군것질거리나 술안주로 많이 먹고, 버터나 과자 따위를 만든다. 씨앗에서 짠 기름은 식용유나 윤활유로 쓰며, 먹으면 머리가 맑아진다고 한다. 꼬투리에서 씨앗을 빼고 남은 깍지는 땔감으로 쓴다.

사는 곳 원산지는 브라질, 페루, 볼리비아 같은 남아메리카다. 우리나라 전국에서 심어 가꾼다.

모습 한해살이풀. 높이가 약 60cm다. 줄기는 밑동에서 가지를 치면서 사방으로 비스듬히 뻗는다.

잎 어긋나기. 작은 잎 4장으로 된 깃꼴겹잎이며, 작은 잎은 달걀꼴이다.

꽃 7~9월에 핀다. 잎겨드랑이에 1송이씩 달리며, 노랗다. 꽃자루는 없다.

열매 협과. 10월에 익는다. 꼬투리는 노르스름하고 딱딱하며 두껍다. 겉에는 그물 같은 맥이 있다.

쓰임새 먹거나 약으로 쓰고, 기름을 짠다. 줄기와 잎은 가축의 먹이나 풋거름으로 쓴다.

꽃과 열매 | 잎차례

뿌리혹은 왜 생길까?
뿌리혹이란 뿌리에서 군데군데 혹처럼 부푼 부분을 말한다. 땅 속에서 뿌리혹박테리아가 내보내는 물질이 뿌리를 잘 자라게 하므로 혹처럼 크게 부푼다.

열매가 주렁주렁 달린 모습

뿌리혹

꽃이 핀 모습

열매

씨앗

콩

Glycine max Merrill | soybean

장미목 콩과 | 풋베기콩, 대두

콩은 전 세계에서 심어 가꾸는 곡식이다. 우리나라에서는 삼국시대부터 심어 가꾸었다고 한다. 콩만 따로 심기도 하지만, 다른 농작물을 심은 밭의 둑이나 이랑 사이 같은 빈 땅에 심어 가꾸기도 한다.

뿌리에는 혹처럼 부푼 뿌리혹이 있다. 이것은 뿌리에 기생하는 뿌리혹박테리아가 양분을 빨아들인 뒤 내보내는 물질이 뿌리를 빨리 자라게 하여 생긴다. 열매는 익으면 꼬투리가 절로 터져 씨앗이 튀어 나간다. 한낮에 열매를 따면 씨앗이 너무 잘 튀므로 보통 아침이나 저녁 무렵에 따서 마당에 널어 놓아 저절로 터지게 둔다. 씨앗의 색깔은 품종에 따라 다르다.

씨앗은 '밭에서 나는 고기'라고 할 만큼 영양소가 풍부하다. 쌀에 섞어 밥을 지어 먹거나 두부를 만들어 먹고, 메주를 쑤어 장을 담그며 콩나물을 길러 먹기도 한다. 최근에는 심근경색증이나 고혈압, 성인병을 고치는 약으로 개발하고 있다.

사는 곳 원산지는 중국이다. 우리나라 전국에서 심어 가꾼다.

모습 한해살이풀. 높이가 약 60cm다. 줄기에 갈색 털이 있다.

잎 어긋나기. 작은 잎 3장으로 된 겹잎이다. 작은 잎은 달걀꼴이고 가장자리가 밋밋하며 겉에 갈색 털이 있다. 잎자루가 길다.

꽃 총상꽃차례. 7~8월에 핀다. 자줏빛이 도는 붉은색이나 흰색이다. 2갈래로 갈라진 수술이 10개 있고, 꽃받침은 끝이 5갈래로 갈라진 종 모양이다.

열매 협과. 9~10월에 익는다. 씨앗이 1~7개씩 들어 있다.

쓰임새 씨앗으로 여러 음식을 해먹고, 마른 줄기와 깍지는 가축의 먹이로 쓴다.

잎겨드랑이에서 꽃이 핀 모습

꽃과 열매   잎차례

열매

완두 *Pisum sativum*
온몸에 털이 없다. 작은 잎 1~3쌍으로 된 깃꼴겹잎이 달리며, 맨 끝에 난 작은 잎은 덩굴손이다. 꽃은 희거나 붉고 콩보다 훨씬 크다.

열매 넓고 평평한 타원꼴이며, 꼬투리 겉에는 거친 털이 있다.

메주 콩을 삶고 찧어 덩어리를 만든 뒤 띄워서 간장, 된장, 고추장 등을 만든다.

씨앗을 떠는 모습

검정콩의 열매가 달린 모습

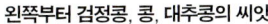

왼쪽부터 검정콩, 콩, 대추콩의 씨앗

자운영

Astragalus sinicus L.

장미목 콩과 | 연화초, 홍화채, 쇄미제, 야화생

자운영은 밭둑이나 길 가장자리에서 많이 자란다. 벼를 거둔 논에 심으면 땅을 기름지게 한다. 뿌리혹박테리아가 뿌리에 기생하면서 내보내는 물질이 거름이 되기 때문이다. 가을에 논에다 씨앗을 뿌리면 싹이 튼 채로 겨울을 나는데, 이듬해 봄에 쑥쑥 자란 것을 쟁기로 갈아엎고 물을 대어 모내기를 한다.

줄기에 흰 털이 나며, 콩과 식물이 모두 그렇듯이 꽃이 나비 모양이다. 꽃잎 5장은 저마다 생김새가 다르며, 꽃받침 가장자리에는 톱니가 있다. 수술은 10개 중에서 9개는 붙어 있고 1개는 따로 떨어져 있는데, 떨어진 수술 밑에 꿀샘이 있다. 열매의 꼬투리 속은 2칸으로 나뉘어 있고 칸마다 노란 씨앗이 2~5개씩 들어 있다.

꽃에 꿀이 있어서 벌을 키우는 집에서는 집 주변에 많이 심고, 땅의 힘을 돋우려고 심는다. 식물체 전부를 '홍화채'라고 부르며 약으로 쓰는데, 열을 내리고 독을 없애는 효능이 있다. 가축의 먹이로도 쓴다.

사는 곳 원산지는 중국이다. 우리나라 남부 지방에서 심어 가꾼다.

모습 두해살이풀. 높이가 10~25cm다. 줄기는 밑동에서 가지를 많이 치면서 옆으로 자라다가 곧게 선다.

잎 어긋나기. 작은 잎 9~11장으로 된 깃꼴겹잎이다. 작은 잎은 길이 0.6~2cm로 타원꼴이고 끝이 둥글거나 파인다. 턱잎은 달걀꼴이고 끝이 뾰족하다.

꽃 산형꽃차례. 4~5월에 핀다. 짙은 분홍색이나 흰색이며, 꽃잎과 꽃받침이 5장씩 있다. 꽃자루는 길이 10~20cm다.

열매 협과. 6월에 익는다. 길이 2~2.5cm로 검고 털이 없다. 씨앗은 노랗고 납작하다.

쓰임새 먹거나 약으로 쓰며, 가축의 먹이나 풋거름으로도 쓴다.

꽃과 열매    잎차례

꽃차례 꽃자루 끝에 나비 모양의 꽃 7~10송이가 모여 산형꽃차례를 이룬다.

남부 지방에서는 농작물을 거둔 논밭에 자운영을 심어 땅을 기름지게 한다.

열매이삭

감초

Glycyrrhiza uralensis Fisch. | glycyrrhizae radix
장미목 콩과 | 밀초, 미초

감초는 한의학에서 약재로 매우 자주 쓰는 식물이다. 우리나라에서는 저절로 자라지 않으므로 심어 가꾸거나 다른 나라에서 수입한다.

모가 진 줄기에는 털이 빽빽이 나고, 곳곳에 흩어진 점에서 진이 흘러 나온다. 잎 양쪽에도 흰 털이 난다. 잎겨드랑이에서 나온 긴 꽃줄기에 작은 꽃이 여러 송이 모여 달리면서 총상꽃차례를 이룬다. 열매의 겉에도 진이 나오는 가시 모양의 털이 있다. 우리나라는 자라기에 알맞은 곳이 아니어서 열매를 거의 맺지 않는다.

한의학에서 약재로 많이 쓰는 부분은 뿌리다. 한약을 지을 때에는 온갖 약재를 섞는데, 감초는 거의 빠지지 않고 넣는다. 성질이 저마다 다른 약재가 서로 잘 어울리도록 돕고 독을 없애는 구실을 하기 때문이다. 그래서 어디에든 빠지지 않고 꼭 끼는 사람을 가리켜 흔히 '약방의 감초'라고 부른다. '단맛이 나는 풀'이라는 이름처럼 뿌리를 먹으면 진짜 달다. 음식에 단맛을 내는 조미료로 쓰거나 쓴 한약을 마신 뒤 입가심으로 씹는다.

사는 곳 원산지는 중국의 북부 지방, 몽골, 시베리아 등이다. 우리나라에서는 심어 가꾼다.

모습 여러해살이풀. 높이가 약 100cm다. 굵은 뿌리가 땅 속 깊이 길게 뻗고, 줄기는 곧게 자란다.

잎 어긋나기. 작은 잎 7~17장으로 된 깃꼴겹잎이다. 작은 잎은 길이 2~5cm, 너비 1~3cm로 달걀꼴이고 가장자리가 밋밋하다.

꽃 총상꽃차례. 7~8월에 핀다. 길이 1.4~2.5cm로 남보라색이다.

열매 협과. 9~10월에 익는다. 길이가 3~4cm고, 씨앗이 6~8개씩 들어 있다.

쓰임새 뿌리를 약으로 쓴다.

꽃과 열매  잎차례

얇게 저민 뿌리 뿌리를 캐어 저며서 햇볕에 말린 뒤 한약재로 쓴다.

우리나라에서는 기후가 맞지 않아서 일부 지역에서만 심어 가꾼다.

열매이삭 열매는 평평한 선꼴이며 활처럼 휜다.

긴강남차

Cassia tora L. | sago palm

장미목 콩과 | 결명차

긴강남차를 '결명차'라고도 부른다. 씨앗에 들어 있는 성분이 '눈을 밝게 한다(결명)'고 하여 붙은 이름이다. 우리나라에서는 밭에 심어 가꾼다.

작은 잎은 거꾸로 된 달걀처럼 생겼고, 턱잎은 피침꼴이며 일찍 떨어진다. 꽃잎은 동그스름하며, 꽃받침잎은 긴 달걀꼴이고 가장자리에 털이 있다. 수술 10개는 길이가 저마다 다르고, 그 중에서 위쪽에 있는 3개는 꽃밥이 불완전하다. 씨방은 가늘고 길며 잔털이 있고 위로 굽는다.

씨앗을 '결명자'라고 부른다. 가을에 열매가 익으면 줄기째 베어 말려서 씨앗을 턴다. 말린 씨앗을 볶아서 차를 달여 마시면 변비가 낫고 피가 맑아지며 간에 있는 독도 풀린다고 한다. 눈에도 아주 이롭다. 눈이 붓고 빨갛게 되어 아프거나 눈물이 많이 나올 때 마시면 잘 낫는다. 색깔이 붉고 아름다우며 향기가 은은하고 맛이 독특해서 맹물 대신 즐겨 마신다.

사는 곳 원산지는 북아메리카 남부 지역과 멕시코. 우리나라 전국에서 심어 가꾼다.

모습 한해살이풀. 높이가 약 100cm다. 줄기는 곧게 올라가며 털이 없다.

잎 어긋나기. 작은 잎 2~4쌍으로 된 깃꼴겹잎이다. 작은 잎은 길이 3~4cm로 달걀꼴이다.

꽃 6~8월에 노랗게 핀다. 잎겨드랑이에 1~2송이씩 달리며, 꽃잎과 꽃받침잎이 5장씩, 수술이 10개 있다.

열매 협과. 9~10월에 익는다. 녹색이며, 길이 약 15cm로 가늘고 길며 활처럼 휜다.

쓰임새 씨앗을 약으로 쓰거나 차를 달여 마신다.

씨앗(결명자) 말려서 볶은 뒤 차를 달여 마시면 여러 병이 잘 낫는다.

꽃과 열매  잎차례

긴강남차밭 씨앗을 얻으려고 심어 가꾸며, 드문드문 심어야 알찬 씨앗을 거둘 수 있다.

꽃이 핀 모습

밤에 잎을 오므린 모습

팥

Phaseolus angularis W. F. Wight | small red bean
장미목 콩과 | 적소두

팥은 동양에서 아주 오래 전부터 심어 가꾸었고, 우리나라에서는 중국에서 들여와 심어 가꾸었다고 한다.

줄기는 가늘고 길며, 덩굴지면서 자라는 줄기는 옆으로 잘 쓰러진다. 잎은 작은 잎 3장으로 된 겹잎이다. 바깥쪽에 있는 2장은 심장꼴이고 잎자루가 길며, 가운데에 있는 1장은 넓은 달걀꼴이다. 꽃은 나비 모양이며, 저마다 길이가 다른 꽃자루가 여러 개 있다. 꽃받침은 통 모양이며 끝이 좀 갈라진다. 꼬투리 속에 들어 있는 씨앗은 보통 자주색이며 품종에 따라 흰색, 옅은 노란색, 검은색, 옅은 녹색 등 여러 가지다.

씨앗을 쌀에 섞어 밥을 짓기도 하고 죽, 떡, 빵, 빙수 등을 만들어 먹는다. 동짓날에 나쁜 기운을 쫓으려고 팥죽을 쑤어 먹는 풍속이 있는데, 팥죽의 붉은색이 귀신을 쫓는다는 믿음에서 비롯한 것이다. 잎은 독을 풀고 열을 내리며 설사병, 당뇨병을 고치는 약으로 쓴다.

사는 곳 원산지가 중국의 북동부 지방이라는 설이 있다. 우리나라 전국에서 심어 가꾼다.

모습 한해살이풀. 높이가 30~50cm다. 줄기는 곧게 올라가거나 덩굴지며, 털이 있다.

잎 어긋나기. 작은 잎 3장으로 된 겹잎이다. 작은 잎은 길이 6~10cm, 너비 5~8cm로 가장자리가 밋밋하며 끝이 뾰족하다.

꽃 총상꽃차례. 8월에 노랗게 핀다. 잎겨드랑이에 4~10송이씩 달린다. 길이와 지름이 약 1cm며, 꽃자루가 길다.

열매 협과. 9~10월에 익는다. 길이 6~10cm로 원기둥꼴이며, 털은 없다. 씨앗이 6~10개씩 들어 있다.

쓰임새 먹거나 약으로 쓴다.

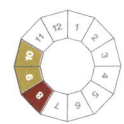 
꽃과 열매 　　잎차례

꽃 잎겨드랑이에 달린 모습이 노란 나비 같다.

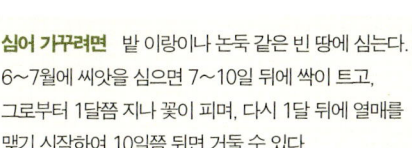

심어 가꾸려면 밭 이랑이나 논둑 같은 빈 땅에 심는다. 6~7월에 씨앗을 심으면 7~10일 뒤에 싹이 트고, 그로부터 1달쯤 지나 꽃이 피며, 다시 1달 뒤에 열매를 맺기 시작하여 10일쯤 뒤면 거둘 수 있다.

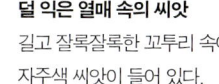

덜 익은 열매 속의 씨앗 길고 잘록잘록한 꼬투리 속에 자주색 씨앗이 들어 있다.

녹두

Phaseolus radiatus L. | green gram, mung bean

장미목 콩과 | 록두, 녹디, 안두, 길두

녹두는 밭에 심어 가꾸는 곡식이다. 한 자리에서 여러 해 계속 심어 가꾸면 땅에 있는 양분이 줄어들므로, 3~4년쯤 묵히거나 다른 농작물과 해마다 번갈아 심는 것이 좋다.

줄기는 가늘고 가지를 치며, 세로로 난 맥이 발달하고 마디가 10개쯤 있다. 잎은 작은 잎 3장으로 된 겹잎으로 바깥쪽에 있는 2장은 넓은 피침꼴이며 잎자루가 짧고, 가운데에 있는 1장은 동그스름하다. 꽃은 잎겨드랑이에서 여러 송이 모여 피며, 그 중에서 몇 송이만 열매를 맺는다. 열매는 꼬투리 겉에 뻣뻣한 털과 돌기가 있으며, 녹색으로 자라다가 검게 익는다. 다 익으면 반으로 갈라져 뒤로 말리면서 씨앗이 튀어 나온다. 씨앗은 타원꼴이고 녹색이나 갈색이며 그물 같은 무늬가 있다.

씨앗을 물에 불려 싹을 틔워 기른 숙주나물을 양념해서 먹으며, 그대로 갈아서 빈대떡을 부치거나 청포묵을 쑤어 먹는다. 열을 내리고 독을 없애는 약으로도 쓴다.

사는 곳 원산지는 인도다. 우리나라 전국에서 심어 가꾼다.

모습 한해살이풀. 온몸에 갈색 털이 나며, 줄기는 곧게 선다.

잎 어긋나기. 작은 잎 3장으로 된 겹잎이다. 잎자루가 길고, 작은 잎의 가장자리는 밋밋하다.

꽃 총상꽃차례. 8월에 노랗게 핀다. 잎겨드랑이에 달리며, 꽃차례는 길이 약 15cm다.

열매 협과. 9~10월에 검게 익는다. 길이 약 10cm의 길쭉한 꼬투리 속에 씨앗이 10~15개 들어 있다.

쓰임새 먹거나 약으로 쓴다.

꽃과 열매    잎차례

열매 검은 꼬투리 사이로 씨앗이 보인다.

꽃 저마다 생김새가 다른 꽃잎 5장으로 되어 있다.

강낭콩

Phaseolus vulgaris var. *humilis* Alef. | yellow bush

장미목 콩과 | 채두, 운두

강낭콩은 기원전 5세기부터 아메리카 대륙의 원주민이 심어 가꾸었고, 우리나라에서는 중국의 남부 지방에서 들여와 심었다고 한다. 품종에 따라 환경에 적응하는 특성이 다르지만, 대체로 따뜻한 곳에서 잘 자라고 추위에는 약한 편이다.

자라는 모습, 키, 꽃의 색깔, 열매의 색깔과 크기 등은 품종에 따라 다르다. 보통 덩굴지면서 자라고, 붉은 꽃으로 된 긴 꽃차례가 생긴다. 꽃받침은 통으로 된 술잔 모양이다. 수술은 10개고 암술은 1개며 둘 다 나사꼴로 꼬인다. 씨앗은 둥글거나 갸름하고 품종에 따라 색깔이 다른데, 우유색 바탕에 자주색 얼룩무늬가 있는 씨앗은 열매 겉에도 그런 무늬가 있다.

어린 꼬투리는 데쳐서 샐러드로 먹으며, 씨앗은 쌀과 섞어 밥을 지어 먹거나 삶아서 떡의 소로 쓴다. 줄기와 잎은 가축의 먹이로 쓴다.

사는 곳 원산지는 멕시코, 과테말라, 온두라스 같은 열대 아메리카다. 우리나라 전국에서 심어 가꾼다.

모습 한해살이풀. 줄기는 길이 150~200cm로, 겉에 잔털이 난다.

잎 어긋나기. 작은 잎 3장으로 된 겹잎이며, 잎자루가 길다. 작은 잎은 길이 약 10cm로 네모진 달걀꼴이다.

꽃 총상꽃차례. 7~8월에 핀다. 잎겨드랑이에 꽃차례가 생기며, 꽃 색깔은 품종에 따라 다르다.

열매 협과. 9~10월에 익는다. 길이 10~20cm며 조금 휜다.

쓰임새 어린 꼬투리와 씨앗을 먹는다.

꽃과 열매  잎차례

꽃이 핀 모습 밭 이랑에 심어 가꾸는 키 작은 품종이다.

꽃 꽃잎 중에서 맨 위쪽에 있는 가장 큰 것 2장은 바깥으로 젖혀졌고, 맨 아래쪽에 있는 것 2장은 나사꼴로 꼬였다.

열매 벌어진 꼬투리 사이로 씨앗이 보인다.

토끼풀

Trifolium repens L. | white clover, dutch clover

장미목 콩과 | 흰토끼풀, 클로버, 백차축초

우리나라에는 원래 토끼풀이 없었는데 가축의 먹이로 쓰려고 외국에서 들여와 심어 가꾼 것이 나중에 저절로 번식하면서 자라게 되었다. 토끼가 잘 먹는 풀이라고 하여 '토끼풀'이라는 이름이 붙었고 잔디밭, 강이나 내의 둔치, 산 가장자리 같은 햇볕이 잘 드는 곳이면 아무데나 잘 자란다.

잎은 줄기에 듬성듬성 어긋나게 붙고, 가장자리에 잔 톱니가 있으며 잎자루가 길다. 맥이 뚜렷하며, 턱잎은 갸름한 피침꼴이다. 꽃은 피었다가 시들어 떨어지지 않고 갈색으로 말라서 열매를 둘러싼다. 작은 잎 4장으로 된 겹잎이 달리는 토끼풀을 '네잎클로버'라고 한다. 유럽에서는 잎 4장이 각각 희망, 신앙, 사랑, 행복을 뜻한다고 여기며 이것을 찾은 사람에게는 행운이 따른다고 믿는다. 우리나라에서도 네잎클로버를 행운의 상징으로 여긴다.

통째로 약을 만드는데 종기나 치질, 천식 등을 낫게 하고 기침을 멎게 한다.

사는 곳 원산지는 유럽이다. 우리나라 전국에서 저절로 자란다.

모습 여러해살이풀. 높이가 30~60cm다. 줄기는 밑동에서 가지를 치면서 땅 위로 뻗고 마디에서 뿌리를 내린다.

잎 어긋나기. 작은 잎 3장으로 된 겹잎이며, 작은 잎은 길이 1.5~2.5cm, 너비 1~2.5cm다. 잎자루는 길이 5~15cm다.

꽃 두상꽃차례. 4~7월에 핀다. 길이 약 0.9cm로 흰색이며, 꽃자루는 길이 20~30cm다.

열매 협과. 9월에 익는다. 가늘고 긴 꼬투리 속에 갈색 씨앗이 4~6개 들어 있다.

쓰임새 약이나 가축의 먹이로 쓴다.

꽃과 열매 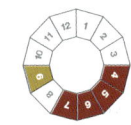 잎차례

아일랜드에서는 토끼풀을 나라꽃으로 삼으며, 작은 잎 3장이 각각 사랑, 용기, 지혜를 뜻한다고 여긴다.

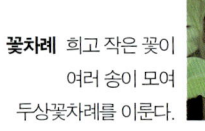

꽃차례 희고 작은 꽃이 여러 송이 모여 두상꽃차례를 이룬다.

붉은토끼풀 *Trifolium pratense*
줄기에 털이 조금 있고 붉은 자주색 꽃이 피며, 꽃자루가 거의 없다.

괭이밥

Oxalis corniculata L. | creeping lady's sorrel

쥐손이풀목 괭이밥과 | 초장초, 괴싱이, 시금초

괭이밥은 밭이나 길가, 빈터처럼 햇볕이 잘 드는 곳에서 흔히 자란다.

줄기는 가지를 많이 치면서 옆과 위로 비스듬히 자라고 잔털이 많이 나며, 줄기에서 나온 잎자루에 작은 잎 3장으로 된 겹잎이 달린다. 작은 잎은 위쪽이 오목해서 거꾸로 된 심장처럼 보이며, 가장자리와 뒤쪽에 털이 조금 있다. 해가 저물거나 그늘이 지면 작은 잎이 오므라들다가 햇볕이 들면 다시 펴진다. 수술은 모두 10개로 5개는 길고 5개는 짧으며, 암술대는 5개다. 열매의 꼬투리 겉에는 주름이 6줄 지는데, 익으면 주름을 따라 꼬투리가 저절로 벌어지면서 씨앗이 튀어 나온다.

어린 잎을 날로 먹으면 맛이 새콤하다. 잎을 따서 찧어, 피부병이 났거나 벌레에 물린 곳에 바르면 잘 낫는다.

사는 곳 우리나라 전국에서 저절로 자란다.

모습 여러해살이풀. 높이가 10~30cm다.

잎 어긋나기. 작은 잎 3장으로 된 겹잎이며, 잎자루가 길다. 작은 잎은 길이와 너비가 각각 1~2.5cm로 심장꼴이다.

꽃 산형꽃차례. 5~8월에 핀다. 잎겨드랑이에서 나온 긴 꽃자루 끝에 1~8송이씩 달린다. 노랗고 꽃잎과 꽃받침이 5장씩 있다.

열매 삭과. 9월에 익는다. 길이 1.5~2.5cm로 원기둥꼴이다. 속에 볼록렌즈 모양의 씨앗이 많이 들어 있다.

쓰임새 먹거나 약으로 쓴다.

꽃과 열매  　잎차례

열매가 터지려는 모습

돌틈에서 빽빽하게 무리지어 자란 모습

큰괭이밥 *Oxalis obtriangulata*
높이가 5~15cm다. 겹잎을 이루는 작은 잎은 세모꼴이고 끝이 잘린 듯하다. 5~6월에 긴 꽃자루 끝에 흰 꽃이 1송이씩 달린다.

뿌리
땅 속 깊이 뻗는다.

피마자

Ricinus communis L. | castorbean, castor-oil-plant
쥐손이풀목 대극과 | 아주까리, 아주까리, 피마주, 피만주

피마자는 원산지가 열대 지방이며, 우리나라에서는 기름을 짜려고 들여와 심었다. 원산지에서는 줄기가 나무처럼 단단하게 자라며 여러 해를 살지만, 우리나라에서는 겨울 추위를 견디지 못해서 한 해밖에 못 산다.

줄기에 어긋나게 붙는 둥근 잎은 손가락처럼 여러 갈래로 깊이 갈라지고, 녹색이나 갈색이며 털이 없다. 암꽃은 빨간색이며 화피조각 5장, 씨방 1개, 암술 3개로 되어 있다. 씨방은 방 3개로 되어 있고, 암술은 끝이 2갈래로 갈라진다. 수꽃은 옅은 노란색이고, 화피조각 5장으로 되어 있으며 수술대가 잘게 갈라진다. 씨앗은 겉이 밋밋하며 짙은 갈색 점이 있다.

씨앗에서 짠 기름을 '피마자유'(아주까리기름)라고 한다. 본래 씨앗에는 독성이 있지만 씨앗에서 짠 기름에는 없다. 피마자유는 파상풍이나 류머티즘을 잘 낫게 해서 약으로 쓴다. 인주, 구두약, 공업용 윤활유, 페인트, 니스, 프린트 잉크 등의 원료로도 쓴다.

사는 곳 원산지는 인도, 소아시아, 북아프리카 같은 열대 지방이다. 우리나라 전국에서 심어 가꾼다.

모습 한해살이풀. 높이가 약 200cm다.

잎 어긋나기. 지름이 30~100cm며 5~11갈래로 갈라진다. 가장자리에 날카로운 톱니가 있고 잎자루가 길다.

꽃 암수한그루. 총상꽃차례. 8~9월에 핀다. 줄기 끝에 수꽃과 암꽃이 여러 송이 모여 달리며, 꽃차례는 길이 약 20cm다.

열매 삭과. 9~10월에 익는다. 속은 3칸으로 나뉘어 있고 칸마다 타원꼴의 씨앗이 1개씩 들어 있다.

쓰임새 씨앗에서 기름을 짠다.

꽃과 열매   잎차례

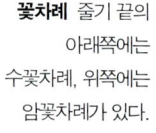
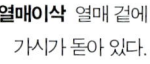

줄기와 잎 줄기가 높이 자라며, 잎은 벌린 손가락처럼 생겼다.

꽃차례 줄기 끝의 아래쪽에는 수꽃차례, 위쪽에는 암꽃차례가 있다.

암꽃차례
수꽃차례

열매이삭 열매 겉에 가시가 돋아 있다.

물봉선

Impatiens textori Miq.

무환자나무목 봉선화과 | 야봉선, 좌라초, 가봉선

물봉선은 개울가, 축축한 숲길, 깊은 산골짜기의 물가처럼 물기가 많은 곳에서 잘 자란다. 일본, 중국, 러시아 연해주 등에서도 자란다.

줄기는 무르며 살과 즙이 많고 붉다. 잎은 줄기에 어긋나게 붙고 아래쪽이 좁아져서 잎자루처럼 된다. 가지 끝의 잎겨드랑이에서 나온 긴 꽃줄기에 붉은 자주색 꽃이 어긋나게 달린다. 꽃잎은 3장인데 그 중에서 양쪽에 있는 2장은 길이 약 3cm로 크다. 꿀주머니는 넓고 자주색 얼룩점이 있으며, 끝으로 갈수록 좁아지다가 안쪽으로 말린다. 노란 꽃이 피는 것은 노랑물봉선, 흰 바탕에 자주색 점이 있는 꽃이 피는 것은 흰물봉선이라고 한다. 열매는 손가락으로 살짝 치기만 해도 금세 터지면서 씨앗이 사방으로 튀어 나간다. 그래서 '나를 건드리지 마세요'라는 꽃말이 생겼다.

봉숭아와 달리 손톱에는 물이 안 들지만 천이나 종이에 물이 잘 들어서 염색 원료로 쓴다. 씨앗은 뱀에 물린 곳의 독을 없애고 멍을 풀어서 약으로 쓴다.

사는 곳 우리나라 전국에서 저절로 자란다.

모습 여러해살이풀. 높이가 약 60cm다. 줄기에 볼록한 마디가 있지만 털은 없다.

잎 어긋나기. 길이 6~15cm, 너비 3~7cm로 넓은 피침꼴이다. 끝이 뾰족하며 가장자리에 날카로운 톱니가 있다.

꽃 총상꽃차례. 8~9월에 핀다. 붉은 자주색이며 꽃잎과 꽃받침조각이 각각 3장, 암술이 1개, 수술이 5개 있다.

열매 삭과. 10월에 익는다. 길이 1~2cm로 피침꼴이다. 익으면 껍질이 저절로 터져 뒤로 말리면서 씨앗이 튀어 나온다.

쓰임새 씨앗은 약으로, 꽃은 염색 원료로 쓴다.

꽃과 열매    잎차례

무리지어 꽃 핀 모습 물기가 많은 곳에서 자란다.

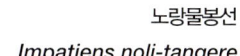
꽃 자주색 얼룩점이 있고 끝이 돌돌 말린 부분이 꿀주머니다.

노랑물봉선
Impatiens noli-tangere

흰물봉선
Impatiens textori for. *astrosanguinea*

봉숭아

Impatiens balsamina L. | jewelweed, garden balsam, touch-me-not

쥐손이풀목 봉선화과 | 봉선화, 금봉화, 봉이, 봉새

봉숭아는 본래 햇볕이 잘 드는 습지에서 잘 자라며, 전 세계에서 꽃을 보려고 원예 품종을 여러 가지 만들어 심어 가꾼다. 우리나라에서는 고려시대에 들여와 심었다고 한다. 한해살이풀이므로 씨앗을 심어 가꾸며, 아무데서나 잘 자라므로 가꾸기 쉽다.

보통 빨간 꽃이 피지만 품종에 따라 자주색, 노란색, 흰색, 분홍색 등 여러 색깔의 꽃이 피고 겹꽃도 핀다. 꽃자루가 밑으로 조금 처지며, 꽃 뒤에는 통 모양의 굽은 꿀주머니가 있다. 꽃잎 5장 중에서 양옆에 있는 큰 꽃잎은 서로 붙어 있다. 익은 열매는 살짝만 건드려도 껍질이 툭 하고 터져 뒤로 말리면서 씨앗이 멀리 튀어 나가는데, 이 점은 봉선화과 식물의 특징이다.

예로부터 잎이나 꽃잎에 백반을 넣고 빻아서 손톱을 빨갛게 물들였는데, 그러면 나쁜 일을 막을 수 있다고 믿었다. 천을 갈색으로 물들이는 데도 쓴다. 식물체 전부를 약으로 쓰는데, 통증을 줄이고 류머티즘성 관절염 등에 잘 듣는다고 한다.

사는 곳 원산지는 중국의 남부 지방, 인도, 말레이시아 등 동남아시아다. 우리나라 전국에서 심어 가꾼다.

모습 한해살이풀. 높이가 약 50cm다. 줄기는 곧게 자라면서 가지를 많이 친다.

잎 어긋나기. 길이 8~10cm, 너비 2~3cm로 긴 타원꼴이나 피침꼴이며, 가장자리에 톱니가 있다.

꽃 7~8월에 핀다. 잎겨드랑이에 보통 2~3송이 달린다. 꽃잎과 수술이 5개씩 있고, 꽃밥이 서로 이어져 있다.

열매 삭과. 8~9월에 익는다. 길이 약 1cm로 타원꼴이며, 겉에 모서리가 5개 있다. 노란빛이 도는 갈색 씨앗이 10개쯤 들어 있다.

쓰임새 꽃을 보려고 심어 가꾸고, 염색 원료나 약으로 쓴다.

꽃과 열매   잎차례

열매 익어서 씨앗이 저절로 터져 나오는 모습

여러 색깔의 꽃 붉은 꽃이 많이 피지만 품종에 따라 흰색, 분홍색, 자주색 꽃도 핀다.

접시꽃

Althaea rosea Cav. | hollyhock

아욱목 아욱과 | 촉규화, 접중화, 덕두화, 가지깽이고장, 단오금

접시꽃은 햇볕이 잘 들고 물이 잘 빠지는 곳이면 아무데나 자란다. 우리나라에서는 꽤 오래 전에 외국에서 들여와 심어 가꾸었다. 초기에는 홑꽃만 있고 색깔의 종류도 적었지만, 요즘에는 개량해서 겹꽃도 있고 색깔이 여러 가지다.

잎은 줄기에 어긋나게 붙고, 둥글지만 몇 갈래로 얕게 갈라져 손바닥처럼 보인다. 꽃은 잎겨드랑이에서 나온 짧은 꽃자루에 달리며, 꽃잎이 기왓장 포개지듯이 난다. 색깔은 주로 분홍색, 자주색, 흰색이며 품종에 따라 여러 가지다. 수술이 여러 개 무더기로 나와 암술대를 에워싸며, 암술머리는 여러 갈래로 갈라진다. 꽃이 접시 모양이지만, 원래 '접시꽃'은 열매가 오목한 접시처럼 생긴 데서 나온 이름이다.

어린 싹은 나물로 먹거나 국을 끓여 먹는다. 씨앗에서 짠 기름과 꽃은 오줌을 잘 누게 하고 변비를 낫게 해서 약으로 쓴다.

사는 곳 원산지가 중국이다. 우리나라 전국에서 심어 가꾼다.

모습 두해살이풀. 높이가 250cm 안팎이다. 줄기는 원기둥꼴이고 녹색이며 털이 있다.

잎 어긋나기. 둥글며 5~7갈래로 얕게 갈라진다. 가장자리에 톱니가 있으며 잎자루가 길다.

꽃 총상꽃차례. 6월에 핀다. 꽃잎과 꽃받침이 각각 5장이며, 꽃 밑에 작은 포 7~8장이 서로 붙어 있다.

열매 삭과. 9월에 익는다. 접시 모양이다.

쓰임새 꽃을 감상하려고 심고 뿌리, 줄기, 잎, 씨앗을 약으로 쓴다.

꽃과 열매   잎차례

열매 오목한 접시 모양이며 익으면 저절로 터져 씨앗이 사방으로 튄다.

꽃 잎겨드랑이에서 나온 짧은 꽃자루에 달린다.

목화

Gossypium indicum Lam. | cotton
아욱목 아욱과 | 면화, 면마, 초면, 당탄, 거흘화

목화는 인류가 가장 오랫동안 심어 가꾼 식물이다. 우리나라에서는 고려 공민왕 때, 문익점이 원나라에서 붓 뚜껑 속에 씨앗을 숨겨 들여와 심어 퍼뜨렸다.

꽃은 아침에 피었다가 저녁에 색깔이 변하면서 시든다. 꽃잎은 기왓장 포개지듯이 나며, 바탕은 옅은 노란색이지만 암술이 닿는 부분은 검붉다. 작은 술잔처럼 생긴 꽃받침 밑에는 작은 포가 3장 나는데 가장자리에 날카로운 톱니가 생긴다. 수술 수십 개가 암술 1개를 에워싼다. 열매가 익으면 싸고 있던 포가 벌어지면서, 희고 긴 솜으로 덮인 씨앗이 튀어 나온다. 솜은 씨앗의 겉껍질 세포 일부가 변해서 자란 것으로 아주 보드라운 올실 뭉치다.

씨앗에서 짠 기름은 식용유, 마가린, 비누의 원료로 쓰며 기름을 짜고 남은 깻묵은 거름이나 가축의 먹이로 쓴다. 씨앗은 피를 멎게 하고 장을 튼튼하게 하여 약으로도 쓴다.

사는 곳 원산지는 동아시아다. 우리나라 남부 지방에서 심어 가꾼다.

모습 한해살이풀. 높이가 약 60cm다. 줄기는 곧게 자라며 가지를 조금 친다.

잎 어긋나기. 둥그스름하고 3~5갈래로 갈라지며 털이 있다. 잎자루가 길며, 턱잎은 피침꼴이고 털이 있다.

꽃 8~9월에 핀다. 잎겨드랑이에서 나온 짧은 꽃자루에 1송이씩 달린다. 지름이 4cm 안팎이다.

열매 삭과. 9~10월에 익는다. 길이 3~4cm로 달걀꼴이다. 속은 3~5칸으로 나뉘어 있고, 칸마다 씨앗이 7~8개씩 들어 있다.

쓰임새 솜을 이불이나 옷 속에 넣고 실을 자아 천을 짜며 약으로 쓴다.

꽃과 열매  잎차례

열매 익어서 갈라지면 흰 솜에 싸인 씨앗이 튀어 나온다.

꽃 보통 해가 뜨면 옅은 노란색으로 활짝 피었다가, 날이 저물 무렵이면 자주색으로 바뀌면서 시든다.

아침에 핀 모습(위)
저녁에 시든 모습(아래)

아욱

Malva verticillata L. | verticillate mallow

아욱목 아욱과 | 동규

아욱은 햇볕이 잘 들면서 조금 축축하고 물이 잘 빠지는 땅에서 자라며, 한 번 심으면 그 자리에서 여러 해에 걸쳐 계속 번식한다. 오래 전부터 아시아와 유럽에서 약초로 심어 가꾸었고, 중국에서는 예로부터 으뜸가는 채소로 여겼다. 우리나라에서는 고려시대 전에 들어와 심었다고 한다.

줄기에는 여러 갈래로 갈라진 별 모양의 털이 길게 난다. 꽃은 잎겨드랑이에서 나온 짧은 꽃자루에 달리며, 꽃받침이 넓은 세모꼴로 갈라진다. 넓은 줄처럼 생긴 작은 포가 3장 있다. 실처럼 생긴 수술 10개가 짧은 암술대를 감싸고 있다.

어린 싹, 부드러운 잎과 줄기를 나물이나 국거리로 먹는다. 시금치보다 단백질과 칼슘이 더 풍부하며 비타민도 많이 들어서 어린이가 먹으면 아주 이롭다. 씨앗은 '동규자' 라고 하여 약으로 쓰는데, 변비 환자가 먹으면 장의 움직임이 활발해져 잘 낫고, 아기를 낳은 여자가 먹으면 젖이 잘 나온다고 한다.

사는 곳 원산지가 중국을 중심으로 한 북반구의 온대와 아열대 지방이라는 설이 있다. 우리나라 전국에서 심어 가꾼다.

모습 한해살이풀. 높이가 60~90cm다. 줄기는 원뿔꼴로 곧게 자란다.

잎 어긋나기. 둥그스름하고 5~7갈래로 얕게 갈라진다. 가장자리에 무딘 톱니가 있으며, 잎자루가 길다.

꽃 5~9월에 핀다. 옅은 분홍색이며, 꽃잎이 5장이고 꽃받침은 5갈래로 갈라진다.

열매 삭과. 8~9월에 익는다. 꽃받침에 싸여 있다.

쓰임새 먹거나 약으로 쓴다.

꽃과 열매  **잎차례**

잎 무성한 모습

열매 꽃받침에 싸여 있다.

꽃 잎겨드랑이에서 나온 짧은 꽃자루에 달린다.

당아욱
Malva sylvestris var. *mauritiana*
원산지는 유럽과 아시아며, 울릉도 바닷가에서 저절로 자란다. 꽃은 품종에 따라 색깔이 여러 가지다.

제비꽃

Viola mandshurica W. Becker | manchurian violet

제비꽃목 제비꽃과 | 오랑캐꽃, 씨름꽃, 장수꽃, 병아리꽃, 반지꽃, 앉은뱅이꽃, 자화지정

꽃의 모양과 색깔이 제비와 비슷하고, 제비가 찾아오는 봄에 핀다고 하여 '제비꽃'이라는 이름이 붙었다. 다 자라도 키가 한 뼘을 넘지 못할 만큼 아주 작으며, 햇볕이 잘 드는 풀밭이나 산기슭에서 잘 자란다.

꽃이 피기 전에는 피침꼴의 잎이 나오고, 꽃이 피면 달걀처럼 갸름한 세모꼴의 잎이 나온다. 제비꽃 종류는 꽃이 '열린꽃'과 '닫힌꽃'으로 2가지 핀다. 우리가 흔히 보는 꽃은 열린꽃으로, 곤충의 도움으로 꽃가루받이를 한다. 꽃잎이 벌어지지 않는 닫힌꽃은 열린꽃이 나온 뒤에 나오며, 스스로 꽃가루받이를 하여 열매를 맺는다. 꽃 속에는 길이 0.5~0.7cm에 원기둥꼴인 꿀주머니가 있다. 열매가 익으면 3갈래로 갈라지면서 껍질이 뒤로 젖혀지고 껍질 속에 가지런하게 찬 씨앗이 드러난다. 품종이 아주 많으며, 우리나라에 있는 것만도 40가지 이상이다. 꽃과 열매의 기본적인 생김새는 같지만, 사는 곳에 따라 전체 모습과 꽃 색깔이 조금씩 다르다.

어린 잎이나 꽃으로는 나물, 국, 튀김, 밥 등을 만들어 먹는다. 통째로 약을 만드는데, 독을 풀고 설사를 멎게 하며 오줌을 잘 누게 한다. 잎으로는 노란 물을 들이고, 꽃은 향기가 좋아서 향수의 원료로 쓴다.

사는 곳 우리나라 전국에서 저절로 자란다.

모습 여러해살이풀. 높이가 10cm 안팎이다. 길게 뻗은 뿌리 위에서 뿌리줄기가 길이 0.3~1cm로 자란다. 줄기는 없다.

잎 모여나기. 뿌리 둘레에 난다. 길이가 3~8cm고 가장자리에 무딘 톱니가 있으며 잎자루가 길다.

꽃 4~5월에 핀다. 잎겨드랑이에서 나온 길이 5~20cm 되는 꽃자루에 달린다. 남보라색이며 꽃잎과 꽃받침이 각각 5장, 수술이 5개, 암술이 1개다.

열매 삭과. 6~7월에 익는다. 넓은 타원꼴이며 털이 없다.

쓰임새 마당이나 화분에 심어 집안을 꾸미며, 먹거나 약으로 쓴다.

꽃과 열매   잎차례

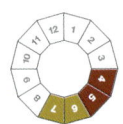

별명에 얽힌 이야기

오랑캐꽃 - 옛날에 제비꽃이 필 무렵이면 북쪽의 오랑캐가 쳐들어오고, 꽃 밑에 부리처럼 길게 튀어 나온 부분이 오랑캐의 머리채를 닮았다고 해서 붙은 이름이다.

씨름꽃, 장수꽃 - 꽃 모양이 씨름하는 모습을 닮았고, 갈고리처럼 생긴 꽃받침을 서로 얽어 잡아당겨 누구 꽃이 먼저 끊어지는지 내기하는 놀이를 해서 붙은 이름이다.

반지꽃, 병아리꽃 - 꽃으로 예쁜 반지를 만들 수 있고, 이른 봄에 가녀리게 핀 모습이 알에서 갓 나온 병아리 같다고 해서 붙은 이름이다.

앉은뱅이꽃 - 키가 작아서 붙은 이름이다. "보랏빛 고운 빛 우리 집 문패꽃 / 꽃 중의 작은 꽃 앉은뱅이랍니다" 하는 동요 속의 '앉은뱅이'는 제비꽃을 말한다.

열린꽃

익어 벌어진 열매

열매를 맺은 모습

무리지어 꽃 핀 모습 키는 작아도 꽃 색깔이 남보라색으로 화려하다.

꽃이 핀 모습 제비꽃은 자라는 곳의 환경에 따라 꽃 색깔이 조금씩 다르다.

1 남산제비꽃
Viola chaerophylloides
3갈래로 갈라진 잎 조각이 다시 날개 모양으로 갈라져서 5갈래로 갈라진 듯하며, 흰 꽃이 핀다.

2 태백제비꽃
Viola albida
잎이 길고 세모지며, 희고 향긋한 꽃이 핀다.

3 노랑제비꽃
Viola orientalis
잎이 길고 심장꼴이며 가장자리에 무딘 톱니가 있다. 노란 꽃이 피며, 산의 높은 곳에서 자란다.

4 고깔제비꽃
Viola rossii
잎이 나올 때 아래쪽이 속으로 말려서 고깔처럼 되며, 다 펴지면 심장꼴이다. 옅은 자주색 꽃이 핀다.

팬지

Viola × *wittrockiana* Hort. | pansy

제비꽃목 제비꽃과

팬지는 유럽에서 제비꽃과에 딸린 식물 가운데 삼색제비꽃과 비슷한 종류를 여럿 섞어 만든 원예 품종이다. 전 세계에서 가장 널리 심어 가꾸는 봄꽃이며, 우리나라에서도 봄이면 꽃가게에서 모종분에 담아 많이 판다. 개량하는 과정에서 워낙 많은 종을 섞다 보니 결국 모양과 색깔이 저마다 다른 수십 가지의 팬지를 만들게 되었고, 그 모든 종을 통틀어 '팬지'라고 일컫는다.

꽃은 잎겨드랑이에서 나온 꽃줄기에 옆을 향해 달리며, 녹색의 꽃받침잎과 둥근 꽃잎이 5장씩 있다. 흰색, 노란색, 보라색을 비롯해 품종에 따라 갈색, 파란색, 여러 종류 섞인 색 등 여러 색깔을 띤다. 보통 꽃잎 5장 중에서 3장은 여러 종류 섞인 색, 2장은 1가지 색이다. 크기도 지름 약 2cm인 작은 것에서 10cm쯤 되는 큰 것까지 다양하다. 꽃잎은 저마다 모양이 다르고 많이 겹치며, 꿀주머니가 아주 작다.

사는 곳 원산지는 유럽이다. 우리나라 전국에서 심어 가꾼다.

모습 한해살이나 두해살이풀. 높이가 12~20cm다. 줄기는 곧게 자라면서 가지를 친다.

잎 어긋나기. 긴 타원꼴이나 피침꼴이며, 가장자리에 무딘 톱니가 있다. 잎자루보다 긴 턱잎은 가장자리가 깃꼴로 깊이 갈라진다.

꽃 4~5월에 핀다. 잎겨드랑이에서 나온 긴 꽃줄기에 1송이씩 달린다. 꽃잎과 꽃받침잎이 각각 5장이다.

열매 삭과. 6~7월에 익으며, 달걀꼴이다.

쓰임새 꽃을 감상하며, 식물체 전부를 약으로 쓴다.

꽃과 열매

잎차례

삼색제비꽃 *Viola tricolor* L. var. *hortensis*

열매

여러 가지 품종
흰색, 노란색, 보라색 등 37가지 색깔을 지닌 삼색제비꽃과 비슷한 여러 종류를 섞어서 가지각색의 팬지 품종을 만든다.

수박

Citrullus vulgaris Schrad. | watermelon
박목 박과 | 서과, 한과, 수과, 타자, 대과

수박은 이집트의 고대시대부터 심어 가꾸었다고 하며, 우리나라에서는 조선시대 전에 들여와 심었다고 한다. 물이 잘 빠지는 땅에 심는 것이 좋으며, 온도가 높고 햇볕을 오래 쪼일 수 있는 곳에서 가꾸어야 잘 자라고 맛이 더 달다.

줄기에는 흰 털이 나며, 줄기의 마디와 잎겨드랑이에서 덩굴손이 나와 자란다. 꽃은 잎겨드랑이에 1송이씩 달리며, 한 그루에 수꽃과 암꽃이 따로 핀다. 수꽃에는 수술이 3개 있고, 암꽃에는 머리가 3갈래로 갈라진 암술이 1개 있다. 열매는 아주 크고 품종에 따라 모양과 껍질 색깔이 다르다. 과육은 보통 빨갛지만 품종에 따라 희거나 노랗기도 하며, 물이 많고 매우 달다. 열매 속에는 검고 납작한 달걀꼴 씨앗이 보통 500개쯤 들어 있다.

열매는 목을 축이고 더위를 가시게 해서 여름에 즐겨 먹으며, 마음을 편안하게 하고 오줌을 잘 누게 해서 약으로 쓴다.

사는 곳 원산지는 아프리카다. 우리나라 전국에서 심어 가꾼다.

모습 한해살이 덩굴풀. 줄기가 땅 위로 가지를 치면서 길이 약 200cm로 길게 뻗는다.

잎 어긋나기. 옅은 녹색이며 길이 10~18cm다. 중심맥에 닿을 만큼 깃꼴로 깊이 갈라지고, 가장자리에 고르지 않은 톱니가 있다.

꽃 암수한그루. 5~6월에 핀다. 옅은 노란색이며 지름이 약 3.5cm다. 꽃잎과 꽃받침이 각각 5갈래로 갈라진다.

열매 장과. 7~8월에 익는다. 둥글거나 갸름하다. 보통 껍질은 녹색 바탕에 검푸른 줄무늬가 있고, 과육이 빨갛다.

쓰임새 먹거나 약으로 쓴다.

꽃과 열매 잎차례

열매 껍질은 녹색 바탕에 검푸른 줄무늬가 있고, 빨간 과육에는 검은 씨앗이 박혀 있다.

수꽃(위)**과 암꽃**(아래)
잎겨드랑이에 1송이씩 달린다.

호박

Cucurbita moschata Duchesne | pumpkin, squash

박목 박과 | 동지

호박은 덩굴식물로, 자랄 때 다른 물체를 감고 올라간다. 이것은 햇볕을 많이 받아 광합성을 잘 하려고 주변 공간을 이용하려는 것이다.

씨앗을 뿌리고 4~5일쯤 지나면 싹이 트고 그 뒤로 3일쯤 지나면 떡잎이 나온다. 꽃은 여름부터 가을까지 열매를 맺으면서 줄곧 핀다. 잎겨드랑이에 1송이씩 달리며, 암꽃과 수꽃이 한 그루에서 따로 핀다. 암꽃은 꽃자루가 짧고 꽃받침조각이 잎처럼 생겼으며, 밑에 둥글고 긴 씨방이 있다. 수꽃은 꽃자루가 길며 꽃받침조각이 가늘고 길다. 암꽃이 꽃가루받이를 가장 잘 하는 때는 꽃 핀 날 새벽 4~6시라고 한다. 열매는 품종에 따라 모양이나 색깔, 쓰임새가 조금씩 다르다. 어린 호박(애호박)은 녹색인데 꽃이 핀 뒤 7~10일쯤 되면 딸 수 있고, 다 익어서 누렇게 된 것은 2달쯤 지나야 딸 수 있다.

어린 호박은 나물이나 찌개, 부침개 등 갖가지 음식을 만들어 먹고, 어린 싹이나 잎은 데쳐서 쌈을 해먹는다. 뿌리, 줄기, 덩굴손, 꽃 등은 독이나 고름을 없애고 병균을 죽이는 효능이 있어서 약으로 쓴다.

사는 곳 원산지는 열대 지방이다. 우리나라 전국에서 심어 가꾼다.

모습 한해살이 덩굴풀. 줄기는 덩굴지면서 뻗고 부드러운 털이 나며 모서리가 5개 있다. 잎겨드랑이에서 덩굴손이 나온다.

잎 어긋나기. 심장꼴이며 5갈래로 얕게 갈라진다. 가장자리에 톱니가 있으며, 잎자루가 길다.

꽃 암수한그루. 6~10월에 노랗게 핀다. 수꽃은 꽃자루가 길지만 암꽃은 짧다.

열매 장과. 8~10월에 누렇게 익는다. 속에는 둥글납작한 씨앗이 있다.

쓰임새 먹거나 약으로 쓴다.

꽃과 열매  잎차례

수꽃과 덩굴손
잎겨드랑이에 노란 통꽃이 1송이씩 달린다.

암꽃봉오리를 자른 모습(왼쪽)
수꽃을 자른 모습(오른쪽)

줄기와 뿌리를 뻗은 모습

열매가 달린 모습

암꽃 꽃가루받이를 끝내고 시들었다.

열매 다 익으면 씨앗과 주황색 속을 파내고 단단한 살로 죽을 쑤든지 떡이나 엿을 만들어 먹고, 씨앗은 말려서 까먹는다.

참외

Cucumis melo var. *makuwa* Makino | oriental melon

박목 박과 | 첨과

참외는 우리나라에서 삼국시대부터 심어 가꾸었다고 한다. 뿌리를 땅 속에 깊이 20cm쯤만 내려서 가물면 금세 해를 입는다.

꽃은 암꽃과 수꽃이 한 그루에 따로 핀다. 수꽃의 수술 3개 중에서 1개는 꽃밥이 반밖에 없다. 꽃이 핀 지 1달쯤 지나면 열매를 딸 수 있다. 열매는 보통 노랗고 원기둥꼴이며, 품종에 따라 색깔과 모양이 다르다.

열매는 여름에 즐겨 먹고, 어린 잎은 소의 먹이로 쓴다. 뿌리, 줄기, 잎, 꽃, 씨앗, 덜 익은 열매의 꼭지를 약으로 쓴다. 열을 내리고 목을 축이며, 오줌을 잘 누게 하고 입이나 코에 난 부스럼을 없앤다고 한다.

사는 곳 원산지는 인도다. 우리나라 전국에서 심어 가꾼다.

모습 한해살이 덩굴풀. 털 달린 줄기가 옆으로 길게 뻗는다. 잎겨드랑이에서 덩굴손이 나와 다른 물체를 감으면서 올라간다.

잎 어긋나기. 얕게 갈라지고 가장자리에 톱니가 있으며 잎자루가 길다.

꽃 암수한그루. 6~7월에 노랗게 핀다.

열매 장과. 7~8월에 노랗게 익는다. 원기둥꼴이다. 씨앗은 노란빛이 도는 흰색이고 납작하다.

쓰임새 열매를 먹고, 어린 잎은 가축의 먹이로 쓴다.

꽃과 열매   잎차례

열매가 달린 모습

개구리참외 겉에 녹색 줄무늬가 있고 속은 다홍색이다.

꽃 노란 통꽃이며, 위쪽이 5갈래로 갈라져 젖혀졌다.

오이

Cucumis sativus L. | cucumber

박목 박과 | 외, 물외

오이는 인도 서북부의 히말라야 산록에서 3,000년 전부터 심어 가꾸었으며, 우리나라에서는 통일신라시대에 들여왔다고 한다. 햇볕이 잘 들고 바람이 잘 통하는 곳에서 자라며, 온도가 낮으면 제대로 자라지 못한다. 덩굴지면서 다른 물체를 타고 오르므로, 가꿀 때는 줄을 매거나 버팀대를 세워 감고 올라가게 한다. 자라는 기간이 짧고 빨리 늙는다.

꽃은 노랗고 주름진다. 수꽃에는 수술이 3개 있으며, 암꽃에는 가시 모양의 털이 달린 씨방이 있다. 열매는 긴 원기둥꼴이며, 껍질의 가시 돋은 자리가 두툴두툴하다.

다 익기 전의 녹색 열매는 날로 먹거나 나물, 김치, 피클 등을 해먹는다. 노르스름한 갈색으로 익은 오이는 '노각'이라고 하며 생채나 장아찌를 만든다. 뿌리나 줄기, 잎을 약으로 쓰는데, 오줌을 잘 누게 하고 독을 없애며 몸 속의 물기를 알맞게 해준다고 한다.

사는 곳 원산지는 인도다. 우리나라 전국에서 심어 가꾼다.

모습 한해살이 덩굴풀. 온몸에 굵은 털이 난다. 잎겨드랑이에서 덩굴손이 나와 다른 물체를 감으면서 올라간다.

잎 어긋나기. 얕게 갈라진 손바닥 모양이고 가장자리에 톱니가 있다. 잎자루는 길이 8~15cm다.

꽃 암수한그루. 5~6월에 핀다. 지름 약 3cm로 노란 통꽃이며, 위쪽이 5갈래로 갈라져 넓게 벌어진다.

열매 장과. 7~8월에 익는다. 길이가 15~30cm다. 씨앗은 노란빛이 도는 흰색이고 피침꼴이다.

쓰임새 먹거나 약으로 쓴다.

꽃과 열매 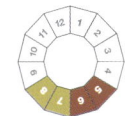 잎차례

꽃과 덩굴손

열매 녹색으로 자라다가 노스름한 갈색으로 익는다.

버팀대를 타고 자라 열매를 맺은 모습

박

Lagenaria leucantha Rusby | calabash gourd, bottle gourd, white flowered gourd

박목 박과 | 참조롱박, 박덩굴, 포과

박은 씨앗이 200일 이상 바다를 떠다니고도 무사히 싹텄다는 기록이 있을 만큼, 싹트기까지 오랜 시간이 걸린다. 그래서 원산지인 아프리카를 떠나 멀리 브라질 같은 남아메리카까지 건너가 퍼졌다.

잎이 줄기에 어긋나게 붙고, 덩굴손은 잎과 마주보면서 난다. 수박이나 참외, 오이처럼 박과에 딸린 식물은 보통 노란 꽃이 피는데 박만 흰 꽃이 핀다. 잎겨드랑이에 1송이씩 달리며, 오후 5~6시에 피어서 이튿날 아침 5~7시에 시든다. 수술은 3개며 꽃밥이 붙어 있고, 암술머리는 3갈래로 갈라진다. 꽃 피기 10시간 전부터 시들 때까지 꽃가루받이를 한 뒤에 10일쯤 지나면 씨방이 갑자기 자라서 큰 열매가 된다.

열매를 반으로 쪼개 흰 속을 파내고 삶아서 말리면 바가지가 된다. 열매가 다 익기 전에 속을 빼내고 오려서 말린 '박고지'로는 반찬을 만든다. 열매와 씨앗, 단단하게 굳은 열매의 껍질은 약으로 쓴다.

사는 곳 원산지는 아프리카와 열대 아시아다. 우리나라 전국에서 심어 가꾼다.

모습 한해살이 덩굴풀. 전체에 짧은 털이 나며, 덩굴손으로 다른 물체를 감으면서 올라간다.

잎 어긋나기. 얕게 갈라진 손바닥 모양이며, 부드러운 털이 난다.

꽃 암수한그루. 7~9월에 핀다. 지름 5~10cm로 흰 통꽃이며 위쪽이 5갈래로 갈라진다.

열매 장과. 9~10월에 익는다. 지름 약 30cm로 아주 크며, 공처럼 둥글다. 두꺼운 껍질이 점점 딱딱해진다.

쓰임새 먹거나 약으로 쓰며, 껍질로 바가지를 만든다.

꽃과 열매 **잎차례**

박이 주렁주렁 달린 모습 플라스틱이 없던 시절에는 박 열매로 만든 바가지를 썼다.

꽃 잎겨드랑이에 흰 통꽃이 1송이씩 달린다. 수꽃은 꽃자루가 길고 암꽃은 짧으며, 암꽃 밑에는 볼록한 씨방이 있다.

버팀대를 감고 자라 꽃이 핀 모습

수세미오이

Luffa cylindrica Roemer | sponge gourd
박목 박과 | 수세미, 수세미외

열매가 오이처럼 생긴데다 열매 속의 섬유는 설거지할 때 수세미로 써서 '수세미오이'라는 이름이 붙었다.

 잎은 줄기에 어긋나게 달리고 겉이 꺼칠꺼칠하며 가장자리에 톱니가 있다. 덩굴손은 잎과 마주 붙어 난다. 암꽃과 수꽃이 한 그루에 따로 피는데, 암꽃은 잎겨드랑이에서 나온 꽃줄기에 1송이씩 달리고 수꽃은 여러 송이 길게 모여 달린다. 열매는 녹색으로 열어서 익으면 누렇게 된다. 겉에 세로로 아주 얕게 파인 골이 있고, 속에는 까맣고 동글납작한 씨앗이 있다.

 어린 열매는 먹지만, 익어서 속에 그물 같은 섬유가 발달한 열매는 먹지 않고 껍질을 벗겨 씨앗과 과육을 긁어낸 뒤에 수세미로 쓴다지 슬리퍼나 모자의 속으로 쓴다. 줄기는 땅 위로 높이 30cm쯤에 있는 부분을 잘라서 즙을 뽑아 화장품의 원료로 쓴다. 열매는 열을 내리고 독을 없애므로 약으로 쓴다.

사는 곳 원산지는 열대 아시아다. 우리나라 전국에서 심어 가꾼다.

모습 한해살이 덩굴풀. 줄기는 길이 약 1,200cm까지 자라며, 겉에 모서리가 5개 있다. 덩굴손이 나와 다른 물체를 감으면서 올라간다.

잎 어긋나기. 손바닥 모양으로 몇 갈래 갈라지고, 잎자루가 길다.

꽃 암수한그루. 8~9월에 핀다. 지름 5~10cm로 노란 통꽃이며, 위쪽이 5갈래로 갈라진다.

열매 장과. 9~10월에 노랗게 익는다. 긴 원통꼴이며 길이는 보통 30~60cm로, 크게 자라면 100~200cm에 이른다.

쓰임새 먹거나 약으로 쓰며, 화장품의 원료나 수세미로 쓴다.

꽃과 열매   잎차례

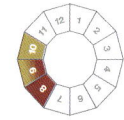

수꽃 노란 통꽃이며, 위쪽이 5갈래로 갈라져서 넓게 벌어졌다.

버팀대를 감고 자라 꽃이 핀 모습

열매 겉에는 세로로 파인 골이 있고, 속에는 성긴 섬유와 끈적끈적한 과육, 까만 씨앗이 있다.

마름

Trapa japonica Flerov. | water caltrops, jesuits-nut, water chestnut

도금양목 마름과 | 물밤, 말밤, 말뱅

마름은 강이나 내를 낀 낮고 습한 땅, 연못, 늪 같은 곳에서 많이 자란다. 잎자루 가운데에 공기주머니가 있어서 잎이 물 위에 잘 뜬다.

물 속의 줄기는 깊이에 따라 키를 맞춘다. 진흙땅에 내린 뿌리는 몸을 고정하고 줄기 마디에 나는 깃꼴의 검은 뿌리는 물 속의 양분을 빨아들이는 구실을 한다. 잎은 줄기에 여러 장이 모여 달려 사방으로 퍼지면서 물 위를 덮는다. 잎 위쪽의 가장자리에는 들쭉날쭉한 톱니가 있고, 뒤쪽의 맥과 잎자루에는 털이 있다. 꽃은 잎겨드랑이에서 나온 짧은 꽃자루에 달려, 물 위를 향해 피었다가 꽃가루받이가 끝나고 열매를 맺으면 아래로 굽어서 물 속으로 들어간다. 꽃자루와 꽃받침잎에는 털이 있다. 열매는 위쪽 가운데가 튀어 나왔으며, 꽃받침잎의 일부가 변한 두 끝은 가시처럼 뾰족하다.

열매는 먹거나 약으로 쓴다. '물에 사는 밤'이라는 별명대로 쪄먹으면 밤처럼 아주 고소한데, 최근에 암을 고치는 성분을 발견했다고 한다.

사는 곳 우리나라 전국에서 저절로 자란다.

모습 한해살이 물풀. 뿌리를 진흙 속에 내리며, 줄기가 물 표면까지 자라고 마디에서는 깃꼴의 뿌리가 나온다.

잎 모여나기. 길이 2.5~5cm, 너비 3~8cm로 옆으로 긴 마름모꼴이며, 가장자리에 톱니가 있다. 잎자루는 길이 약 20cm, 잎자루에 있는 공기주머니는 길이 1~5cm다.

꽃 7~8월에 핀다. 지름 약 1cm로 희다. 꽃잎과 꽃받침잎이 각각 4장이며 암술은 1개, 수술은 4개다.

열매 견과. 9~10월에 익는다. 지름 3~5cm로 검고 세모꼴이다.

쓰임새 먹거나 약으로 쓴다.

꽃과 열매  | 잎차례

물 위에 떠서 자라는 모습

열매가 달린 모습

꽃이 핀 모습

달맞이꽃

Oenothera biennis L. | evening primrose
도금양목 바늘꽃과 | 금달맞이꽃, 향대소초, 아래향, 월견초

꽃이 저녁에 노랗게 피어 아침이면 주홍색으로 시들어서 '달맞이꽃'이라는 이름이 붙었다. 길 가장자리나 빈터처럼 햇볕이 많이 드는 곳이면 아무데나 잘 자란다.

씨앗에서 싹이 트고 뿌리에서 나온 잎이 땅 위를 방석처럼 덮은 모습으로 겨울을 나며, 이듬해 봄이면 뿌리에서 줄기가 곧게 나오면서 잎이 어긋나게 난다. 잎의 가운데맥은 희어서 눈에 잘 띄며, 뿌리에 나는 잎은 잎자루가 길지만 줄기에 나는 잎은 톱니가 있으면서 잎자루가 짧다. 꽃은 꽃자루 없이 잎겨드랑이에 1송이씩 달리며, 꽃잎과 꽃받침잎이 4장씩 있다. 꽃잎이 심장꼴이며, 꽃받침잎은 2장씩 붙어 있고 피면 뒤로 젖혀진다. 수술은 8개, 암술은 1개며 암술머리가 4갈래로 갈라진다. 바늘꽃과에 딸린 식물은 모두 씨방이 아주 길고 씨방의 모양대로 열매가 된다.

꽃이 예뻐서 집 둘레를 꾸미기에 좋다. 뿌리는 열을 내리고 목구멍이나 기관지, 피부에 생긴 염증을 낫게 해서 약으로 쓴다.

사는 곳 원산지는 남아메리카의 칠레다. 우리나라 전국에서 심어 가꾼다.

모습 두해살이풀. 높이가 30~120cm다. 줄기는 곧게 자라고 위쪽에서 가지를 치며 긴 털이 성기게 난다.

잎 뿌리에서는 모여나기, 줄기에서는 어긋나기. 뿌리에 나는 잎은 길이 10~20cm로 사방으로 퍼지고, 줄기에 나는 잎은 길이 5~6cm다.

꽃 총상꽃차례. 6~9월에 핀다. 지름이 3~5cm다.

열매 삭과. 9~10월에 익는다. 길이가 2~2.8cm다. 익으면 4갈래로 갈라지면서 검은 씨앗이 튀어 나온다.

쓰임새 어린 잎을 소에게 먹이고, 뿌리는 약으로 쓴다.

꽃과 열매   잎차례

꽃 잎겨드랑이에 꽃자루 없이 1송이씩 달려 있다.

무리지어 꽃 핀 모습 저녁에 노랗게 핀다.

열매 긴 타원꼴이며 겉에 털이 있다.

물수세미

Myriophyllum verticillatum L. | water milfoil, pondweed
도금양목 개미탑과

물수세미는 연못이나 늪에서 무리지어 자란다. 줄기 속에 공기가 드나드는 구멍이 있어서 물 위에 잘 뜬다. 줄기는 대부분이 물 속에 잠기고, 조금은 물 밑 땅 속에 들어가서 퍼지며, 남은 부분은 물 위로 떠오른다.

잎은 어느 곳에서 자라느냐에 따라 색깔과 모양이 다르다. 물 속에서 자라는 것은 햇볕을 못 받아서 광합성을 못 하므로 갈색이 섞인 녹색이며, 양분을 잘 흡수하고 물살을 견디도록 실처럼 가늘다. 물 밖에서 자라는 것은 햇볕을 받아 광합성을 하므로 흰빛을 띤 녹색이며, 물살이 덜 미치므로 넓고 짧다.

꽃은 물 위로 나온 줄기의 잎겨드랑이에 1송이씩 달리는데, 잎과 잎 사이에 꽃이 숨어 있는 듯하다. 수꽃은 꽃잎이 4장이며, 수술 8개가 꽃잎 밖으로 나온다. 암꽃의 꽃받침은 단지 모양이고 모서리가 4개 있으며 위쪽이 4갈래로 갈라진다.

사는 곳 우리나라 중부 이북 지방에서 저절로 자란다.

모습 여러해살이 물풀. 높이가 약 50cm다. 줄기의 아래쪽은 땅 속으로 들어가 뿌리줄기가 되며, 위쪽은 물 위에 뜬다.

잎 돌려나기. 4장씩 난다. 깃꼴로 깊이 갈라지고 잎자루가 없다.

꽃 수상꽃차례. 8월에 핀다. 옅은 노란색이며 수꽃은 줄기 위쪽에, 암꽃은 아래쪽에 달린다.

열매 9~10월에 익는다. 길이 약 0.25cm로 좀 갸름하면서 둥글다.

쓰임새 어항을 꾸미거나 깨끗이 하려고 속에 넣어서 가꾼다.

꽃과 열매    잎차례

수꽃차례

암꽃차례

이삭물수세미
Myriophyllum spicatum
물수세미보다 잎이 더 가늘게 갈라진다. 물 위로 쭉 뻗는 줄기 끝에 수상꽃차례가 층층이 생기고, 꽃받침통은 종 모양이다.

물수세미 햇볕을 많이 받아 녹색을 띠고 줄기 아래쪽은 땅 속으로 들어가 뿌리줄기가 된다.

인삼

Panax schinseng Nees | ginseng
산형목 두릅나무과

뿌리가 사람의 몸과 비슷하게 생겼다고 해서 '인삼'이라고 한다. 깊은 산 숲 속에서 저절로 자라기도 하지만, 보통 약으로 쓰려고 심어 가꾼다. 기름지고 물이 잘 빠지며 그늘진 곳에서 잘 자라며, 가꿀 때는 발 같은 것을 쳐서 햇볕을 가려야 한다.

인삼을 가리키는 말은 여러 가지다. 밭에 심어 가꾸는 것은 '가삼', 산에서 저절로 자라는 것은 '산삼', 산에 씨앗을 뿌려서 저절로 자라게 한 것은 '장뇌'라고 한다. 밭에서 가꿀 때는 보통 씨앗을 뿌리는데, 3년쯤 지나면 열매를 맺으면서 포기를 점점 늘려 4~6년쯤 지나면 다 자라서 캔다. 산삼은 수백 년 동안 자라는 것도 있다. 우리가 먹는 부분은 뿌리다. 아주 굵은 뿌리에 실처럼 가는 곁뿌리가 나며, 뿌리 위쪽에서 뿌리줄기가 나온다. 줄기는 뿌리줄기 끝에서 나오고 잎은 줄기 끝에 달린다. 잎 사이에서 긴 꽃줄기가 올라오고 그 끝에 짧은 꽃자루가 여러 개 나오며 꽃자루마다 작은 꽃이 달린다.

주로 뿌리를 약으로 쓰는데, 기운을 돋우고 몸을 튼튼하게 하며 암 같은 병을 잘 견디는 힘을 길러 준다.

사는 곳 우리나라 전국에서 저절로 자라거나 심어 가꾼다.

모습 여러해살이풀. 높이가 약 60cm다. 뿌리는 막대 모양이며, 짧은 뿌리줄기에서 줄기가 1개 나온다.

잎 돌려나기. 어릴 때는 3~4장이 한 곳에 한꺼번에 달린다. 다 자라면 작은 잎 5장으로 된 겹잎이 달리며, 작은 잎은 긴 타원꼴이며 가장자리에 잔 톱니가 있다.

꽃 암수한그루. 산형꽃차례. 4월에 핀다. 옅은 녹색이며, 꽃잎과 꽃받침잎이 5장씩 있다.

열매 핵과. 7~8월에 붉게 익으며, 동글납작하다.

쓰임새 먹거나 약으로 쓴다.

꽃과 열매   잎차례

어릴 때의 모습

열매 꽃이 진 자리에 달려서 꽃차례 모양대로 빨갛게 익는다.

뿌리 생김새가 사람의 몸과 비슷하다.

꽃차례 같은 길이의 꽃자루 여러 개가 공처럼 둥글게 모여 나고 끝에 옅은 녹색 꽃이 달린다.

당근

Daucus carota var. *sativa* DC. | carrot

산형목 산형과 | 홍당무

당근은 원산지에서 한해살이풀이지만, 심어 가꾸는 곳에서는 두해살이풀이다. 우리나라 바닷가에서 저절로 자라는 '갯당근'은 당근과 비슷하게 생겼고 당근의 기본 특징을 지녔다.

우리가 먹는 뿌리는 아주 굵고, 주로 주홍색이지만 품종에 따라 붉거나 노랗기도 하다. 싹이 튼 지 2~3개월 되었을 때 뽑아 먹는 것이 가장 좋다. 산형과에 딸린 식물은, 꽃줄기에서 같은 길이로 나와 우산살처럼 펼쳐진 꽃자루 끝에 꽃이 달려 산형꽃차례를 이루는 공통점이 있다. 당근도 산형꽃차례를 이루는데, 꽃자루가 여러 갈래로 가지를 쳐서 겹산형꽃차례를 이루며 한 꽃줄기에 꽃이 3,000~4,000송이 달린다.

뿌리는 맛이 달고 비타민 A와 C가 풍부하여 샐러드를 해먹거나 갖은 요릿감으로 쓴다. 뿌리와 열매는 소화를 돕고 기침을 멎게 하며 밤에 눈이 침침해지는 병을 낫게 하여 약으로 쓴다. 기생충을 없애거나 암을 고치는 데도 쓴다.

사는 곳 원산지가 아프가니스탄과 지중해 지방이라는 설이 있다. 우리나라 전국에서 심어 가꾼다.

모습 두해살이풀. 높이가 약 100cm다. 땅 속으로 원뿔꼴의 굵은 뿌리를 곧게 내리고, 땅 위로는 곧은 줄기가 가지를 치면서 올라간다.

잎 어긋나기. 3~4번에 걸쳐서 깃꼴로 아주 가늘게 갈라진다.

꽃 산형꽃차례. 7~8월에 핀다. 줄기나 가지 끝에 달리며, 흰색이다. 꽃잎과 꽃받침잎이 5장씩 있다.

열매 분과. 9월에 익는다. 긴 타원꼴이며, 가시처럼 생긴 털이 있다.

쓰임새 먹거나 약으로 쓴다.

꽃과 열매  잎차례

뿌리와 줄기 원뿔꼴로 뿌리를 곧게 내리며, 줄기는 높이 100cm쯤 자란다.

땅 속에서 캔 뿌리

꽃차례 흰 꽃 수천 송이가 모여 우산 모양의 꽃차례를 이룬다.

미나리

Oenanthe javanica (Bl.) DC. | water dropwort
산형목 산형과 | 멧내기, 미나기, 수근

미나리는 제주도에서 함경도에 이르기까지 들판의 물기 있는 곳이나 냇가에서 저절로 자란다. 보통 물을 댄 논이나 밭에 심어 가꾸는데 그 논밭을 '미나리꽝'이라고 한다.

줄기는 곧게 서며, 속이 비고 겉에는 모서리가 있다. 줄기의 밑동에서 갈라져 나와 땅 위를 기는 줄기는, 가을에 마디에서 뿌리를 내리면서 땅 위로 새싹을 내민다. 잎과 마주 붙어서 나는 꽃줄기에 긴 꽃자루 5~15개가 우산살처럼 달리고, 긴 꽃자루 1개마다 짧은 꽃자루 10~25개가 다시 우산살처럼 달리면서 그 끝에 흰 꽃이 핀다.

줄기는 맛과 냄새가 독특해서 나물로 먹거나 김치의 양념으로 쓰며, 비린내를 없애려고 생선 매운탕에 넣는다. 단백질, 비타민, 무기질이 풍부해서 몸에 이롭다. 식물체 전부나 꽃을 약으로 쓰는데, 열을 내리고 부은 몸을 가라앉히며 오줌을 잘 누게 하고 혈압을 내린다고 한다.

사는 곳 우리나라 전국에서 저절로 자라거나 심어 가꾼다.

모습 여러해살이풀. 높이가 약 80cm다. 털이 없고, 줄기에서 갈라져 나온 가지는 땅 위를 기면서 마디에서 뿌리를 내린다.

잎 어긋나기. 작은 잎 여러 장이 1~2번에 걸쳐서 줄지어 붙은 깃꼴겹잎이다. 작은 잎은 길이 1~3cm로 달걀꼴이며 가장자리에 톱니가 있다.

꽃 겹산형꽃차례. 7~8월에 핀다. 줄기 위쪽에 여러 송이 모여 달리며, 흰색이고 꽃잎이 5장이다.

열매 분과. 9~10월에 익는다. 타원꼴이고 가장자리에 모서리가 있다.

쓰임새 먹거나 약으로 쓴다.

꽃과 열매  잎차례

꽃이 핀 모습 작은 꽃이 여러 송이 모여 우산 모양의 꽃차례를 이룬다.

기는줄기 옆으로 뻗고, 마디마다 새싹이 돋아 자라면서 포기가 늘어난다.

열매이삭

통꽃식물아강

앵초	페튜니아	쑥갓
까치수영	꽃며느리밥풀	국화
용담	참깨	구절초
나팔꽃	질경이	산국
메꽃	초롱꽃	코스모스
고구마	도라지	엉겅퀴
새삼	더덕	달리아
익모초	우엉	망초
들깨	솜다리	해바라기
살비아	쑥	잇꽃
고추	참취	씀바귀
토마토	도꼬마리	상추
담배	쑥부쟁이	머위
꽈리	도깨비바늘	루드베키아
감자	금잔화	백일홍
가지	과꽃	민들레

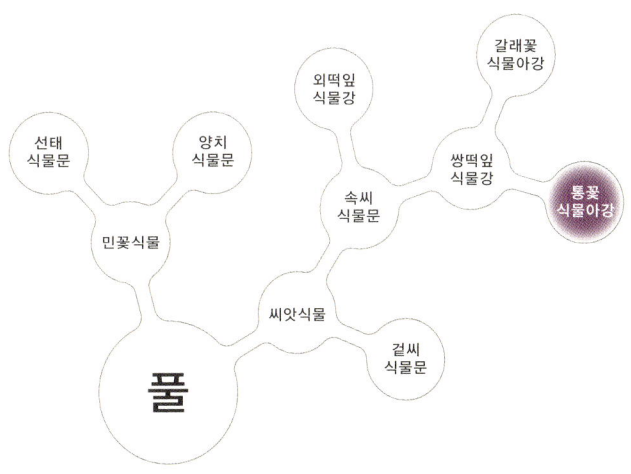

앵초

Primula sieboldi E. Morr. | siebold's primrose

앵초목 앵초과 | 풍륜초, 취란화, 연앵초, 깨풀, 야앵초

앵초는 희귀할 정도는 아니지만 찾기 어려운 식물이다. 숲 속의 골짜기나 개울 근처에서 햇볕이 잘 들고 물기가 좀 있는 땅에 잘 자라는데, 숲에서 그런 곳은 드물기 때문이다.

땅 속의 뿌리줄기가 옆으로 뻗으면서 군데군데 뿌리를 내려 포기를 늘리므로 무리지어 자란다. 뿌리에서 무더기로 나오는 잎은 주름지고 가장자리에 무딘 톱니가 있어서 어린 배춧잎 같다. 봄이면 잎 사이에서 나온 꽃줄기에 분홍색 통꽃이 우산 모양으로 여러 송이 모여 달린다.

앵초과의 앵초속에 딸린 꽃 중에서 심어 가꾸는 외래 품종은 속명 그대로 '프리물라'(primula)라고 한다. 알프스 같은 유럽에서 저절로 자라는 앵초를 개량한 품종으로, 전 세계에 500종류 이상이 있고 우리나라에서는 이른 봄에 공원이나 길가 꽃밭에 많이 심는다. 우리나라의 토종 앵초도 마당이나 화분에 심어 집안을 꾸미기에 좋다.

뿌리나 뿌리줄기는 기침을 멎게 하고 가래를 없애며 천식, 기관지염을 낫게 해서 약으로 쓴다.

사는 곳 우리나라 전국에서 저절로 자란다.

모습 여러해살이풀. 짧은 뿌리줄기가 비스듬히 자라면서 잔뿌리를 내리며, 곧게 자라는 줄기에는 부드러운 털이 있다.

잎 모여나기. 뿌리에서 나온다. 길이 4~10cm, 너비 3~6cm로 타원꼴이며 주름지고 얕게 갈라진다. 겉에 털이 있고 가장자리에 톱니가 있으며, 잎자루는 잎몸보다 1~4곱쯤 길다.

꽃 산형꽃차례. 4~5월에 핀다. 길이 15~40cm의 꽃줄기에 7~20송이 모여 달린다. 지름 2~3cm로 분홍색 통꽃이며, 위쪽이 5갈래로 갈라지면서 평평하게 퍼진다.

열매 삭과. 8월에 익는다. 넓고 평평한 원뿔꼴이며, 익으면 5갈래로 갈라진다.

쓰임새 꽃을 감상하고, 먹거나 약으로 쓴다.

꽃과 열매    잎차례

꽃차례 꽃줄기 끝에 분홍색 꽃 몇 송이가 모여 우산 모양의 꽃차례를 만든다.

꽃이 핀 모습

무리지어 꽃 핀 모습 숲 속의 양지 바르고 물기 있는 골짜기나 개울 근처에서 잘 자란다.

큰앵초 *Primula jesoana*
키가 앵초보다 크다. 잎은 앵초와 달리 심장꼴이고 7~9갈래로 얕게 갈라지며, 겉에 짧은 털이 나고 가장자리에 톱니가 있다. 꽃줄기가 잎자루보다 2곱쯤 길다. 꽃은 한 꽃줄기에 5~6송이씩 달리고 색깔이 앵초보다 더 짙다.

설앵초
Primula modesta var. *fauriae*
고산 지대에서 바위에 붙어 자란다. 잎 뒤쪽은 노란 가루에 덮여서 연두색이며, 꽃은 지름 1~1.4cm로 앵초보다 작다.

175

까치수영

Lysimachia barystachys Bunge | heavy spiked loose-strife
앵초목 앵초과 | 까치수염, 꽃꼬리풀, 개꼬리풀

까치수영은 물기 있는 산과 들에서 잘 자라는데, 높은 산보다는 햇볕이 잘 드는 낮은 풀밭에 더 잘 자란다. 일본이나 중국, 러시아에서도 자란다. 우리가 산과 들에서 흔히 보는 것은 대부분 큰까치수영이다. 까치수영과 생김새가 거의 같지만 더 높이 자라며 잎, 꽃차례 등이 더 크고 잎 겉에만 털이 있는 점이 다르다.

잎은 줄기에 어긋나게 붙고 아래쪽이 좁아지면서 잎자루처럼 된다. 여름이 되면 줄기 위쪽에 흰 수염처럼 옆으로 굽은 꽃차례가 생긴다. 꽃은 아주 작고 희며, 꽃잎이 꽃받침잎보다 4곱쯤 길다. 꽃차례는 처음에 짧지만 열매가 익어 가면서 약 30cm까지 길어진다.

어린 싹은 나물로 먹는다. 식물체 전부를 약으로 쓰는데, 열을 내리고 종기를 없애며 맺힌 피를 풀어 준다.

사는 곳 우리나라 전국에서 저절로 자란다.

모습 여러해살이풀. 높이가 50~100cm다. 뿌리줄기가 옆으로 길게 뻗고, 줄기는 온통 잔털로 덮이고 아래쪽이 붉다.

잎 어긋나기. 길이 6~10cm, 너비 0.8~1.5cm로 긴 타원꼴이다. 가장자리가 밋밋하고 뒤쪽에 털이 있으며 잎자루가 없다.

꽃 총상꽃차례. 6~8월에 핀다. 흰색이며, 꽃잎과 꽃받침잎이 각각 5장이다. 암술은 1개, 수술은 5개다.

열매 삭과. 9~10월에 붉은 갈색으로 익는다. 지름 약 0.25cm로 둥글다.

쓰임새 마당에 심어 집안을 꾸미고, 먹거나 약으로 쓴다.

꽃과 열매  잎차례

열매 꽃차례 모양 그대로 익는다.

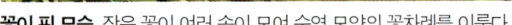
꽃이 핀 모습 작은 꽃이 여러 송이 모여 수염 모양의 꽃차례를 이룬다.

큰까치수영 *Lysimachia clethroides*
잎은 겉에만 털이 있으며, 잎자루는 길이 1~2cm다. 열매가 열릴 즈음에 꽃차례가 길이 약 40cm로 자란다. 우리나라 산에서 까치수영보다 더 흔하게 자란다.

용담

Gentiana scabra var. *buergeri* (Miquel) Max. | gentian
용담목 용담과 | 초룡담, 관음초, 과남풀

용담은 꽃이 늦여름부터 가을까지 피는데, 꽃이 피는 시기는 좀 늦지만 오랫동안 핀다. 양지 바르고 물이 잘 빠지는 촉촉한 산과 들에서 잘 자란다. 많은 수염뿌리가 무더기로 달려서 옮겨 심기 어려우므로, 번식시키려면 씨앗을 모아 두었다가 해를 넘기지 말고 바로 뿌려야 한다.

꽃은 줄기 끝과 잎겨드랑이에 꽃자루 없이 달리며, 큰 봉오리가 올라와 아래쪽은 봉긋하게 부풀고 위쪽은 벌어지면서 핀다. 꽃의 통으로 된 부분에 수술이 붙어 있다.

가을에 길가 꽃밭에 심어 가꾸거나 꽃꽂이의 재료로 많이 쓰지만 한약재로 훨씬 더 많이 쓴다. 뿌리와 뿌리줄기를 약으로 쓰는데, 약효가 뛰어나서 웅담처럼 쓴다고 하여 '용담'(용의 쓸개)이라는 이름이 붙었다. 위를 튼튼하게 하며, 간장병이나 성인병을 미리 막고 고치는 데 많이 쓴다.

사는 곳 우리나라 전국에서 저절로 자란다.

모습 여러해살이풀. 높이가 20~60cm다. 짧은 뿌리줄기에 굵은 수염뿌리가 나며, 줄기에는 가는 줄이 4개 생긴다.

잎 마주나기. 길이 4~8cm, 너비 1~3cm로 피침꼴이다. 가장자리는 밋밋하면서 물결처럼 주름진다. 잎자루는 없고 맥이 3개 있다.

꽃 8~10월에 핀다. 보라색 통꽃으로 종 모양이며, 위쪽이 5갈래로 갈라진다. 암술은 1개, 수술은 5개다.

열매 삭과. 10~11월에 익는다. 가늘고 길며, 익으면 2갈래로 벌어지면서 두 끝에 날개가 달린 씨앗이 튀어 나온다.

쓰임새 꽃을 감상하려고 심고, 뿌리나 뿌리줄기를 약으로 쓴다.

꽃과 열매 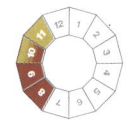 잎차례

무리지어 꽃 핀 모습 줄기 끝에 종 모양의 꽃이 1송이씩 달린다.

큰용담 *Gentiana axillariflora* var. *coreana*
깊은 산지에서 자라며, 높이가 50~100cm다. 잎은 줄기에 마주 붙어서 나고 줄기 가운데쯤에 달리는 잎의 길이 약 10cm다.

나팔꽃

Pharbitis nil Choisy | morning glory

통화식물목 메꽃과 | 조안화, 견우화, 견우랑

나팔꽃은 햇볕이 잘 들고 기온이 높은 곳에서 잘 자란다. 처음에는 꽃을 감상하려고 외국에서 씨앗을 들여다 심었는데, 차차 저절로 번식해 자라는 것이 많아졌다. 둥근잎나팔꽃도 처음에는 외국에서 들여다 심었는데, 우리나라 자연 환경이 살기 알맞아서 이제는 아예 터를 잡아 저절로 자란다.

줄기가 덩굴지면서 다른 물체를 감고 올라가는데 늘 왼쪽으로 감는다. 여름이 되면 잎겨드랑이에서 나온 꽃줄기에 봉오리가 1~3송이 달리는데, 오른쪽으로 나사처럼 틀어져 천천히 풀리면서 활짝 핀다. 보통 남보라색 꽃이 피지만 품종에 따라 흰색이나 자주색 꽃도 핀다. 꽃이 지면 꽃받침 위에 열매가 맺히고 익기까지 꽃받침이 오랫동안 남는다.

공기가 더러우면 잎에 크고 붉은 점이 생길 만큼 아주 민감하므로, 대기의 오염 정도를 알아 보는 지표식물로 많이 가꾼다. 몸이 붓고 다리가 아프거나 기생충 때문에 소화가 안 될 때 씨앗을 약으로 쓴다.

사는 곳 원산지는 인도다. 우리나라 전국에서 저절로 자라거나 심어 가꾼다.

모습 한해살이 덩굴풀. 온몸에 아래를 향한 털이 나며, 줄기는 덩굴진다.

잎 어긋나기. 심장꼴이고 보통 3갈래로 갈라진다. 겉에 털이 있고 가장자리가 밋밋하며 잎자루가 길다.

꽃 7~8월에 핀다. 보통 남보라색으로 나팔 모양이다. 꽃받침이 5갈래로 갈라지고 수술은 5개, 암술은 1개다.

열매 삭과. 9~10월에 익는다. 동글납작하며, 속이 3칸으로 나뉘어 있고 칸마다 검은 씨앗이 2개씩 들어 있다.

쓰임새 꽃을 감상하려고 심고, 씨앗을 약으로 쓴다.

꽃과 열매  잎차례

둥근잎미국나팔꽃
Ipomoea purpurea
잎이 심장꼴이고 갈라지지 않는다.
열매는 둥근 삭과로 아래를 향해 달린다.

둥근잎미국나팔꽃의 꽃 핀 모습

꽃이 핀 모습

열매 꽃받침이 오랫동안 남아 열매 겉을 싸고 있다.

꽃 새벽에 봉오리가 벌어지고 이른 아침에 활짝 피었다가 반나절 만에 시든다. 여름에 피는데, 기온이 높다고 해서 무작정 피지 않고 낮의 길이를 감지하면서 핀다. 낮이 가장 긴 하지가 지나고 낮이 점점 짧아질 무렵부터 핀다.

1 8월16일 오전 8:00
2 8월16일 오전 11:00
3 8월17일 오전 3:00
4 8월17일 오전 4:20
5 8월17일 오전 4:35
6 꽃이 지는 모습
(2002년)

메꽃

Calystegia japonica (Thunb.) Choisy

통화식물목 메꽃과 | 머마, 메마, 선화

메꽃은 들판에서 흔히 볼 수 있다. 땅 속의 뿌리줄기 곳곳에서 새싹이 나와 덩굴줄기로 자라며, 덩굴줄기는 가늘고 무엇이든지 감고 올라간다. 감고 올라갈 물체가 없으면 땅 위로 넓게 퍼지든지 옆에 있는 풀이나 나무를 덮으면서 자란다.

잎은 줄기에 어긋나게 붙는다. 잎 아래의 양쪽에는 귓불 같은 것이 튀어 나오며, 잎자루가 길다. 메꽃과에 딸린 식물에는 큰메꽃, 애기메꽃, 갯메꽃 따위가 있는데, 겉모양이 거의 비슷해서 조금씩 다르게 생긴 잎을 보고 구별한다. 꽃은 잎겨드랑이에서 나온 긴 꽃줄기에 1송이씩 달린다. 나팔꽃과 아주 비슷하게 생겼으며, 옅은 분홍색이고 아래쪽이 좀 희다.

옛날에는 굵게 덩어리진 뿌리줄기를 쪄서 간식으로 먹거나 쌀에 섞어 밥을 지었다. 뿌리줄기를 약으로 쓰는데, 오줌을 잘 누게 하고 위와 장을 튼튼하게 하며 열이나 혈압을 내린다고 한다.

사는 곳 우리나라 전국에서 저절로 자란다.

모습 여러해살이 덩굴풀. 땅 속의 희고 굵은 뿌리줄기가 사방으로 뻗는다.

잎 어긋나기. 길이 5~10cm, 너비 2~7cm로 피침꼴이다.

꽃 6~8월에 핀다. 지름 약 5cm로 옅은 분홍색이고 나팔 모양이다. 꽃받침이 5갈래로 갈라지며, 포가 2장 있다. 암술은 1개, 수술은 5개다.

열매 삭과. 9~10월에 익지만 거의 맺지 않는다.

쓰임새 뿌리줄기를 먹거나 약으로 쓴다.

꽃과 열매  잎차례

덩굴줄기를 무성하게 뻗은 모습

갯메꽃 *Calystegia soldanella*
주로 바닷가 모래땅에서 자란다. 잎은 메꽃보다 작고 끝이 오목하거나 둥글며, 반들반들하고 가장자리가 물결처럼 구불거린다.

애기메꽃 *Calystegia hederacea*
잎은 메꽃보다 더 넓고 세모꼴이며 아래쪽이 심장꼴이다. 꽃은 메꽃보다 작다.

고구마

Ipomoea batatas Lam. | sweet potato
통화식물목 메꽃과 | 단고구마, 감서, 감

고구마는 조선 영조 때 일본에 통신사로 갔던 조엄이 대마도에서 처음 들여와 부산, 제주도 등에서 심기 시작했고, 지금도 덩이뿌리를 먹으려고 밭에 많이 심어 가꾼다. 가을에 서리가 내리면 줄기와 잎이 말라 죽고 덩이뿌리도 썩기 쉬우므로, 서리가 내리기 전에 덩이뿌리를 캐야 한다.

덩이뿌리는 땅 속의 양분을 저장하는 구실을 한다. 보통 타원꼴이고 겉은 자주색이면서 속은 하얀데, 품종에 따라 모양과 색깔이 조금씩 다르다. 줄기와 잎을 자르면 흰 즙이 나온다. 꽃은 대체로 피지 않지만, 더러 여름에 잎겨드랑이에서 나온 긴 꽃자루에 붉은 자주색 꽃이 5~6송이 모여 핀다.

덩이뿌리는 날로 먹어도 되지만 굽거나 쪄서 먹으면 더 맛있다. 녹말, 알코올, 술, 포도당 등의 원료로 쓰며, 비타민 B_{12}를 뽑아내서 영양제로 쓴다. 몸을 튼튼하게 하고 변비를 고치는 데 약으로도 쓴다. 잎자루는 나물로 먹거나 가축의 먹이로 쓴다.

사는 곳 원산지는 중앙아메리카다. 우리나라 전국에서 심어 가꾼다.

모습 여러해살이풀. 땅 속에서 덩이뿌리가 자라며, 줄기는 땅 위를 기다가 땅에 닿는 부분에서 뿌리를 내린다.

잎 어긋나기. 아래쪽이 심장꼴이고 양쪽 가장자리가 1~3갈래로 깊이 갈라진다. 잎자루가 길다.

꽃 7~8월에 핀다. 붉은 자주색이고 나팔 모양이다. 꽃받침이 5갈래로 갈라지고 암술은 1개, 수술은 5개다.

열매 삭과. 9~10월에 익는다. 공처럼 둥글다.

쓰임새 뿌리줄기를 먹거나 약으로 쓴다.

꽃과 열매 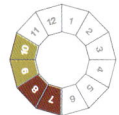   잎차례

덩이뿌리 곁에 실뿌리가 나 있다.

심어 가꾸려면 이른 봄에 덩이뿌리를 눕혀서 얼지 않도록 땅에 얕게 묻고, 싹이 나오면 잘라서 밭에 심는다.

잎

덩이뿌리에 난 싹

새삼

Cuscuta japonica Chois. | houston dodder, japanese dodder
통화식물목 메꽃과

새삼은 산과 들의 햇볕이 잘 드는 풀밭에서 잘 자라며, 일본이나 러시아에서도 자란다. 주로 나무에 달라붙어 양분을 빼앗으면서 사는 기생식물이다.

엽록소가 없어서 광합성을 하지 못하므로 스스로 양분을 얻지 못한다. 가을에 여문 씨앗이 싹터 땅에 뿌리를 내리고 자라다가 마땅한 나무나 풀을 만나면 감고 올라가 붙는다. 나무에 붙으면 땅 속에 있던 뿌리는 없어지며, 빨판으로 붙은 채 줄기를 칭칭 감아 올라가면서 나무의 양분을 빨아들인다.

줄기는 붉은빛이 도는 우유색이며, 잎은 별다른 쓰임새가 없어서 퇴화하여 아주 작다. 희고 작은 꽃이 여러 송이 길게 모인 꽃차례는 언뜻 꽃 1송이처럼 보인다. 꽃잎이 붙어 있는 통꽃으로, 아래쪽은 붙어 있지만 위쪽은 1/3쯤이 5갈래로 갈라진다. 열매는 익으면 뚜껑이 열리듯이 가로로 벌어지며, 속에서 검은 씨앗이 나온다.

씨앗을 약으로 쓰는데, 장을 튼튼하게 하고 장염이나 당뇨병에 잘 듣는다고 한다.

사는 곳 우리나라 전국에서 저절로 자란다.

모습 한해살이 기생풀. 철사처럼 생긴 줄기가 덩굴지면서 다른 식물에 달라붙는다.

잎 길이 약 0.2cm로 세모꼴이며 비늘처럼 생겼지만 잎 구실을 못한다.

꽃 수상꽃차례. 8~9월에 핀다. 길이 약 4cm로 희고 종 모양이며 위쪽이 5갈래로 갈라진다. 꽃받침도 5갈래로 갈라진다. 수술대가 없는 수술이 5개, 암술머리가 2갈래로 갈라지고 암술대가 짧은 암술이 1개 있다.

열매 삭과. 9~10월에 익는다. 달걀꼴이며, 익으면 가로로 벌어진다.

쓰임새 씨앗을 약으로 쓴다.

꽃과 열매

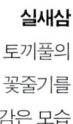
꽃

나무줄기에 빨판을 붙여 칭칭 감은 모습

실새삼
토끼풀의 꽃줄기를 감은 모습

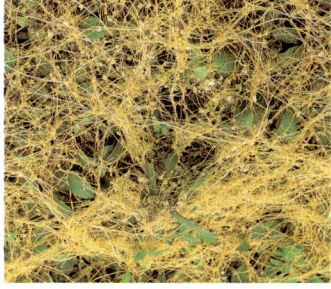

실새삼 *Cuscuta australis*
줄기가 새삼보다 가늘며, 꽃 여러 송이가 덩이지듯이 모여 총상꽃차례를 이룬다. 열매는 동글납작하다.

익모초

Leonurus sibiricus L. | siberian mother wort

통화식물목 꿀풀과 | 육모초, 충위자

익모초는 햇볕이 잘 드는 들이나 길 가장자리의 풀숲, 밭둑 같은 곳에 많이 자라는데, 메마른 곳보다는 물기가 좀 있는 곳에서 더 잘 자란다.

잎은 줄기에 마주 붙어서 난다. 뿌리에 나는 잎과 줄기에 나는 잎이 따로 있는데 생김새가 조금 다르며, 뿌리에 나는 잎은 꽃이 필 무렵에 없어진다. 꽃은 줄기 위쪽의 잎겨드랑이에 달린다. 꽃잎 중에서 위에 있는 것은 입술을 벌린 것처럼 아래위로 벌어지고, 아래로 처진 것은 다시 3갈래로 갈라진다. 갈라진 조각 3개 중에서 가운데에 있는 것이 가장 크고 줄무늬가 있다. 수술은 4개 중에서 2개만 길다.

어머니의 몸에 이로운 풀이라는 뜻에서 '익모초'라는 이름이 붙었다. 예로부터 통째로 말려서 약으로 썼는데, 아기를 낳은 여자가 앓는 병에 아주 잘 듣는다고 한다. 날것의 즙은 아주 쓴데, 여름에 더위를 먹거나 몸이 지쳤을 때 마시면 잘 듣는다고 한다. 최근에는 암을 고치는 약으로 연구하고 있다.

사는 곳 우리나라 전국에서 저절로 자란다.

모습 두해살이풀. 높이가 약 100cm다. 흰 털이 나고 네모진 줄기가 곧게 자란다.

잎 뿌리에서는 모여나기, 줄기에서는 마주나기. 뿌리에 나는 잎은 둥그스름하며 깊이 갈라진다. 줄기에 나는 잎은 3갈래로 갈라지고, 갈라진 조각이 각각 2~3갈래로 다시 갈라져서 깃꼴이 된다.

꽃 윤산꽃차례. 6~9월에 핀다. 옅은 자주색 통꽃이며, 꽃받침은 종 모양이고 5갈래로 갈라진다.

열매 소견과. 9~10월에 익는다. 넓은 달걀꼴이며 모서리가 3개 있다. 속에 검고 세모난 씨앗이 들어 있다.

쓰임새 식물체 전부나 꽃, 열매를 약으로 쓴다.

꽃과 열매  잎차례

꽃차례 줄기에 옅은 자주색 꽃이 층층이 달려 있다.

줄기가 가지를 많이 쳐서 큰 포기를 이룬다.

열매이삭 꽃차례 모양 그대로 익는다.

들깨

Perilla frutescens var. *japonica* Hara

통화식물목 꿀풀과 | 자소

들깨는 통일신라시대부터 심어 가꾸었다는 기록이 있고 지금도 전국에서 밭에 많이 심어 가꾼다. 동남아시아와 중국의 중남부 지방, 인도의 고산 지대에서 아주 많이 자란다.

줄기에서 독특한 향이 짙게 난다. 잎은 앞쪽이 녹색이고 뒤쪽은 자줏빛이 도는 녹색이며, 잎자루가 길다. 꽃받침이 발달하여 꽃이 진 뒤에도 그대로 남아서 꽃받침 속에서 열매를 맺는다.

잎은 쌈을 해먹거나 간장에 절여 깻잎장아찌를 만들어 먹는다. 영양소가 풍부하게 들어서 몸에 이롭다. 씨앗으로는 기름을 짜거나 여러 음식을 해먹는다. 몸이 약한 사람이나 노인이 먹으면 기운이 솟고 입맛이 돈다. 피부를 좋게 하고 머리를 맑게 하기도 한다. 그밖에 페인트, 니스, 인쇄용 잉크, 비누 따위의 원료로 쓴다. 씨앗에서 기름을 짜고 남은 깻묵은 거름이나 가축의 먹이로 쓴다. 줄기와 잎, 열매를 약으로 쓰는데, 가래를 없애고 폐와 장을 튼튼하게 하며 소화를 돕고 통증을 줄인다고 한다.

사는 곳 원산지는 동남아시아다. 우리나라 전국에서 심어 가꾼다.

모습 한해살이풀. 높이가 60~90cm다. 긴 털이 나고 네모진 줄기가 곧게 자란다.

잎 마주나기. 길이 7~12cm, 너비 5~8cm로 넓은 달걀꼴이며, 끝이 뾰족하고 가장자리에 무딘 톱니가 있다.

꽃 총상꽃차례. 8~9월에 핀다. 흰 통꽃으로 위쪽이 입술처럼 벌어진다. 꽃받침은 위에 있는 것이 3갈래로 갈라지고 아래쪽에 있는 것이 2갈래로 갈라진다.

열매 소견과. 10월에 익는다. 지름 약 0.2cm로 둥글며, 겉에 그물무늬가 있다.

쓰임새 먹거나 약으로 쓰며, 씨앗에서 기름을 짠다.

꽃차례 줄기나 가지의 끝, 잎겨드랑이에 희고 작은 꽃이 여러 송이 모여 총상꽃차례를 만든다.

열매이삭

꽃과 열매   잎차례

무리지어 자라는 모습 밭 가장자리나 빈터 같은 곳에 심어 가꾼다.

살비아

Salvia officinalis L. | remona, scarlet sage

통화식물목 꿀풀과 | 사루비아, 깨꽃, 약불꽃, 서미초

원산지에서는 살비아가 저절로 번식하면서 여러 해를 살지만, 우리나라에서는 미리 싹을 틔워 가꾼 모종을 심고 한 해밖에 못 가꾼다. 전 세계에 700종 이상 있으며, 햇볕이 잘 들고 물이 잘 빠지는 곳에서 잘 자란다.

꽃은 줄기 끝에서 나온 꽃줄기에 위아래로 층층이 달린다. 보통 주홍색 꽃이 피지만 보라색, 흰색 꽃도 핀다. 꽃잎의 아래쪽은 통으로 되어 있지만 위쪽은 2갈래로 갈라져서 벌린 입술처럼 보인다. 수술이 2개며, 꽃받침이 종 모양이다. 꿀이 많이 들어 있으므로 꽃잎을 따서 빨아 먹으면 달짝지근하다. 둥근 열매가 꽃받침 속에서 익는 모습이 들깨와 비슷해서 '깨꽃'이라는 별명이 붙었다.

꽃 색깔이 화사해서 집 마당이나 길가에 심어 가꾸면 보기 좋다. 서양에서는 요리에 들어가는 향신료나 소스의 원료로 많이 쓴다.

사는 곳 원산지는 멕시코에서 브라질에 이르는 아메리카 지역이다. 우리나라 전국에서 심어 가꾼다.

모습 여러해살이풀. 높이가 30~40cm다. 줄기는 네모지고 향긋하다.

잎 마주나기. 긴 달걀꼴이고 끝이 뾰족하며 겉에 잔주름이 진다.

꽃 수상꽃차례. 6~9월에 핀다. 길이 3~5cm로 주홍색 통꽃이며, 위쪽이 입술처럼 벌어진다.

열매 소견과. 9~10월에 익는다. 꽃받침에 싸여 있다.

쓰임새 마당에 심어 집안을 꾸미고, 먹거나 약으로 쓴다.

꽃과 열매  잎차례

꽃이 핀 모습

꽃차례 주홍색 꽃 여러 송이가 꽃줄기의 꼭대기에서 밑까지 층층이 달려 있다.

보라색 꽃이 피는 품종
살비아는 전 세계에 700종 이상이 있으며 품종에 따라 꽃 색깔이 다르다.

고추

Capsicum annuum L. | red pepper, hot pepper

통화식물목 가지과 | 고초, 번초, 당초, 남초, 왜초

고추는 우리나라 음식에서 빼놓을 수 없는 채소다. 전 세계의 열대 지방에서 온대 지방에 이르기까지 널리 심어 가꾸는데, 원산지인 열대 지방에서는 여러 해를 살지만 우리나라 같은 온대 지방에서는 한 해밖에 못 산다.

잎은 곧은 줄기에 어긋나게 붙는다. 흰 꽃이 잎겨드랑이에 1~3송이씩 달리는데, 꽃자루가 굽어서 아래를 향해 핀다. 여름 내내 피고 지면서 한 그루에 보통 300~400송이의 꽃이 달리며, 그 중에서 60~80송이가 열매를 맺는다. 열매는 품종에 따라 크기와 맛이 조금씩 다르다.

열매에는 매운맛을 내는 물질인 '캅사이신'이 들어 있는데 껍질보다 씨앗에 더 많다. 영양소가 풍부하고 음식의 맛을 한결 좋게 해서 양념으로 많이 쓴다. 게다가 신경통이나 근육통을 고치고 소화를 돕는 효능이 있어서 약으로도 쓴다. 빨갛게 익은 열매는 말려서 빻아 두었다가 김치, 고추장을 담글 때 쓰고, 푸른 열매는 '풋고추'라고 하여 날로 먹거나 조림, 튀김 같은 요리를 해서 먹는다. 잎은 나물로 먹는다.

사는 곳 원산지는 남아메리카의 열대 지방이다. 우리나라 전국에서 심어 가꾼다.

모습 한해살이풀. 높이가 약 60cm다. 줄기는 곧게 자란다.

잎 어긋나기. 피침꼴이고 가장자리가 밋밋하며 잎자루가 길다.

꽃 7~8월에 핀다. 지름 1.2~1.8cm로 얕은 접시 모양이고, 위쪽이 5갈래로 갈라진다. 보통 수술이 5개며, 꽃밥이 노랗다.

열매 장과. 8~9월에 익는다. 보통 길이가 5~10cm다. 녹색으로 자라다가 점점 붉어진다.

쓰임새 먹거나 약으로 쓴다.

꽃과 열매   잎차례

열매 껍질과 씨앗에 캅사이신이 들어 있어서 맵다.

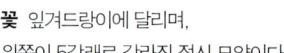

열매 빨갛게 익은 모습

꽃 잎겨드랑이에 달리며, 위쪽이 5갈래로 갈라진 접시 모양이다.

토마토

Lycopersicon esculentum Mill. | tomato

통화식물목 가지과 | 일년감, 도마도

토마토는 기온이 너무 높지 않고 메마르며, 햇볕이 강하게 내리쬐는 곳에서 잘 자란다. 우리나라에서는 16세기 전에 들여와 심어 가꾸었다고 본다. 씨앗을 심은 지 60일쯤 되면 꽃이 피고 그로부터 40일쯤 지나면 열매를 딸 수 있다. 여러 품종이 있지만, 열매의 크기에 따라 방울형(방울토마토)과 일반형으로 나눈다.

줄기는 굵고, 흰 털이 빽빽하게 난다. 가지를 많이 치는데 이것을 그대로 두면 열매가 크게 자라지 못하므로, 가장 굵은 줄기만 남겨 버팀대에 붙잡아 매고 다른 줄기는 솎아 주어야 한다. 잎에서는 특이한 향이 난다. 꽃은 줄기의 마디에 달리는데, 7~8번째 마디에 처음 핀 뒤에 3마디씩 건너서 몇 송이씩 모여 노랗게 핀다.

열매는 수분이 많고 카로틴, 비타민 C가 풍부하며 날로 먹거나 샐러드, 주스, 샌드위치, 케첩, 퓌레 등을 만들어 먹는다. 위를 튼튼하게 하고 소화를 도우며 목마름을 없애고 고혈압, 당뇨병을 고치는 약으로도 쓴다.

사는 곳 원산지는 남아메리카 안데스 산맥의 고원 지대다. 우리나라 전국에서 심어 가꾼다.

모습 한해살이풀. 높이가 100cm 이상이다. 줄기는 가지를 많이 치며 땅에 닿는 곳에서 뿌리를 내린다.

잎 어긋나기. 작은 잎 9~19장으로 된 깃꼴겹잎으로 길이가 15~45cm다. 작은 잎은 달걀꼴이며 끝이 뾰족하고 가장자리가 심하게 들쭉날쭉하다.

꽃 5~8월에 핀다. 지름 약 2cm로 노랗고 얕은 접시 모양이다. 꽃받침이 여러 갈래로 갈라진다.

열매 장과. 7~9월에 붉게 익는다. 지름 5~10cm로 둥글납작하다.

쓰임새 열매를 먹거나 약으로 쓴다.

 꽃과 열매

 잎차례

토마토밭 알맞게 익은 열매를 거두는 모습

방울토마토 토마토의 한 품종이며, 열매의 무게가 약 20g으로 다른 품종의 1/10에도 못 미친다.

꽃 줄기의 마디에서 나온 꽃줄기에 노란 꽃이 모여 달린다.

담배

Nicotiana tabacum L. | tobacco plant

통화식물목 가지과 | 연초, 남초

담배는 1492년에 아메리카 대륙을 처음 발견한 콜럼버스가 인디언의 담배 피우는 모습을 본 것을 계기로 전 세계에 퍼져 나갔다. 우리나라에서는 17세기 초에 일본에서 들여왔다고 하며, 지금은 중부와 남부 지방에서 많이 심어 가꾼다. 원산지인 열대 지방에서는 여러 해를 살지만 우리나라 같은 온대 지방에서는 한 해밖에 못 산다.

잎이 줄기에 어긋나게 붙고, 짧은 잎자루에 날개가 있어서 줄기를 감싼다. 잎과 줄기에 끈끈한 진을 내보내는 털이 빽빽이 있어서 끈적끈적하다. 줄기 끝에서 나오는 꽃자루에 통꽃이 달리는데, 꽃자루가 여러 개로 가지를 치면서 원뿔꼴 꽃차례를 이룬다. 꽃잎의 위쪽은 갈라지고 통으로 된 아래쪽이 길며, 꽃은 위로 갈수록 색깔이 더 짙어진다. 수술은 꽃잎이 갈라지는 부분에 5개 달린다.

잎을 따서 말려 담배를 만든다. 보통 7월에 좀 누렇게 변하면서 끝이 아래로 처지면 딴다. 잎에 니코틴이나 타르 같은 나쁜 물질이 많이 들어 있어서 몸에 해롭다. 하지만 좋은 물질도 들어 있어서 뽑아내어 약으로 쓰는데, 기운을 돋우고 통증을 줄이며 뱀, 곤충에 물린 곳에 바르면 독을 푼다고 한다.

사는 곳 원산지는 남아메리카의 열대 지방이다. 우리나라 전국에서 심어 가꾼다.

모습 여러해살이풀. 높이가 150~200cm다. 줄기는 굵게 자라며, 끈끈한 진을 내보내는 털이 난다.

잎 어긋나기. 길이 약 50cm로 타원꼴이며 아래쪽이 둥글고, 가장자리가 밋밋하다.

꽃 원추꽃차례. 7~8월에 핀다. 짧은 꽃자루의 길이가 1~2.5cm다. 옅은 분홍색 통꽃으로 나팔 모양이며 위쪽이 5갈래로 갈라진다. 꽃받침은 원통꼴이다.

열매 삭과. 9~10월에 익는다. 달걀꼴이고 꽃받침에 싸여 있으며 속에 씨앗이 수천 개 들어 있다.

쓰임새 잎을 담배의 원료나 약으로 쓴다.

꽃과 열매  | 잎차례

꽃이 핀 모습

꽃 아래쪽은 붙어 있고 위쪽은 5갈래로 벌어졌다.

열매 달걀꼴이며, 갈색 꽃받침에 싸여 있다.

꽈리

Physalis alkekengi var. *francheti* (Masters) Hort. | chinese lantern plant, franchet ground cherry
통화식물목 가지과 | 꼬아리, 푸께, 산장

꽈리는 마을 근처의 빈터나 길 가장자리의 풀밭에서 잘 자란다. 본래 심어서 가꾸는 식물이지만 저절로 번식하면서 자라기도 한다.

땅 속의 뿌리줄기가 옆으로 뻗으면서 군데군데 새싹이 돋아 자란다. 잎은 줄기에 어긋나게 붙는데, 한 곳에 2장씩 나는 점이 특징이다. 여름에 잎겨드랑이에서 나온 꽃자루에 노르스름한 꽃이 1송이씩 핀다. 짧은 원통처럼 생긴 꽃받침이 열매와 함께 자라서 구슬 모양의 빨간 열매를 보자기처럼 감싼다.

열매는 예로부터 놀잇감으로 많이 썼다. 빨갛게 익은 것을 따다가 꼭지를 따고 씨앗을 빼낸 다음 열매껍질을 공처럼 부풀려 입에 살짝 넣는다. 구멍 뚫린 쪽을 혓바닥에 대어 막고, 윗니로 위쪽을 지그시 누르면 속에 있던 공기가 빠져 나오면서 꽉꽉 하는 소리가 난다. 식물체 전부나 뿌리, 열매를 약으로 많이 쓰는데, 열을 내리고 독을 풀며 오줌을 잘 누게 한다.

사는 곳 우리나라 전국에서 심어 가꾸며, 이따금 저절로 자라는 것이 있다.

모습 여러해살이풀. 높이가 40~90cm다. 땅 속에서 뿌리줄기가 길게 뻗고, 줄기는 가지를 친다.

잎 어긋나기. 한 군데에서 2장씩 나온다. 길이 5~12cm로 넓은 달걀꼴이며, 가장자리에 톱니가 있다.

꽃 7~8월에 핀다. 잎겨드랑이에서 나온 길이 3~4cm의 꽃자루 끝에 1송이씩 달린다. 지름 약 1.5cm로 노르스름하고 위쪽이 5갈래로 갈라진다. 꽃받침은 짧은 원통꼴이다.

열매 장과. 9~10월에 붉게 익는다. 지름 약 1.5cm로 둥글며, 꽃받침에 싸여 있다.

쓰임새 먹거나 약으로 쓴다.

 꽃과 열매  잎차례

열매 잘 익은 것을 반으로 자른 모습

꽃 아래쪽은 붙어 있고 위쪽은 5갈래로 갈라져서 넓게 벌어졌다.

열매 보자기처럼 자란 꽃받침이 빨간 구슬 모양의 열매를 감싸고 있다.

감자

Solanum tuberosum L. | potato

통화식물목 가지과 | 마령서, 하지감자, 북감저, 지슬, 지실

감자는 페루, 칠레 같은 안데스 산맥의 고원 지대에서 저절로 자란다. 먼 옛날 스페인이 잉카제국을 정복하면서 그 곳에서 나던 감자가 유럽으로 전해져 전 세계로 널리 퍼졌으며, 우리나라에서는 1824년에 중국을 통해 들여왔다. 서늘한 곳에서 더 잘 자라는데, 세계에서 이름난 감자는 한 해의 평균 기온이 4.5~10℃인 곳에서 자란다.

우리가 먹는 땅 속의 덩이줄기는 뿌리줄기의 끝이 크게 자라서 된 부분으로, 양분을 저장하며 독특한 냄새가 난다. 땅 위로 자라는 줄기에는 작은 잎 여러 장으로 된 겹잎이 어긋나게 붙는다. 잎자루가 길며, 겹잎을 이루는 작은 잎의 사이 사이에 조각난 잎이 달린다. 꽃은 잎겨드랑이에서 나온 꽃자루에 달리며, 꽃가루받이가 끝나면 토마토처럼 생긴 열매를 맺는다. 꽃이 지면 땅 속의 덩이줄기가 양분을 빨아들이므로 줄기가 약해져서 스러진다. 그 때부터 덩이줄기는 더 자라지 않고 껍질이 단단하게 굳으면서 녹말이 가득 찬다.

심어 가꿀 때는 씨앗을 뿌리지 않고 눈이 달린 덩이줄기를 땅에 심는다. 덩이줄기는 찜, 구이, 튀김, 전, 떡 등 온갖 음식을 만들어 먹는다. 과자나 빵, 녹말, 소주, 알코올 등의 원료로도 쓴다.

사는 곳 원산지는 남아메리카다. 우리나라 전국에서 심어 가꾼다.

모습 여러해살이풀. 높이가 60~100cm다. 땅 속으로 뻗는 뿌리줄기는 끝이 덩이지면서 크게 자란다.

잎 어긋나기. 작은 잎 5~9장으로 된 깃꼴겹잎이다. 작은 잎은 타원꼴이고 가장자리가 밋밋하다.

꽃 5~6월에 핀다. 희거나 자주색인 통꽃이며, 위쪽이 5갈래로 갈라진다. 노란 꽃밥을 단 수술이 5개, 암술이 1개 있다.

열매 장과. 7~8월에 익는다. 지름 1~2cm로 둥글고, 짙은 녹색으로 자라서 노르스름하게 익는다.

쓰임새 여러 음식을 만들어 먹고, 술이나 녹말의 원료로 쓴다.

꽃과 열매　　**잎차례**

꽃 잎겨드랑이에서 나온 꽃자루에 1송이씩 달린다.

덩이줄기에 싹과 뿌리가 난 모습

열매 토마토처럼 생겼고, 노르스름하게 익는다.

덩이줄기 크게 자란 모습

감자밭 덩이줄기를 캐는 모습

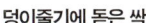

덩이줄기에 돋은 싹

땅 속에서 캔 덩이줄기

덩이줄기에 있는 솔라닌 덩이줄기 겉에 있는 푸르스름하고 오목한 눈에서 싹이 나는데, 오목한 부분에는 '솔라닌'이라는 독성 물질이 있으므로, 오래 두어서 덩이줄기가 온통 푸르게 변했거나 싹이 났으면 먹지 말아야 한다.

가지

Solanum melongena L.
통화식물목 가지과

가지는 전 세계의 온대와 열대 지방에서 널리 자라며, 우리나라에서는 이미 신라시대부터 먹었다는 기록이 있다. 전 세계에서 여러 품종이 자라는데, 우리나라에서는 보통 열매가 길쭉하게 생긴 것을 심어 가꾼다. 서양에서 많이 심는 품종은 열매가 달걀꼴이어서 별명이 '에그플랜트'(eggplant, 달걀식물)다.

줄기에 별처럼 생긴 회색 털이 나며, 타원꼴의 잎이 줄기에 어긋나게 붙는다. 초여름부터 꽃이 피는데, 줄기의 마디에서 나온 꽃줄기에 자주색 꽃이 여러 송이 달린다. 늦여름까지 줄곧 피고 지면서 열매를 맺으므로 가을까지 열매를 딸 수 있다. 우리나라 남부 지방에서는 비닐하우스에서 가꾸어 겨울에도 열매를 딴다. 보통 4월 말과 5월 초 사이에 모판에 씨앗을 뿌려서 1달쯤 지난 뒤 잎이 몇 장 난 모종을 밭에 심는다. 꽃이 피고 20일쯤 지나면 열매를 딸 수 있다.

열매는 나물로 먹거나 전, 찜을 해먹는다. 약으로도 많이 쓰는데, 잎과 열매는 종기를 낫게 하고 뿌리와 꽃은 이 아픈 데 잘 듣는다고 한다.

사는 곳 원산지는 인도다. 우리나라 전국에서 심어 가꾼다.

모습 한해살이풀. 높이가 60~100cm다. 줄기에 별처럼 생긴 털이 빽빽이 난다.

잎 어긋나기. 길이 15~35cm로 타원꼴이며 잎자루가 길다.

꽃 6~9월에 핀다. 지름 약 3cm로 보라색이며, 위쪽이 5갈래로 갈라져서 평평하게 퍼진 모습이 얕은 술잔 같다. 꽃받침이 종 모양이며, 노란 꽃밥을 단 수술이 5개 있다.

열매 장과. 7~9월에 익는다. 줄기의 마디마다 1개씩 달리며, 검은 보라색으로 찌그러진 긴 원통꼴이다.

쓰임새 열매를 먹고 뿌리, 잎, 꽃 등을 약으로 쓴다.

꽃과 열매  잎차례

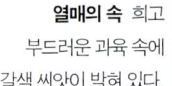

열매의 속 희고 부드러운 과육 속에 갈색 씨앗이 박혀 있다.

꽃을 반으로 자른 모습 노란 수술 여러 개가 암술을 에워싸고, 암술 밑에 열매가 될 씨방이 있다.

열매가 주렁주렁 달린 모습

페튜니아

Petunia hybrida Vilm.
통화식물목 가지과 | 애기나팔꽃

페튜니아는 아르헨티나 같은 남아메리카 지역에서 저절로 자라며, 이 곳에서 자라는 품종으로 수많은 원예 품종을 만들어 전 세계에서 심어 가꾼다. 우리나라에서도 이러한 원예 품종을 들여와 여름에 길가의 화단이나 집안을 꾸미려고 많이 심어 가꾼다.

원산지에서는 여러해살이풀이고 꽃 모양이 담배의 꽃과 비슷해서 담배라는 뜻의 '피튠'이라고 부르는데, '페튜니아'는 여기에서 나온 이름이다.

꽃은 아주 아름다운데, 줄기와 잎에 난 털에서 냄새가 고약한 끈끈한 진이 나온다. 잎이 줄기에 마주 붙어서 달리며, 잎자루는 줄기 위쪽으로 갈수록 짧아진다. 꽃 색깔은 품종에 따라 다르며 우리나라에서는 보통 보라색이나 분홍색, 흰색 꽃이 피는 품종을 심는다. 씨앗을 뿌리고 1주일쯤 지나면 싹이 트며, 그 뒤로 8주일쯤 지나면 알맞은 곳에 옮겨 심을 수 있다. 하루종일 햇볕이 잘 들고 물이 잘 빠지는 땅에 옮겨 심어야 잘 자란다. 줄기가 늘어지므로 꽃상자에 심어 창가에 놓거나 화분에 심어 높은 곳에 매달아도 예쁘다.

사는 곳 원산지는 아르헨티나다. 우리나라 전국에서 심어 가꾼다.

모습 한해살이풀. 높이가 15~25cm다. 줄기에 나는 털에서는 고약한 냄새를 내는 진이 나온다.

잎 마주나기. 달걀꼴이고 가장자리가 밋밋하다.

꽃 4~10월에 핀다. 지름 5~13cm로 나팔 모양이고 주름지며 위쪽이 5갈래로 얕게 갈라진다. 꽃받침은 5갈래로 깊이 갈라진다.

열매 삭과. 10월에 익는다. 달걀꼴이고 꽃받침에 싸여 있다.

쓰임새 꽃을 감상하려고 심어 가꾼다.

꽃과 열매   잎차례

무리지어 꽃 핀 모습 꽃잎이 주름졌고, 위쪽이 5갈래로 얕게 갈라져 크게 벌어졌다.

흰 꽃이 피는 품종

꽃며느리밥풀

Melampyrum roseum Max. | pink cow wheat

통화식물목 현삼과 | 며느리밥풀꽃

꽃며느리밥풀, 알며느리밥풀, 새며느리밥풀 등을 통틀어 '며느리밥풀꽃'이라고 부른다. 며느리밥풀꽃은 꽃잎이 붙어 있는 통꽃이 피는데, 통꽃 위쪽이 입술을 벌린 듯한 모양이고 아랫입술 쪽에 밥풀 같은 흰 무늬가 있다. 식물 이름에 '밥풀'이 들어가는 이유는 그 무늬 때문이다. 며느리밥풀꽃 중에서 꽃며느리밥풀이 가장 흔하면서 꽃이 예쁘다. 중국이나 일본, 러시아에서도 자란다.

잎에 엽록소가 있어서 광합성을 하여 스스로 양분을 만들지만, 다른 식물에 기생하여 양분을 빼앗는 특징이 있다. 어떻게 기생하는지는 아직 모르지만 살던 곳에서 다른 곳으로 옮겨 심으면 제대로 못 사는 이유는 이러한 특성 때문이다. 꽃받침은 길이 약 0.4cm로 종 모양이며, 포는 달걀꼴이고 가장자리에 가시처럼 아주 뾰족한 것이 난다.

꽃에 꿀이 많아서 벌이 많이 꼬이므로 벌을 키우는 집에서 집 둘레에 심어 가꾼다. 식물체 전부를 약으로 쓰면 피가 맑아지고 독이 풀린다. 뿌리로는 차를 달여 마신다.

사는 곳 우리나라 전국에서 저절로 자란다.

모습 한해살이 반기생풀. 높이가 30~50cm다. 줄기는 네모지고 짧은 털이 나며 가지를 많이 치면서 곧게 자란다.

잎 마주나기. 길이 5~7cm로 달걀꼴이나 피침꼴이며, 앞뒤 양쪽에 짧은 털이 드문드문 나고 가장자리가 밋밋하다.

꽃 수상꽃차례. 7~9월에 핀다. 길이 1.5~2cm로 붉은 자주색 통꽃이며, 위쪽이 입술처럼 벌어진다. 꽃받침은 길이 약 0.4cm로 종 모양이다.

열매 삭과. 10월에 검게 익는다. 납작한 달걀꼴이다.

쓰임새 꽃을 감상하려고 심어 가꾸며, 식물체 전부를 약으로 쓴다.

꽃과 열매 | 잎차례

꽃 꽃잎 안쪽에 밥풀처럼 생긴 흰 점이 2개 있다.

꽃이 핀 모습

열매이삭 꽃이 진 자리에 달걀꼴 열매가 달려 있다.

참깨

Sesamum indicum L. | sesame
통화식물목 참깨과 | 검은깨, 지마, 호마, 향마

우리나라에서 참깨를 들여온 것은 삼국시대 전에 중국을 통해서다. 기름을 짜려고 전국에서 심어 가꾸는데, 남부 지방에서 많이 가꾼다.

잎은 생김새와 달리는 모습이 여러 가지다. 보통 줄기에 마주 붙어서 나지만, 줄기 위쪽에는 이따금 어긋나게 붙어서 난다. 생김새도 보통 긴 타원꼴이면서 가장자리는 밋밋한데, 줄기 아래쪽에 나는 잎은 어쩌다 3갈래로 갈라지기도 한다. 잎자루의 아래쪽에는 작고 노란 것이 뾰족하게 돋는다. 꽃은 줄기 위쪽에 있는 잎겨드랑이에 달린다. 입술을 벌린 듯한 모양으로, 윗입술 쪽은 2갈래로, 아랫입술 쪽은 3갈래로 갈라진다. 수술 4개 중에서 2개가 길다.

씨앗에는 기름이 45~55%, 단백질이 36%쯤 들어 있다. 씨앗을 볶아서 기름을 짠 것이 참기름이고 소금을 섞어 빻은 것이 깨소금인데, 온갖 요리에 고소한 맛을 내는 양념으로 쓴다. 강정이나 죽 따위를 만들어 먹는다. 기름을 짜고 남은 깻묵은 거름이나 가축의 먹이로 쓴다. 씨앗뿐만 아니라 줄기, 잎, 꽃 등을 약으로 쓰는데, 간이나 신장 같은 내장 기관을 보호하고 머리카락을 검게 하는 효능이 있다고 한다.

사는 곳 원산지가 인도나 이집트라는 설이 있다. 우리나라 전국에서 심어 가꾼다.

모습 한해살이풀. 높이가 약 100cm다. 네모진 줄기에 부드러운 털이 빽빽이 난다.

잎 마주나기. 길이 약 10cm로 긴 타원꼴이며, 잎자루가 길다.

꽃 7~8월에 핀다. 흰 바탕에 옅은 분홍빛이 도는 통꽃으로 위쪽이 입술처럼 벌어진다.

열매 삭과. 9~10월에 익는다. 짧은 원기둥꼴이며, 속은 4칸으로 나뉘어 있다. 흰색, 노란색, 검정색 등의 씨앗이 약 80개 들어 있다.

쓰임새 씨앗에서 기름을 짜고, 식물체 곳곳을 약으로 쓴다.

꽃과 열매  잎차례

꽃 꽃잎이 붙은 통꽃이며, 위쪽은 입술처럼 벌어졌다.

무리지어 꽃 핀 모습

열매이삭 원기둥꼴 열매가 잎겨드랑이에 1개씩 달려 있다.

질경이

Plantago asiatica L. | asian plantain

질경이목 질경이과 | 차전초, 배차기, 빠쁘재미, 질갱이

질경이는 우리나라의 길가나 빈터에서 흔히 자라는데, 질경이를 보고 길을 찾는다는 말까지 있을 만큼 사람이 다니는 곳에 많이 자란다. 밟혀도 꿋꿋하게 살아날 만큼 생명력이 아주 강한데, 옛날에는 질경이가 말라 죽으면 흉년이 든다고 했다. 일본, 중국 등 동아시아에 널리 퍼져서 자란다.

잎이 뿌리에서 한꺼번에 나와 비스듬히 자라며, 잎자루는 잎과 길이가 비슷하고 여러 개가 서로 감싸듯이 달린다. 꽃은 잎 사이에서 나온 길이 10~50cm의 꽃자루에 달리는데, 여러 송이가 꽃자루의 1/3~1/2을 촘촘하게 메우면서 달린다. 꽃받침 밑에는 잎처럼 생긴 포가 있다. 수술 4개가 암술 1개를 둘러싸면서 꽃 밖으로 길게 나오며, 암술대에는 털이 줄지어 난다. 열매는 꽃받침에 싸여서 익으면 뚜껑이 열리듯이 껍질이 벌어지면서 검은 씨앗이 나온다.

잎이나 씨앗을 약으로 쓰는데, 만병통치약이라고 할 만큼 온갖 병에 잘 듣는다. 특히 오줌을 잘 못 누는 노인이 약으로 쓰면 잘 듣는다.

사는 곳 우리나라 전국에서 저절로 자란다.

모습 여러해살이풀. 땅 위로 줄기가 자라지 않고, 땅 속에서 수염뿌리와 뿌리줄기가 자란다.

잎 모여나기. 뿌리에서 나온다. 넓은 달걀꼴이고 가장자리가 주름지며 잎 모양을 따라 나란히맥이 난다.

꽃 수상꽃차례. 6~8월에 핀다. 흰 통꽃으로 나팔 모양이며 위쪽이 4갈래로 갈라져 젖혀진다. 꽃받침도 4갈래로 갈라지고 가운데에 굵은 맥이 난다.

열매 삭과. 10월에 익는다. 방추꼴이며, 꽃받침보다 2곱쯤 길다. 검은 씨앗이 6~8개 들어 있다.

쓰임새 먹거나 약으로 쓴다.

꽃과 열매 | 잎차례

꽃이 핀 모습

열매가 달린 모습

잎 뿌리에서 한꺼번에 나온 잎들이 사방으로 비스듬히 퍼지면서 자란다.

초롱꽃

Campanula punctata Lam. | dotted bellflower, punctate bellflower
초롱꽃목 초롱꽃과 | 산소채, 까치밥통

초롱꽃은 우리나라 전국에서 저절로 자라는데, 들이 있는 나지막한 산보다는 깊은 산의 숲 어귀에서 더 많이 자란다. 꽃 모양이 초롱처럼 생겨서 '초롱꽃'이라는 이름이 붙었다.

땅 위로 기는줄기가 뻗으면서 군데군데 새싹이 돋는다. 뿌리에 나는 잎과 줄기에 나는 잎이 따로 있는데, 둘 다 달걀꼴이지만 뿌리에 나는 잎은 심장꼴에 가깝고 줄기에 나는 잎은 세모꼴에 가깝다. 잎 가장자리에는 고르지 않은 톱니가 있다. 꽃은 줄기 위쪽에서 나온 긴 꽃줄기에 아래를 향해 달린다. 꽃잎과 꽃받침을 자세히 보면 갈라진 조각의 가장자리에 가는 털이 있다. 꽃받침의 갈라진 조각 사이에는 꽃받침을 뒤로 젖힌 듯한 모양의 기관이 있는데, 이 기관을 '부속체'라고 한다.

꽃이 아름답고 향긋해서 집 마당에 심어 가꾸면 좋다. 한 포기를 심어 두면 기는줄기에서 새싹이 돋아 자라면서 포기가 늘어난다. 씨앗이 오래 가지 않으므로 거둔 뒤에 바로 뿌려야 한다.

사는 곳 우리나라 전국에서 저절로 자란다.

모습 여러해살이풀. 높이가 30~100cm다. 온몸에 거친 털이 나며, 땅 속에서 짧은 뿌리줄기가 자란다.

잎 어긋나기. 길이 5~8cm로 긴 달걀꼴이며 끝이 뾰족하다.

꽃 6~8월에 핀다. 상아색 바탕에 초록색이나 자주색 반점이 있다. 통꽃으로 종 모양이고 위쪽이 5갈래로 갈라진다. 꽃받침도 5갈래로 갈라지며 수술은 5개, 암술은 1개다.

열매 삭과. 9~10월에 익으며, 달걀꼴이다.

쓰임새 꽃을 감상하려고 심어 가꾸며, 어린 잎을 나물로 먹는다.

꽃과 열매 　 잎차례

꽃 꽃잎이 완전히 붙은 통꽃으로 가운데는 불룩하고 끝이 5갈래로 갈라졌다.

금강초롱꽃
Hanabusaya asiatica
우리나라에서만 저절로 자라는 특산식물로, 중부 이북 지방의 높은 산에서 자란다. 온몸에 털이 없고 남보라색 꽃이 핀다.

섬초롱꽃 *Campanula takesimana*
울릉도의 바닷가에서 저절로 자란다. 키가 초롱꽃보다 크고 잎이 반들거리며, 꽃잎에 자주색 반점이 많다.

도라지

Platycodon grandiflorum (Jacq.) A. DC. | balloon flower
초롱꽃목 초롱꽃과 | 길경, 산도라지, 돌갓, 경초, 고길경

도라지는 우리나라 전국의 산과 들에서 저절로 자라는 토박이 식물이다. 덩이뿌리를 먹거나 약으로 쓰려고 곳곳에서 많이 심어 가꾼다.

줄기는 곧게 자라며, 자르면 흰 즙이 흘러 나온다. 땅 속의 덩이뿌리는 살과 즙이 많고 오랫동안 자랄수록 굵어진다. 잎은 줄기의 위치에 따라 다르게 달리며, 잎 뒤쪽은 녹색 바탕에 흰빛이 돌고 가장자리에 무딘 톱니가 있다. 꽃봉오리는 바람을 불어 넣은 풍선처럼 둥글게 부풀어 있다가 풍선이 터질 때처럼 '팍' 소리를 내면서 벌어진다. '벌룬 플라워'(balloon flower)는 이러한 생김새에서 나온 영어 이름이다. 꽃받침이 5갈래로 갈라지며 암술은 1개, 수술은 5개다.

덩이뿌리로는 온갖 음식을 만들어 먹고, 꽃잎은 튀김이나 샐러드, 화전 등을 만들어 먹는다. 덩이뿌리를 '길경'이라고 하여 약으로 쓰는데, 100년 묵은 것은 산삼만큼 좋다고 한다. 감기로 나타나는 여러 증상에 잘 듣는데, 요즘에는 암을 고치는 약으로 연구하고 있다. 꽃이 예뻐서 마당에 심어 집안을 꾸며도 좋다.

사는 곳 우리나라 전국에서 저절로 자란다.

모습 여러해살이풀. 높이가 40~100cm다. 땅 속에서 덩이뿌리가 자란다.

잎 줄기의 아래쪽에서는 마주나기, 위쪽에서는 어긋나기나 3~4장씩 돌려나기. 길이 4~7cm로 긴 달걀꼴이나 넓은 피침꼴이다. 뒤쪽은 녹색 바탕에 흰빛이 돌고, 가장자리에 무딘 톱니가 있다.

꽃 7~9월에 핀다. 보라색이거나 흰 통꽃으로 끝이 5갈래로 갈라져서 크게 벌어진다.

열매 삭과. 9~10월에 익는다. 달걀꼴이며, 속이 몇 칸으로 나뉘어 있다.

쓰임새 먹거나 약으로 쓴다.

꽃과 열매   잎차례

꽃이 핀 모습

꽃 꽃잎이 완전히 붙은 통꽃이며, 위쪽이 세모꼴로 5갈래 갈라졌다.

꽃봉오리 손으로 누르면 '팍' 소리를 내면서 벌어진다.

무리지어 꽃 핀 모습

열매 달걀꼴이며, 꽃받침조각이 달린 채로 익는다.

잔대의 꽃차례 옅은 보라색 꽃 밖으로 암술대가 길게 나와 있다.

잔대 *Adenophora triphylla* var. *japonica*
우리나라 산과 들에서 흔히 자란다. 도라지처럼 굵은 덩이뿌리가 생기며, 꽃은 7~9월까지 옅은 보라색으로 피고 암술대가 길게 나온다.

199

더덕

Codonopsis lanceolata (S. et Z.) Trautv. | lance asia bell, bonnet bellflower
초롱꽃목 초롱꽃과 | 산승, 산더덕, 사삼

더덕은 우리나라 전국의 숲 속에서 저절로 자라며 중국이나 일본, 만주에서도 자란다. 덩이뿌리를 먹거나 약으로 쓰려고 많이 심어 가꾸는데, 바람이 잘 통하는 곳에서 잘 자란다.

온몸에서 독특한 향이 나는 까닭은 줄기 속에 짙은 향을 내는 흰 즙이 흐르기 때문이다. 땅 속에서는 덩이뿌리가 아주 굵게 자라며, 줄기는 덩굴지면서 다른 물체를 감아 올라간다. 잎은 보통 어긋나게 붙는데, 이따금 짧은 가지에서는 4장이 서로 가깝게 마주 붙는다. 꽃은 짧은 가지 끝에 밑으로 처져서 달린다. 꽃잎은 완전히 붙지만 위쪽이 5갈래로 갈라지면서 뒤로 말린다. 꽃받침은 긴 타원꼴로 5갈래 갈라지고, 열매가 익을 때까지 오랫동안 남는다.

덩이뿌리는 달고도 쌉쌀해서 구이, 장아찌, 자반, 정과, 술 등 여러 음식을 만들어 먹으며, 인삼에 들어 있는 물질인 '사포닌'이 있어서 약으로 많이 쓴다. 피곤함을 줄여 기운을 돋우고 피를 새로 만들며 가래나 염증, 독을 없애는 효능이 있다. 봄에는 어린 잎을 나물로 먹는다.

사는 곳 우리나라 전국에서 저절로 자란다.

모습 여러해살이 덩굴풀. 땅 속에서 덩이뿌리가 자라고, 줄기는 길이 약 200cm로 덩굴지면서 뻗는다.

잎 어긋나기. 길이 3~10cm로 긴 타원꼴이나 피침꼴이다. 앞쪽은 녹색이고 뒤쪽은 흰색이다. 털이 없고 가장자리가 밋밋하다.

꽃 8~9월에 핀다. 길이 3~3.5cm인 통꽃으로 겉은 연두색이고 속은 갈색이다. 위쪽이 5갈래로 갈라져서 뒤로 조금 말린다.

열매 삭과. 10월에 익는다. 원뿔꼴이며, 꽃받침이 오랫동안 붙어 있다.

쓰임새 먹거나 약으로 쓴다.

꽃과 열매    잎차례

열매 원뿔꼴이며, 꽃받침이 붙은 채로 익는다.

줄기 버팀대를 타고 올라간 모습으로, 땅 속엔 덩이뿌리가 있다.

꽃 겉은 연두색이고 속은 갈색이며, 속 아래쪽에는 갈색 점이 흩어져 있다.

우엉

Arctium lappa L. | burdock weed
초롱꽃목 국화과 | 우방, 우방자

우엉은 외국에서 들어온 식물인데, 우리나라에 아예 터를 잡고 저절로 번식하면서 자라는 귀화식물로 보기도 한다. 추위를 잘 견디며, 기름지고 물이 잘 빠지는 땅에서 자란다.

뿌리에는 살과 즙이 많으며 보통 깊이 50cm쯤 뻗지만, 이따금 100cm보다 더 깊이 뻗기도 한다. 잎은 뿌리와 줄기에서 모두 나온다. 국화과 식물은 대롱꽃과 혀꽃이 모여 두상꽃차례를 이루는 특징이 있다. 꽃잎이 붙어서 대롱처럼 된 꽃은 대롱꽃, 꽃잎 1장처럼 된 꽃은 혀꽃이라고 부르며, 두상꽃차례는 꽃 1송이처럼 보인다. 우엉도 국화과 식물이지만 두상꽃차례가 대롱꽃으로만 되어 있고, 엉겅퀴와 비슷하게 생겼다. 총포는 공 모양이며, 총포조각은 비늘 모양이고 끝이 갈고리처럼 굽는다.

뿌리는 장아찌를 담거나 조려서 반찬으로 먹고, 김밥 속에 넣는다. 어린 잎은 쌈을 하거나 국을 끓여서 먹는다. 뿌리나 열매를 약으로 쓰는데, 나쁜 균을 죽이고 오줌을 잘 누게 하며, 독이 있는 벌레에 물렸을 때 통증을 없애고 상처를 아물게 한다.

사는 곳 원산지가 유럽이나 중국이라는 설이 있다. 우리나라 전국에서 심어 가꾼다.

모습 두해살이풀. 높이가 약 150cm다. 뿌리가 깊이 30~60cm로 곧게 뻗고, 줄기는 가지를 많이 치면서 곧게 자란다.

잎 뿌리에서는 모여나기, 줄기에서는 어긋나기. 길이 약 30cm로 앞쪽은 녹색이고 뒤쪽은 조금 희다. 가장자리에 톱니가 있다.

꽃 두상꽃차례가 여러 개 모인 산방꽃차례. 7월에 핀다. 짙은 자주색이다.

열매 수과. 9월에 밤색으로 익으며 긴 타원꼴이다.

쓰임새 먹거나 약으로 쓴다.

꽃과 열매  잎차례

꽃차례 대롱꽃으로만 된 두상꽃차례가 여러 개 모여 산방꽃차례를 이룬 모습이 엉겅퀴와 비슷하다.

꽃이 핀 모습

뿌리 땅 속 깊이 뻗고, 봄이나 가을에 캐어 반찬을 만들어 먹는다.

솜다리

Leontopodium coreanum Nakai | edelweiss
초롱꽃목 국화과 | 에델바이스, 조선화융초

솜다리는 아주 높은 산에서 드물게 자라는 희귀식물이며, 메마르고 가파른 낭떠러지나 바위틈에 뿌리를 내리고 산다. 솜다리 종류를 통틀어 '에델바이스' 라고 부른다. 에델바이스는 알프스같이 높고 험한 산을 오르는 사람들이 자주 보는 식물이어서 '산을 벗 삼는 사람들의 꽃' 으로 알려져 있다.

온몸에 흰 털이 많이 나는 특징이 있다. 높은 산이나 바닷가에서 자라는 식물은 보통 털이 많이 나는데, 세찬 바람의 힘을 털이 줄여 주기 때문이다. 바람이 좀 약한 낮은 곳에서 가꾸면 털이 꽤 줄어든다. 줄기는 뿌리에서 여러 개 한꺼번에 나온다. 꽃이 달리는 줄기와 안 달리는 줄기가 따로 있으며 잎의 생김새가 저마다 다르다. 꽃줄기에서 나온 짧은 꽃자루에 1송이씩 달리는 꽃이 여러 송이 모여 두상꽃차례를 이룬다.

꽃을 보려고 바위가 있는 뜰이나 화분에 심어 가꾼다. 어린 잎을 먹지만 워낙 귀해서 먹어 보기가 어렵다.

사는 곳 우리나라의 한라산과 중부 이북 지방에서 저절로 자란다.

모습 여러해살이풀. 높이가 15~25cm다. 온몸에 흰 털이 많이 난다. 뿌리에 났다가 꽃이 피자 스러진 잎이 꽃줄기의 밑동을 덮는다.

잎 뿌리 근처에서는 모여나기, 줄기에서는 어긋나기. 꽃이 안 달리는 줄기에는 길이 2~7cm의 피침꼴 잎이 달리고, 꽃이 달리는 줄기에는 길이 3~6cm의 긴 타원꼴 잎이 달린다.

꽃 두상꽃차례. 5~9월에 핀다. 8~16송이씩 모여 달리며, 노랗다.

열매 수과. 10월에 익는다. 길이 약 0.1cm로 긴 타원꼴이며, 짧은 털이 빽빽이 난다.

쓰임새 꽃을 감상하려고 심어 가꾸며, 어린 잎은 먹는다.

꽃과 열매 | 잎차례

꽃차례 노란 꽃 여러 송이가 둥글게 모인 두상꽃차례다.

왜솜다리 *Leontopodium japonicum* 고산지대에서 흔하게 자란다.

쑥

Artemisia princeps var. *orientalis* (Pamp.) Hara | mugwort

초롱꽃목 국화과 | 황초, 향애

쑥은 들이나 산기슭에서 흔하게 자라며, 생명력이 아주 강하다. 건강하게 잘 자라는 아이를 보고 "쑥쑥 잘도 큰다"고 말하는데, '쑥쑥' 은 자라기 어려운 곳에서도 잘 견디는 쑥의 모습에서 나온 의태어다.

땅 속의 뿌리줄기가 옆으로 퍼져 나가면서 군데군데 뿌리를 내리고 새싹을 내보내므로 무리지어 자란다. 뿌리에 나는 잎은 얼마 뒤에 스러지며, 줄기에 나는 잎은 줄기 아래쪽으로 갈수록 여러 갈래로 깊이 갈라지고, 위쪽으로 갈수록 작아지면서 덜 갈라진다. 줄기 끝에 한쪽으로 치우쳐서 원뿔꼴로 생기는 꽃차례는 두상꽃차례가 여러 개 모여서 된 것이다. 두상꽃차례는 언뜻 꽃 1송이로 보이지만, 자세히 들여다보면 아주 작은 꽃이 여러 송이 다닥다닥 붙어 있다.

잎은 피를 잘 돌게 하고 몸을 따뜻하게 하며 소화를 도와서 약으로 많이 쓰고, 말려서 뜸을 뜨는 데도 쓴다. 향이 짙어서 여름에 줄기와 잎을 태워 연기를 내어 모기를 쫓는다.

어린 잎 국을 끓이거나 떡을 만들어 먹는다.

꽃이 핀 모습

사는 곳 우리나라 전국에서 저절로 자란다.

모습 여러해살이풀. 높이가 60~120cm다. 땅 속에서 뿌리줄기가 길게 뻗고, 겉에 세로줄무늬가 있는 줄기가 곧게 자란다.

잎 어긋나기. 길이 6~12cm로 타원꼴이며, 여러 갈래로 깊이 갈라지고 갈라진 조각은 2~4쌍이다. 뒤쪽에 흰 털이 빽빽이 난다.

꽃 두상꽃차례가 여러 개 모인 원추꽃차례. 7~10월에 핀다. 옅은 자주색이며, 총포는 종 모양이고 총포조각이 4줄로 늘어선다.

열매 수과. 9~10월에 익는다. 길이 약 0.15cm로 털이 없다.

쓰임새 먹거나 약으로 쓴다.

꽃과 열매    잎차례

제비쑥 *Artemisia japonica*
온몸에 털이 거의 없다. 잎은 줄기에 어긋나게 붙고, 길이 3~6cm로 위쪽만 갈라진다. 총포조각이 4줄로 늘어선다.

사철쑥 *Artemisia capillaris*
강가나 바닷가에서 자란다. 줄기의 아래쪽이 나무처럼 단단하며, 잎은 작은 잎 여러 장으로 된 깃꼴겹잎이고 가늘게 갈라진다. 총포조각이 3~4줄로 늘어선다.

참취

Aster scaber Thunb. | rough aster

초롱꽃목 국화과 | 나물채, 암취, 백운초, 백산초, 동풍채

참취는 생명력이 아주 강하여 산과 들에서 흔하게 자라며, 중국이나 일본에서도 자란다. 요즘에는 잎을 먹으려고 밭에 심어 가꾸기도 한다.

온몸에 거친 털이 나며, 땅 속에는 뿌리줄기가 짧고 굵게 자란다. 뿌리줄기에서 갈라진 가지는 땅 위에서 야트막하게 옆으로 뻗는다. 뿌리에서 나온 잎은 심장꼴이고 잎자루가 길며 꽃이 필 무렵에 스러진다. 줄기에서 나온 잎은 뿌리에서 나온 잎보다 좀더 작고 잎자루에 날개가 있으며 위쪽으로 갈수록 잎자루가 짧아진다. 노란 대롱꽃과 흰 혀꽃으로 된 두상꽃차례가 가지 끝에 여러 개 모여서 둥그스름한 산방꽃차례를 이룬다. 대롱꽃은 꽃잎이 퇴화하고 암술과 꽃밥이 발달한다. 열매의 머리 쪽에는 뾰족한 갓털이 난다.

이름 끝에 '취'가 붙는 식물은 모두 취나물이라고 하는데 그 중에서 참취가 대표적이다. 뿌리에서 나오는 어린 싹을 따서 말려 두었다가 나물로 먹는다. 식물체 전부나 뿌리를 약으로 쓰는데, 머리 아픈 데 잘 듣고 뱀에 물렸거나 무언가에 부딪쳐서 난 상처를 아물게 한다.

사는 곳 우리나라 전국에서 저절로 자란다.

모습 여러해살이풀. 높이가 100~150cm다.

잎 어긋나기. 길이 9~24cm, 너비 6~18cm로 심장꼴이고 앞뒤 양쪽에 털이 나며 가장자리에 톱니가 있다. 줄기 아래쪽에 달리는 잎은 잎자루에 날개가 있다.

꽃 두상꽃차례가 여러 개 모인 산방꽃차례. 8~10월에 핀다. 두상꽃차례는 지름 1.8~2.4cm로, 노란 대롱꽃을 흰 혀꽃이 듬성듬성 둘러싼 모양이다.

열매 수과. 11월에 익는다. 길이 0.3~0.35cm로 피침꼴이며, 갓털은 길이 0.35~0.4cm로 검은빛이 도는 흰색이다.

쓰임새 먹거나 약으로 쓴다.

꽃과 열매 　 잎차례

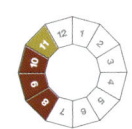 

꽃차례 노란 대롱꽃과 흰 혀꽃으로 된 두상꽃차례가 가지 끝에 여러 개 모여 산방꽃차례를 이룬다.

대롱꽃의 암술과 수술

도꼬마리

Xanthium strumarium L. | siberian cocklebur
초롱꽃목 국화과 | 창이

도꼬마리는 들이나 길가의 햇볕이 잘 드는 낮은 곳에서 많이 자라며, 일본과 중국, 러시아에서도 자란다.

줄기는 보통 옅은 녹색으로 군데군데 검은 자주색 얼룩무늬가 있다. 넓적한 잎이 줄기에 어긋나게 붙고, 잎자루는 꽃차례나 열매보다 길다. 꽃은 줄기나 가지의 끝에 달린다. 수꽃과 암꽃이 한 그루에 따로 달리는데 수꽃은 위쪽, 암꽃은 아래쪽에서 각각 두상꽃차례를 만든다. 암꽃은 암술과 가시가 2개씩 있으며, 꽃이 지고 열매를 맺으면 점점 타원꼴로 커지면서 익는다. 열매는 겉에 갈고리 같은 가시가 많이 돋아서 사람의 옷이나 동물의 털에 잘 달라붙는다. 이따금 식물의 열매에 끈끈한 물질이나 가시가 있는 까닭은 쉽게 번식하기 위해서다. 큰 열매는 먼 곳까지 스스로 퍼져 나가기 어려우므로, 다른 생물의 몸에 붙어 이동함으로써 쉽게 씨앗을 퍼뜨린다.

예로부터 열매를 말려서 약으로 썼는데 온갖 병에 잘 듣는다고 한다. 잎은 눈과 귀를 밝게 하고 머리 아픈 데 잘 듣는다고 한다.

사는 곳 우리나라 전국에서 저절로 자란다.

모습 한해살이풀. 높이가 약 100cm다. 줄기에 털이 많이 난다.

잎 어긋나기. 길이 5~15cm로 넓은 세모꼴이고 3갈래로 갈라진다. 큰 맥이 3개 있으며, 가장자리에 톱니가 있다.

꽃 두상꽃차례. 암수한그루. 8~9월에 노랗게 핀다. 수꽃차례는 위쪽에, 암꽃차례는 아래쪽에 생긴다.

열매 수과. 10월에 익는다. 길이 약 1cm로 타원꼴이며, 갈고리 모양의 가시가 돋은 총포에 싸여 있다.

쓰임새 식물체 곳곳을 약으로 쓴다.

꽃과 열매 잎차례

큰도꼬마리의 수꽃차례

큰도꼬마리의 꽃 핀 모습

가시도꼬마리의 암꽃차례

강아지 털에 붙은 열매
열매 겉에 갈고리 모양의 가시가 있어서 사람의 옷이나 동물의 털에 잘 달라붙는다.

쑥부쟁이

Aster yomena Makino | starwort

초롱꽃목 국화과 | 산백국, 소설화, 야백국, 마란, 들국화, 자채, 홍관약, 권연초, 드릇국화, 숙지나물

쑥부쟁이는 산의 숲 가장자리처럼 햇볕이 잘 들고 메마른 곳에서 잘 자란다. 꽃 모양이 거의 같은 개쑥부쟁이나 가새쑥부쟁이 등을 보고 쑥부쟁이로 잘못 알기 쉬운데, 진짜 쑥부쟁이는 흔치 않아서 보기 어렵다.

뿌리줄기가 옆으로 뻗고 군데군데 새싹이 나와 자라면서 포기를 늘리므로 무리지어 자란다. 뿌리에 나는 잎은 꽃이 필 무렵에 스러진다. 꽃은 여름부터 가을까지 피는데, 노란 대롱꽃과 옅은 보라색 혀꽃으로 된 두상꽃차례가 줄기와 가지의 끝에 1개씩 달린다.

어린 싹은 나물로 먹는다. 식물체 전부를 약으로 쓰는데, 감기에 걸려 목이 붓고 열이 나거나 기관지에 염증이 나서 기침을 많이 할 때 잘 듣는다. 쑥부쟁이 종류는 꽃이 아름답고 오래가며 가꾸기 편해서 뜰을 꾸밀 때 심으면 좋다. 한라산에서 자라는 눈개쑥부쟁이는 바람을 덜 맞으려고 낮게 자라는데, 땅을 야트막하게 덮으면서 자라는 모습이 무척 아름답다.

꽃차례 가운데에 노란 대롱꽃이 모여 있고, 가장자리는 옅은 보라색 혀꽃이 둘러싼 두상꽃차례다.

사는 곳 우리나라 전국에서 저절로 자란다.

모습 여러해살이풀. 높이가 30~100cm다. 땅 속에서 뿌리줄기가 옆으로 길게 뻗는다.

잎 어긋나기. 피침꼴이고 깃꼴로 깊이 갈라지며 가장자리에 굵은 톱니가 있다.

꽃 두상꽃차례. 7~10월에 핀다. 꽃차례는 지름 약 2.5cm로 노란 통꽃과 옅은 보라색 혀꽃으로 되어 있다.

열매 수과. 10~11월에 익는다. 길이 약 0.25cm로 달걀꼴이며, 길이 약 0.05cm인 갓털이 달린다.

쓰임새 꽃을 감상하려고 심어 가꾸고, 먹거나 약으로 쓴다.

꽃과 열매  　 잎차례

개쑥부쟁이 *Aster ciliosus*
혀꽃과 대롱꽃 모두 밑에 씨방과 털이 있다. 몸이 쑥부쟁이보다 크며 혀꽃도 좀 크다. 열매는 길이 약 0.4cm다.

갯쑥부쟁이 *Aster hispidus*
바닷가에 있는 산이나 메마른 곳에서 자란다. 잎은 두껍고 가장자리에 톱니가 없다. 열매는 수과로, 길이 0.3~0.4cm인 갓털이 달린다.

도깨비바늘

Bidens bipinnata L. | spanish needles
초롱꽃목 국화과 | 가마귀바농

도깨비바늘은 햇볕이 잘 들고 물기가 있는 산과 들의 빈터에 잘 자란다. 줄기는 네모지고 털이 거의 안 난다. 잎은 줄기에 몇 장씩 마주 붙어서 달리며, 줄기의 가운데에 달리는 잎은 깃꼴로 깊이 갈라지고 앞뒤 양쪽에 털이 조금 난다.

대롱꽃과 혀꽃으로 된 노란 두상꽃차례가 줄기나 가지의 끝에 1개씩 달린다. 혀꽃은 1~3송이 달리며, 총포는 통 모양이고 총포조각 5~7개로 되어 있다. 열매는 가늘고 길며, 위를 향한 가시 모양의 짧은 털이 달린다. 열매의 머리 쪽에는 갓털이 3~4개 달린다. 갓털에는 아래를 향한 가시 모양의 털이 달려서 다른 물체에 잘 달라붙는다. 사람의 옷이나 동물의 몸에 붙어 자라던 곳에서 멀리 떠남으로써 씨앗을 널리 퍼뜨린다.

어린 잎은 먹는다. 식물체 전부를 약으로 쓰는데, 피를 맑게 하고 종기를 없애며 독을 푸는 효능이 있다.

사는 곳 우리나라 전국에서 저절로 자란다.

모습 한해살이풀. 높이가 25~85cm다.

잎 마주나기. 줄기의 가운데에 달린 것은 길이 11~19cm며, 위쪽으로 갈수록 작아진다. 잎자루는 길이 3.5~5cm다.

꽃 두상꽃차례. 8~9월에 핀다. 꽃차례는 지름 0.6~1cm로 대롱꽃과 혀꽃으로 되어 있다.

열매 수과. 9~10월에 익는다. 길이 1.2~1.8cm로 선꼴이고 모서리가 3~4개 있다.

쓰임새 먹거나 약으로 쓴다.

꽃과 열매  잎차례

열매이삭 열매의 갓털에 가시 모양의 털이 있다.

까치발의 꽃 지고 열매 맺는 모습

꽃차례 대롱꽃과 혀꽃으로 된 두상꽃차례가 줄기나 가지의 끝에 1개씩 달려 있다.

금잔화

Calendula arvensis L. | common marigold, yellow ox eye, calendula
초롱꽃목 국화과 | 금송화, 금전화

금잔화는 가을에 씨앗을 뿌리면 겨울에 싹이 나고 이듬해 4~5월에 꽃이 피기 시작한다.

줄기의 털에서는 독특한 냄새가 짙게 나며, 대롱꽃과 혀꽃으로 된 두상꽃차례가 줄기와 가지의 끝에 1개씩 달린다. 노란 대롱꽃 여러 송이가 안쪽에 오목하게 들어가서 달리고, 주황색 혀꽃 여러 송이가 바깥쪽에서 여러 층으로 겹쳐 달린 꽃차례 모습이 술잔 같다고 해서 '금잔화'라는 이름이 붙었다. 대롱꽃은 씨방이 휘어서 열매를 잘 맺지 못하고, 주로 혀꽃이 열매를 맺는다. 품종에 따라 꽃 색깔이 다르며, 해가 저물면 혀꽃이 오므라든다.

속명인 '칼렌듈라'(*Calendula*)는 '1년 내내'를 뜻하는 라틴어로 꽃이 오랫동안 피어서 붙은 말이며, '캘린더'(calendar, 달력)도 여기에서 나온 말이다. 영어 이름인 '매리골드'(marigold)는 '성모마리아의 황금'이란 뜻이다.

잎을 나물로 먹고, 식물체 전부나 꽃을 약으로 쓴다. 배 아픈 데 잘 들고 오줌을 잘 누게 하며, 피를 멎게 하고 통증을 줄인다. 꽃이 아름다워서 전 세계에서 여러 원예 품종을 만들어 즐겨 심는다.

사는 곳 원산지는 지중해 연안과 유럽 남부 지방이다. 우리나라 전국에서 심어 가꾼다.

모습 한해살이나 두해살이풀. 높이가 10~30cm다. 줄기는 가지를 치면서 자라고 짧은 털이 난다.

잎 어긋나기. 긴 타원꼴이고 겉이 반들반들하며 가장자리에 톱니가 있다.

꽃 두상꽃차례. 4~10월에 핀다. 꽃차례는 지름 1.5~2cm로 노란 대롱꽃과 주황색 혀꽃으로 되어 있다.

열매 수과. 9~11월에 익는다. 자라면서 굽고, 겉에 뾰족한 가시가 돋는다.

쓰임새 꽃밭이나 화분에 심어 집안을 꾸미며, 약으로 쓴다.

꽃과 열매  잎차례

꽃차례 오목하게 들어가 있는 대롱꽃을 혀꽃이 여러 겹으로 에워싼 두상꽃차례다.

무리지어 꽃 핀 모습 키가 작으므로 꽃밭의 맨 앞쪽에 심어 가꾸는 것이 좋다.

덜 익은 열매이삭 혀꽃이 진 자리에 열매가 달려 있다.

과꽃

Callistephus chinensis (L.) Nnees | china aster

초롱꽃목 국화과 | 당국화, 취국화, 추모란, 벽남국

과꽃은 원래 우리나라의 북부 지방에서 만주까지 두루 걸쳐 저절로 자란다. 18세기 무렵 유럽으로 건너가서 지금의 과꽃과 같은 원예 품종이 500종쯤 만들어져 전 세계로 퍼졌다.

줄기는 모가 지고 자줏빛이 돌며, 흰 털이 나고 가지를 많이 친다. 줄기의 아래쪽에 달리는 잎은 꽃이 필 무렵에 스러지며, 가운데에 달리는 잎은 겉에 거친 털이 난다. 대롱꽃과 혀꽃으로 된 두상꽃차례가 긴 꽃자루 끝에 1개씩 달린다. 보통 대롱꽃은 노랗고 혀꽃은 남색인데, 품종에 따라 혀꽃의 색깔이 조금씩 다르다. 총포조각은 3줄로 늘어서고 가장자리에 털이 난다.

손수 가꾸려면 씨앗을 심으면 된다. 15~20℃에서 키워야 싹이 잘 트며, 4월 중순쯤에 씨앗을 뿌리면 7~9월에 꽃을 볼 수 있다. 이어짓기를 하면 제대로 자라지 못하므로 해마다 새로운 땅에서 가꾸는 것이 좋다. 어린 싹을 나물로 먹고, 꽃은 눈이 충혈되었을 때 약으로 쓴다. 마당이나 화분에 심어 집안을 꾸미기에 좋고, 꽃꽂이 재료로 많이 쓴다.

사는 곳 우리나라 북부 지방에서 저절로 자라며, 전국에서 심어 가꾼다.

모습 한해살이풀. 높이가 30~100cm다. 땅 속에서 잔뿌리가 사방으로 뻗는다.

잎 어긋나기. 줄기의 가운데에 달리는 잎은 길이 5~6cm로 달걀꼴이며, 잎자루는 길이 7~8.5cm로 좁은 날개가 달린다.

꽃 두상꽃차례. 7~9월에 핀다. 꽃차례는 지름 6.5~7.5cm로 대롱꽃과 혀꽃으로 되어 있다.

열매 수과. 10~11월에 익는다. 길이 0.3~0.35cm의 긴 타원꼴로 겉에 줄무늬가 나고 위쪽에 갓털이 달린다.

쓰임새 꽃을 감상하려고 심어 가꾸며, 나물로 먹거나 약으로 쓴다.

꽃과 열매  잎차례

꽃차례 품종에 따라 혀꽃의 개수나 모양이 다르고 색깔도 흰색, 보라색, 분홍색, 남색 등으로 다르다.

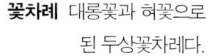

꽃차례 대롱꽃과 혀꽃으로 된 두상꽃차례다.

쑥갓

Chrysanthemum coronarium var. *spatiosum* Bailey | crown daisy, garland chrysanthemum

초롱꽃목 국화과 | 동호, 춘국, 국채

원산지에서는 꽃을 보려고 쑥갓을 심어 가꾸었지만, 우리나라에서는 채소로 먹으려고 밭에 심어 가꾼다. 조선시대나 그 이전에 들여왔다고 하며, 서늘한 기후를 좋아하지만 우리나라의 여름과 겨울 기후도 잘 견딘다. 온몸에서 독특한 향기가 짙게 나며, 잎에는 살과 즙이 조금 있고 잎자루는 없다. 대롱꽃과 혀꽃으로 된 두상 꽃차례가 줄기와 가지의 끝에 1개씩 달리며, 열매는 옅거나 짙은 갈색이다.

4월쯤에 씨앗을 뿌려 흙을 얇게 덮어 주면 5월쯤에 키가 한 뼘보다 좀 크게 자라는데, 이 때부터 꽃이 피기 전까지 어린 줄기와 싹을 따서 먹는다. 비타민 A·B·C와 칼슘이 풍부하게 들어 있어서 몸에 이롭다. 상큼한 향기가 입맛을 돋우므로 나물이나 쌈, 튀김을 해서 먹고 생선 요리의 비린내를 없애는 향신료로 많이 쓴다. 마음을 편안하게 하고 위나 장을 튼튼하게 하며, 변비를 낫게 하고 가래를 없애는 효능이 있어서 약으로도 쓴다. 꽃과 잎은 염색 원료로 쓴다.

사는 곳 원산지는 지중해 연안이다. 우리나라 전국에서 심어 가꾼다.

모습 한해살이나 두해살이풀. 높이가 30~60cm다. 온몸에서 독특한 향이 나며 털은 없다.

잎 어긋나기. 깃꼴로 여러 갈래 깊이 갈라지며, 아래쪽이 좁아지면서 줄기를 감싼다.

꽃 두상꽃차례. 5월에 핀다. 희거나 노랗고, 꽃차례는 지름 약 3cm로 대롱꽃과 혀꽃으로 되어 있다.

열매 수과. 7~8월에 익는다. 길이 약 0.25cm로 기둥꼴이며 모서리가 3~4개 있다.

쓰임새 먹거나 약으로 쓴다.

 꽃과 열매   잎차례

꽃이 핀 모습 대롱꽃과 혀꽃으로 된 두상꽃차례가 줄기와 가지의 끝에 1개씩 달려 있다.

꽃이 피기 전의 어린 모습

열매이삭 기둥꼴 열매가 여러 개 모여 달렸다.

국화

Chrysanthemum morifolium Ramat | chinese chrysanthemum
초롱꽃목 국화과 | 국, 황국

국화의 원산지는 우리나라나 중국 등으로 알려져 있지만 원예 품종이 워낙 많아서 품종마다 원산지를 정확히 알 수 없다. '국화'는 여러 원예 품종을 통틀어 일컫는 이름이다. 동양에서 감상하려고 심어 가꾼 식물 중에서 가장 오래되었으며 예로부터 매화, 난초, 대나무와 함께 '사군자'로 부르면서 소중히 여기고 예찬했다.

대롱꽃과 혀꽃이 모여 두상꽃차례를 이루는데, 대롱꽃은 암술과 수술을 모두 갖추지만 혀꽃은 암술만 갖춘다. 꽃의 색깔과 모양은 품종에 따라 다르다. 색깔은 흰색, 노란색, 주황색, 자주색, 보라색 등 여러 가지다. 꽃차례의 크기도 저마다 달라서 크기에 따라 대국(大菊), 중국(中菊), 소국(小菊)으로 품종을 나누며 꽃줄기 1개에 꽃차례가 1개 달리는 품종을 대륜국화, 여러 개 달리는 품종은 소륜국화라고 한다. 대부분이 오랫동안 꽃 부분만 개량한 원예 품종이어서 열매를 잘 맺지 못하므로, 주로 꺾꽂이로 번식시킨다.

꽃은 아름답고 향기로워서 술을 담그거나 차를 만들어 마신다. 뿌리나 잎, 꽃은 여러 병을 낫게 해서 약으로 쓴다.

사는 곳 우리나라 전국에서 저절로 자라거나 심어 가꾼다.

모습 여러해살이풀. 높이가 약 100cm다. 줄기는 나무처럼 단단해진다.

잎 어긋나기. 달걀꼴이며 깃꼴로 여러 갈래 깊이 갈라진다. 갈라진 조각에는 톱니가 있다.

꽃 두상꽃차례. 주로 9~10월에 피지만 품종에 따라 1년 내내 피기도 한다. 대롱꽃과 혀꽃으로 된 꽃차례가 줄기 위쪽의 가지 끝에 달린다.

열매 10~11월에 익지만 잘 맺지 않는다.

쓰임새 꽃을 감상하려고 심어 가꾸며, 먹거나 약으로 쓴다.

꽃과 열매   잎차례

여름에 피는 소국의 한 품종으로 '귀부인'이라고 부른다.

무리지어 꽃 핀 모습

대륜국화의 한 품종으로 '공작'이라고 부른다.

구절초

Chrysanthemum zawadskii var. *latilobum* Kitamura | siberian chrysanthemum
초롱꽃목 국화과 | 넓은잎구절초, 들국화, 창다구이, 고뽕, 선모초

구절초는 산과 들의 아무데서나 자라고, 우리나라뿐만 아니라 중국, 일본, 몽골까지 널리 퍼져 자란다. 생명력이 강하고 가꾸기에 편해서 뜰이나 길가의 꽃밭에 많이 심어 가꾼다.

뿌리줄기가 옆으로 뻗으면서 군데군데 새 뿌리를 내리므로 무리지어 자란다. 줄기에 생기는 마디는 5월 단오 무렵이 되면 5개쯤 되고 음력 9월 9일이 되면 9개가 된다고 한다. '아홉 마디'(九折)가 생긴 줄기를 약으로 쓰는 풀이라고 하여 '구절초'(九折草)라고 부른다. 대롱꽃과 혀꽃으로 된 두상꽃차례가 줄기나 가지 끝에 1개씩 달리고, 한 포기에 보통 5개쯤 달린다. 대롱꽃은 노랗고, 혀꽃은 희거나 옅은 분홍색이다.

식물체 전부를 약으로 쓰는데, 나이 든 여자가 자주 걸리는 병에 잘 듣는다. 어린 싹을 나물로 먹고, 백설기를 찔 때 잎을 넣으면 예쁜 색깔도 나고 향긋해진다.

사는 곳 우리나라 전국에서 저절로 자란다.

모습 여러해살이풀. 높이가 약 50cm다. 땅 속의 뿌리줄기가 옆으로 길게 뻗고, 줄기는 곧게 자란다.

잎 어긋나기. 달걀꼴이며 깃꼴로 여러 갈래 깊이 갈라진다.

꽃 두상꽃차례. 8~10월에 핀다. 꽃차례는 지름 약 8cm로 대롱꽃과 혀꽃으로 되어 있다.

열매 수과. 10~11월에 익으며 긴 타원꼴이다.

쓰임새 꽃을 감상하려고 심어 가꾸고, 식물체 전부를 약으로 쓴다.

꽃과 열매  잎차례

꽃차례 수많은 대롱꽃이 가운데에 모여 있고 옅은 분홍색 혀꽃이 가장자리를 에워싼 두상꽃차례다.

한라구절초 *Chrysanthemum zawadskii* Herb. ssp. *coreanum*
한라산에서 자란다. 꽃차례가 구절초보다 작으며 아주 메마른 곳에서도 잘 자라므로 꽃밭에 많이 심는다.

산구절초 *Chrysanthemum zawadskii*
고산 지대에서 자란다. 잎이 구절초보다 훨씬 많이 갈라지고, 꽃차례는 더 작다.

무리지어 꽃 핀 모습 생명력이 강해서 도로 가장자리나 꽃밭, 공원을 향기롭게 꾸미기에 좋다.

바위구절초
Chrysanthemum zawadskii var. *alpinum*
고산 지대의 바위틈에서 자란다.

서흥구절초
Chrysanthemum zawadskii var. *leiophyllum*
황해도 서흥 지방에서만 자라며, 잎 가장자리가 깊이 갈라지지 않는다.

산국

Chrysanthemum boreale Makino | north chrysanthemum

초롱꽃목 국화과 | 들국화, 개국화, 황국

산국은 햇볕이 잘 드는 산 가장자리의 들판이나 비탈진 땅에서 잘 자라며 일본, 중국, 러시아까지 널리 퍼져서 자란다.

줄기의 밑동에서 나오는 잎은 꽃이 필 때 스러진다. 가을이면 줄기와 가지의 끝에 노란 두상꽃차례 여러 개가 원뿔꼴로 모여 달린다. 두상꽃차례는 대롱꽃과 혀꽃으로 되어 있는데, 대롱꽃은 꽃잎 위쪽이 5갈래로 갈라지고 혀꽃은 길이가 0.5~0.7cm다.

꽃이 아름답고 향기로우며 가꾸기도 쉬워서 가을에 뜰을 꾸미려고 많이 심어 가꾼다. 요즘에는 산국을 크고 화려하게 개량한 원예 품종이 있다고 한다. 어린 싹을 나물로 먹고, 꽃잎은 말렸다가 바람이 통하는 주머니에 넣어서 방안을 향기롭게 꾸미는 데 쓰거나 차를 만들어 마신다. 꽃을 약으로 쓰면 어지럽거나 머리가 아픈 데 잘 듣는다.

사는 곳 우리나라 전국에서 저절로 자란다.

모습 여러해살이풀. 높이가 약 100cm다. 줄기는 가지를 많이 치며, 희고 짧은 털이 많이 난다.

잎 어긋나기. 길이 5~7cm로 달걀꼴이며, 깃꼴로 여러 갈래 깊이 갈라진다.

꽃 두상꽃차례가 여러 개 모인 원추꽃차례. 9~10월에 핀다. 두상꽃차례는 지름 1~1.5cm 노란 대롱꽃과 혀꽃으로 되어 있다.

열매 수과. 10~11월에 익는다. 길이 약 0.1cm로 달걀꼴이며 갓털이 없다.

쓰임새 꽃을 감상하려고 심어 가꾸고, 먹거나 약으로 쓴다.

꽃과 열매 | 잎차례

벌이 꽃차례에 앉은 모습 혀꽃을 보고 날아든 벌이 대롱꽃의 꿀을 따면서, 다른 데서 묻혀온 꽃가루를 통꽃 암술머리에 묻히고 있다.

열매가 달린 모습

감국
Chrysanthemum indicum
생김새가 산국과 거의 같지만 꽃차례가 지름 2~2.5cm로 좀더 크다.

코스모스

Cosmos bipinnatus Cav. | common cosmos
초롱꽃목 국화과 | 살살이꽃

코스모스는 길가나 빈터를 꾸미려고 많이 심어 가꾼다. 본래 외국에서 들여와 심어 가꾼 것이 저절로 번식하여 터를 잡아 귀화식물이 되었다.

꽃은 여름부터 가을까지 피는데, 하지가 지나 낮의 길이가 짧아지면 피기 시작한다. 대롱꽃과 혀꽃으로 된 두상꽃차례가 줄기나 가지의 끝에 1개씩 달리며, 대롱꽃은 꽃밥이 노래서 노랗게 보이고 열매를 맺는다. 혀꽃은 6~8장이고 끝이 톱니처럼 얕게 갈라지며 흰색, 옅은 분홍색, 자주색 등 품종에 따라 색깔이 여러 가지다.

대롱꽃과 혀꽃이 조화롭게 모인 꽃차례가 아름다워서 본래 '우주', '질서'를 뜻하는 말인 '코스모스'(cosmos)로 부르게 되었다. 노랑코스모스는 코스모스와 거의 같지만 짙은 노란색 꽃이 피는 점이 크게 다르다. 뿌리를 빼고 통째로 약을 만드는데, 종기가 났다든지 눈이 충혈되었을 때 쓰면 잘 듣는다.

사는 곳 원산지는 멕시코다. 우리나라 전국에서 심어 가꾸고, 저절로 자라기도 한다.

모습 한해살이풀. 높이가 100~200cm다. 줄기는 털이 없고 가지를 많이 친다.

잎 마주나기. 깃꼴로 여러 갈래 깊이 갈라지며, 갈라진 조각은 선꼴이다.

꽃 두상꽃차례. 7~10월에 핀다. 꽃차례는 지름 약 6cm로 대롱꽃과 혀꽃으로 되어 있다. 총포조각이 8장씩 2줄로 늘어선다.

열매 수과. 10~11월에 익는다. 털이 없고, 끝이 새의 부리처럼 길어진다.

쓰임새 꽃을 감상하려고 심어 가꾸고, 약으로 쓴다.

꽃과 열매  잎차례

꽃차례 노란 대롱꽃과 자주색 혀꽃으로 된 두상꽃차례다.

꽃이 핀 모습 하지를 지나 낮이 짧아지기 시작하면 꽃이 피므로 빠르면 7월부터 꽃을 볼 수 있다.

열매 대롱꽃이 진 자리에서 통꽃차례 모양대로 익는다.

엉겅퀴

Cirsium japonicum var. *ussuriense* Kitamura | wild thistle

초롱꽃목 국화과 | 가시나물, 항가시, 항가새, 야옹화, 홍람화, 소왕이

엉겅퀴는 산과 들이 잇닿은 햇볕이 잘 드는 풀밭에서 무리지어 자란다. 식물체 곳곳에 털과 가시가 많이 나고 살갗에 닿으면 따끔거려서 만지기 어려운 식물이다.

　잎은 뿌리와 줄기에서 모두 나오며, 잎의 전체 모습은 타원꼴이지만 가장자리가 깊게 파여서 깃꼴이 된다. 뿌리에서 나오는 잎은 앞뒤 양쪽에 털이 나고, 들쑥날쑥한 가장자리에 딱딱한 가시가 촘촘히 돋는다. 줄기에서 나오는 잎은 뿌리에서 나오는 잎보다 작은데 줄기를 감싼다. 줄기와 가지의 끝에, 혀꽃 없이 대롱꽃으로만 된 두상꽃차례가 1개씩 달린다. 꽃차례를 싸는 총포에서는 끈끈한 진이 흘러 나온다. 열매의 머리 쪽에는 흰 솜처럼 생긴 갓털이 달려서 멀리 날아가 씨앗을 퍼뜨릴 수 있다.

　식물체 전부나 뿌리를 약으로 쓰는데, 피를 멎게 하는 효능이 있다. 피를 엉기게 한다는 뜻에서 생긴 '엉겅피'라는 이름이 변해서 '엉겅퀴'가 되었다는 말이 있다. 어린 잎과 부드러운 줄기는 먹는다.

사는 곳 우리나라 전국에서 저절로 자란다.

모습 여러해살이풀. 높이가 50~100cm다. 줄기는 곧게 자라며, 흰 털과 거미줄처럼 생긴 털이 함께 난다.

잎 어긋나기. 뿌리에서 나오는 잎은 길이 15~30cm, 너비 6~15cm로 타원꼴이며 깃꼴로 여러 갈래 깊이 갈라진다. 줄기에서 나오는 잎은 더 작다.

꽃 두상꽃차례. 6~8월에 핀다. 꽃차례는 지름 3~5cm로 자주색 대롱꽃으로만 되어 있다. 총포는 둥글고 길이 1.8~2cm, 지름 2.5~3.5cm로 총포조각이 7~8줄로 늘어선다.

열매 수과. 9월에 익으며, 길이는 0.35~0.4cm다. 길이 1.6~1.9cm인 갓털이 달린다.

쓰임새 먹거나 약으로 쓴다.

꽃과 열매 　잎차례

꽃 꿀이 많아서 벌이 자주 찾는다.

무리지어 자라는 모습 산과 들이 잇닿은 햇볕이 잘 드는 풀밭에서 자란다.

지느러미엉겅퀴 *Carduus crispus*
뿌리에서 나온 잎은 길이 30~40cm로 꽃이 필 무렵에 스러진다. 줄기에서 나온 잎은 아래쪽이 지느러미 모양의 날개와 하나가 된다.

큰엉겅퀴 *Cirsium pendulum*
높이가 100~200cm다. 뿌리에서 나온 잎은 길이 40~50cm, 너비 약 20cm로 꽃이 필 무렵에 스러진다. 꽃이 아래로 처지고, 열매에 달린 갓털은 길이 1.8~2.2cm다.

고려엉겅퀴 *Cirsium setidens*
높이가 약 100cm다. 줄기가 가지를 많이 치며, 뿌리에 나는 잎은 꽃이 필 때 스러진다. 줄기에 나는 잎은 끝이 뾰족한 타원꼴이고 가장자리가 갈라지지 않는다.

엉겅퀴의 꽃차례 가느다란 대롱꽃으로만 된 두상꽃차례로, 꽃차례 밑을 총포가 싸고 있다.

달리아

Dahlia pinnata Cav. | common dahlia
초롱꽃목 국화과 | 다알리아

달리아는 원산지에서는 고산 지대에서 자라는 식물이므로, 여름 날씨가 습하고 더운 곳에서는 꽃이 제대로 피지 못한다.

  땅 속에는 고구마처럼 생긴 덩이뿌리가 자라는데, 뿌리의 일부분이 크게 자란 것으로 양분을 갈무리하는 구실을 한다. 대롱꽃과 혀꽃으로 된 두상꽃차례가 줄기나 가지의 끝에 옆을 향해 1개씩 달리며, 잎처럼 생긴 총포조각이 6~7장 늘어선다. 품종에 따라 꽃차례의 모양은 다양하다. 원산지에서는 혀꽃이 8장인데 이러한 종류는 요즘에 보기 어렵다. 오히려 아주 많은 혀꽃이 모여서 겹꽃처럼 보이는 종류가 더 흔하다. 혀꽃은 보통 빨갛고, 품종에 따라 분홍색, 흰색, 보라색, 두 가지가 섞인 색 등 색깔이 여러 가지다. 꽃차례의 크기도 지름 2~3cm인 것에서 26cm 이상인 것까지 다양하다.

  꽃차례가 큰 종류는 꽃꽂이 재료로 많이 쓰고, 작거나 중간 크기인 종류는 꽃밭이나 화분에 심어 가꾼다.

사는 곳 원산지는 멕시코다. 우리나라 전국에서 심어 가꾼다.

모습 여러해살이풀. 높이가 150~200cm다. 땅 속에서 덩이뿌리가 자라고, 줄기는 원기둥꼴이다.

잎 마주나기. 깃꼴로 여러 갈래 깊이 갈라지며, 갈라진 조각은 달걀꼴로 가장자리에 톱니가 있다. 잎자루에는 날개가 있다.

꽃 두상꽃차례. 7~11월에 핀다. 꽃차례는 지름 5~8cm로 대롱꽃과 혀꽃으로 되어 있으며, 대롱꽃에 꽃잎이 5장, 수술이 5개 있다.

열매 거의 맺지 않는다.

쓰임새 꽃을 감상하려고 심어 가꾼다.

꽃과 열매   잎차례

꽃이 핀 모습 여름부터 가을까지 피므로 오랫동안 볼 수 있다.

덩이뿌리 고구마처럼 생겼다.

꽃차례 대롱꽃을 많은 혀꽃이 여러 겹 둘러싼 모양이 겹꽃 같다.

망초

Erigeron canadensis L. | fleabane, hogweed, putterweed
초롱꽃목 국화과 | 잔꽃풀, 망국초, 천사쿨

망초는 유럽과 아시아에 두루 걸쳐서 자란다. 우리나라에서는 조선시대 말에 들여와 심었는데, 저절로 번식하면서 이제는 아예 우리 땅에 터를 잡고 자라는 귀화식물이 되었다. 워낙 생명력이 강해서 햇볕이 잘 드는 길가나 빈터에 다른 식물보다 가장 먼저 자리 잡고 퍼져 나간다.

땅에 떨어진 씨앗은 그 해의 가을에 싹이 튼다. 주걱 모양의 잎이 뿌리에서 나와 땅 위를 덮은 모습으로 겨울을 나며, 이듬해에 곧게 자란 줄기에 피침꼴의 잎이 어긋나게 촘촘히 달리고 꽃도 핀다. 뿌리에서 나오는 잎은 꽃이 필 무렵에 스러지며, 줄기에서 나오는 잎은 줄기 위쪽으로 갈수록 작아지면서 선꼴로 바뀐다. 줄기의 위쪽에서 여러 갈래로 갈라진 가지 끝에 꽃차례가 여러 개 모여 달리는데, 줄기에 꽃 여러 송이가 원뿔꼴로 늘어선 것처럼 보인다. 한 포기에 꽃이 아주 많이 달리며, 열매에 갓털이 달려서 멀리 날아가 씨앗을 퍼뜨릴 수 있다.

뿌리에서 나온 어린 잎은 나물로 먹는다. 식물체 전부를 약으로 쓰는데, 피를 맑게 하고 독을 푸는 등의 효능이 있다.

사는 곳 원산지는 북아메리카다. 우리나라 전국에서 저절로 자란다.

모습 두해살이풀. 높이가 50~150cm다. 온몸에 굵은 털이 난다.

잎 뿌리에서는 모여나기, 줄기에서는 어긋나기. 뿌리에서 나오는 잎은 가장자리에 톱니가 있다. 줄기에서 나오는 잎은 피침꼴이며 가장자리에 톱니가 있거나 없다.

꽃 두상꽃차례가 여러 개 모인 원추꽃차례. 7~9월에 핀다. 두상꽃차례는 대롱꽃과 혀꽃으로 되어 있으며, 혀꽃은 희고 대롱꽃보다 높게 자란다. 총포는 희고 종 모양이다.

열매 수과. 9~10월에 익는다. 누르스름한 갓털이 달린다.

쓰임새 먹거나 약으로 쓴다.

꽃과 열매 | 잎차례

꽃차례 꽃이 워낙 작고 혀꽃은 활짝 피어도 좁게 벌어지므로, 두상꽃차례가 꽃봉오리처럼 보인다.

꽃이 피기 전의 모습

꽃이 핀 모습

망초의 어린 잎 | **개망초의 어린 잎**

개망초 *Erigeron annuus*
잎자루에 날개가 달린다. 혀꽃은 흰색인데 이따금 옅은 분홍색이기도 하며, 여러 장이 2~3겹으로 늘어선다.

해바라기

Helianthus annuus L. | sunflower
초롱꽃목 국화과 | 향일화, 강낭꾀, 산자연, 조일화, 해바락이

해바라기는 햇볕이 잘 들면 아무데서나 잘 자란다. 꽃이 아름답고 씨앗에서 기름을 얻을 수 있으므로 널리 심어 가꾼다.

혀꽃과 대롱꽃으로 된 두상꽃차례가 줄기나 가지의 끝에 1개씩 달린다. 샛노란 혀꽃은 화려한 색깔로 곤충을 끌어들이지만 수술과 암술이 퇴화하여 흔적만 남아서 열매는 맺지 못한다. 혀꽃의 끝은 톱니처럼 들쭉날쭉한데, 이것은 여러 장의 꽃잎이 붙어서 하나가 된 흔적이다. 혀꽃의 안쪽에는 수많은 대롱꽃이 둥글게 다닥다닥 붙어 있다. 대롱꽃은 꽃잎은 없지만 꽃밥과 암술이 발달하고, 혀꽃의 색깔에 끌려 찾아드는 곤충의 도움으로 꽃가루받이를 하여 열매를 맺는다. 수많은 대롱꽃이 저마다 열매를 맺으므로, 꽃차례 1개에서 씨앗이 2,000개쯤 나온다.

씨앗의 약 30%가 기름이므로 이것을 짜서 식용유로 쓰거나 비누, 페인트 등의 원료로 쓰고, 기름을 짜고 남은 깻묵은 거름이나 가축의 먹이로 쓴다. 씨앗에는 영양소가 풍부하게 들어 있으므로 껍질을 벗겨 볶아 먹으면 맛이 고소하고 몸에 이롭다. 줄기의 속을 약으로 쓰는데, 오줌을 잘 누게 하고 가래를 없애며 피를 멎게 하는 효능이 있다.

사는 곳 원산지는 북아메리카다. 우리나라 전국에서 심어 가꾼다.

모습 한해살이풀. 높이가 약 200cm다. 온몸에 뻣뻣한 털이 빽빽이 나고, 줄기는 곧게 자란다.

잎 어긋나기. 길이 10~30cm로 넓은 달걀꼴이며, 끝이 뾰족하고 맥이 3개 있다. 가장자리에 큰 톱니가 있고, 잎자루가 길다.

꽃 두상꽃차례. 8~9월에 핀다. 꽃차례는 지름 8~60cm로 옆을 향하며, 노랗거나 갈색인 대롱꽃과 샛노란 혀꽃으로 되어 있다. 총포조각은 피침꼴이며 끝이 까끄라기처럼 생겼다.

열매 수과. 10월에 익는다. 둥글며 흰색이나 회색 바탕에 검정색 줄무늬가 있다.

쓰임새 꽃을 감상하려고 심어 가꾸고, 씨앗에서 기름을 짠다.

꽃과 열매  잎차례

곧은 줄기에 넓은 잎이 어긋나게 달려 있다.

꽃차례 가운데에 수많은 대롱꽃이 다닥다닥 붙어 있고, 가장자리에 혀꽃이 여러 장 있는 두상꽃차례다.

해를 바라보며 피는 꽃
늘 해를 따라 도는 것은 아니다. 꽃이 피기 전에만 해를 따라 가며, 꽃이 피면 주로 남쪽을 향해 있다가 씨앗이 여물 무렵이면 무거워져서 밑으로 처진다.

대롱꽃
혀꽃

꽃차례(왼쪽 위)
대롱꽃과 혀꽃(왼쪽 아래)
잘 익은 열매(오른쪽)

잇꽃

Carthamus tinctorius L. | safflower

초롱꽃목 국화과 | 홍화, 홍람, 잇나물

낙랑시대의 무덤에서 잇꽃으로 물들인 천이 나온 것을 보면, 우리나라에서 꽤 오래 전에 들어와 심었음을 알 수 있다. 일본이나 중국, 티베트 같은 곳에서 많이 심어 가꾼다.

여름에 줄기와 가지의 끝에 노란 두상꽃차례가 달리는데, 아주 작은 대롱꽃 여러 송이로 되어 있고 점점 주홍색으로 바뀐다. 꽃차례 밑은 총포가 둘러싸며, 총포 가장자리에는 가시가 달린다.

꽃이 화려하고 오래가서 꽃꽂이 재료로 많이 쓴다. 말린 꽃으로 종이와 천을 물들이면 붉거나 노란 빛깔이 나서 '홍화'라고도 부른다. 음식에 색깔을 입힐 때도 쓰며, 전통 혼례에서 신부가 양쪽 볼에 찍는 연지의 원료로 쓴다. 씨앗의 35~45%가 기름인데, 먹으면 몸에 이롭고 동맥경화증 같은 성인병을 미리 막을 수 있다. 여러 병에 잘 들어서 식물체 전부를 약으로 많이 쓰는데, 요즘에는 씨앗을 골다공증 치료에 많이 쓴다.

사는 곳 원산지는 이집트 근처다. 우리나라 남부 지방에서 심어 가꾼다.

모습 두해살이풀. 높이가 약 100cm다. 줄기에는 털이 없다.

잎 어긋나기. 넓은 피침꼴이며, 톱니의 끝이 가시처럼 된다.

꽃 두상꽃차례. 7~8월에 핀다. 꽃차례는 지름 약 2.5cm로 대롱꽃으로만 되어 있다. 노란색에서 주홍색으로 점점 짙어진다.

열매 수과. 9월에 익는다. 길이 약 0.6cm로 희고 반들반들하며 짧은 갓털이 달린다.

쓰임새 꽃으로 물을 들이고 씨앗에서 기름을 짜며 식물체 전부를 약으로 쓴다.

꽃과 열매  잎차례

열매가 달린 모습

무리지어 꽃 핀 모습 꽃이 아름답고 가시가 달려서 여러 그루 심어 산울타리로 꾸며도 좋다.

꽃차례 엉겅퀴의 꽃차례와 비슷하며, 꽃차례 밑을 둘러싼 총포에 가시가 있다.

씀바귀

Ixeris dentata (Thunb.) Nakai | lettuce
초롱꽃목 국화과 | 씀배나물, 고채, 씀바구나물, 쓴나물

씀바귀는 햇볕이 잘 드는 숲 가장자리나 길가, 들판, 밭 가장자리에서 많이 자란다. 줄기와 잎 속에 쓴맛이 짙게 나는 흰 즙이 흐른다.

뿌리는 굵고 길게 자라며, 잎은 뿌리와 줄기에서 모두 나온다. 뿌리에서 나와 꽃이 필 때까지 남는 잎은 아래쪽이 좁아져서 긴 잎자루와 잇닿고, 가장자리에 이처럼 생긴 톱니가 조금 생긴다. 줄기에서 나오는 잎은 가장자리가 깃꼴로 깊이 갈라지거나 잔 톱니가 생긴다. 두상꽃차례가 줄기와 가지의 끝에 우산 모양으로 달린다. 총포는 털이 없고 통처럼 생겼다.

뿌리나 잎은 쓴맛이 좀 나지만 봄철에 입맛을 돋우므로 양념에 무치거나 김치를 담가 먹는다. 잎이나 줄기는 종이나 천을 옅은 밤색으로 물들이는 원료로 쓴다. 식물체 전부를 약으로 쓰는데, 염증을 없애고 열을 내리며 위를 튼튼하게 하고 소화를 돕는 효능이 있다.

사는 곳 우리나라 전국에서 저절로 자란다.

모습 여러해살이풀. 높이가 25~50cm다. 줄기는 가늘게 자라며, 위쪽에서 가지를 친다.

잎 뿌리에서는 모여나기, 줄기에서는 어긋나기. 피침꼴이나 달걀꼴이다. 줄기에서 2~3장 나오는 잎은 길이 4~9cm로 아래쪽이 줄기를 감싼다.

꽃 두상꽃차례가 여러 개 모인 산형꽃차례. 5~7월에 핀다. 두상꽃차례는 지름 약 1.5cm로 노란 혀꽃이 가장자리에 5~7장 늘어선다.

열매 수과. 8~9월에 익는다. 길이 0.35~0.5cm로 모서리가 10개 있다. 갓털은 길이 0.4~0.45cm로 옅은 노란색이다.

쓰임새 먹거나 약으로 쓰며, 염색 원료로도 쓴다.

꽃과 열매 | 잎차례

열매이삭 열매 하나하나에 갓털이 달려 있어서 멀리 날아가 씨앗을 퍼뜨릴 수 있다.

꽃이 핀 모습

좀씀바귀 *Ixeris stolonifera*
낮은 지대에서 고산 지대까지 자란다. 높이 약 10cm로 아주 작으며, 잎은 둥근 달걀꼴이고 갈라지지 않는다.

선씀바귀 *Ixeris chinensis* var. *strigosa*
옅은 자주색 꽃이 피며, 지름 2~2.5cm의 두상꽃차례가 줄기 끝에 20개쯤 모여 다시 산방꽃차례를 이룬다.

상추

Lactuca sativa L. | leaf lettuce
초롱꽃목 국화과 | 부루, 상치

상추는 전 세계에서 널리 심어 가꾸는 채소다. 기원전 4,500년쯤 된 이집트 고대시대의 벽화에 심어 가꾸었다는 기록이 나온다고 하니, 역사가 무척 오래된 셈이다. 우리나라에서는 중국을 통해 들여왔는데, 정확하지 않지만 아주 오래 전으로 본다.

우리가 먹는 부분은 주로 줄기의 아래쪽에 달리는 잎이다. 잎은 앞뒤 양쪽에 주름이 많이 지고, 가장자리에는 고르지 않은 톱니가 있다. 노란 꽃이 여러 송이 모여 두상꽃차례를 이루는데, 꽃차례 1개가 꽃 1송이처럼 보인다. 두상꽃차례가 가지의 아래에서 위까지 달리며, 꽃차례 밑에는 잎처럼 생긴 총포가 있다. 품종이 여러 가지 있는데 잎의 모양과 크기, 색깔, 맛이 조금씩 다르다.

잎은 쌈이나 샐러드, 겉절이를 해서 먹는다. 비타민과 무기질이 풍부하고, 피를 새로 만드는 효능이 있어서 먹으면 몸에 이롭다. 잎과 씨앗을 약으로 쓰는데, 혈압을 내리고 통증을 줄이며 잠을 잘 오게 한다.

사는 곳 원산지가 유럽이나 아프리카, 아시아 서부라는 설이 있다. 우리나라 전국에서 심어 가꾼다.

모습 두해살이풀. 높이가 약 100cm다. 줄기는 가지를 많이 치고 털이 안 난다.

잎 뿌리에서는 모여나기, 줄기에서는 어긋나기. 뿌리에서 나오는 잎은 타원꼴로 아주 커지며, 줄기에서 나오는 잎은 작고 아래쪽이 줄기를 감싼다.

꽃 두상꽃차례가 여러 개 모인 총상꽃차례. 6~7월에 핀다. 총포는 원통꼴이며 총포조각이 기왓장 포개지듯이 늘어선다.

열매 수과. 8~9월에 익는다. 모가 지고 끝에 긴 부리가 생기며, 흰 갓털이 달린다.

쓰임새 먹거나 약으로 쓴다.

꽃과 열매  잎차례

꽃차례 노란 꽃 1송이처럼 보이지만, 혀꽃이 여러 송이 모인 두상꽃차례다.

꽃이 핀 모습

잎 꽃이 피기 전에 수북하게 자란 모습

머위

Petasites japonicus (S. et Z.) Max. | ragwort

초롱꽃목 국화과 | 꼼치, 머구, 머으

머위는 마을이나 농사에 쓰는 길 주변의 물가와 산 가장자리에서 많이 자란다. 제주도와 남부 지방에서 흔하게 자라며, 중부 지방에서도 겨울을 잘 난다.

옆으로 뻗는 뿌리줄기에서 새싹이 나와 포기를 늘리므로 무리지어 자란다. 이른 봄에 잎보다 꽃줄기가 먼저 나와 높이 자라면, 잎자루가 올라와 주변의 땅을 덮으면서 길게 자란다. 긴 잎자루 끝에는 신장처럼 생긴 아주 큰 잎이 달린다. 꽃은 남부 지방의 섬에서는 11~12월에 피고, 북쪽으로 갈수록 늦어져서 중부 지방에서는 3~4월에 핀다. 옅은 연두색의 아주 작은 꽃이 여러 송이 모여 두상꽃차례를 만들고, 두상꽃차례가 모여 다시 큼직한 산방꽃차례를 만든다. 산방꽃차례의 아래쪽을 총포가 둘러싸며, 2줄로 늘어서는 총포조각에는 나란히 맥이 생긴다.

긴 잎자루를 먹는데, 삶아서 물에 담가 아릿한 맛을 우려낸 뒤 껍질을 벗겨 간을 하여 먹는다. 잎은 나물, 볶음, 장아찌, 조림, 정과 같은 요리를 해서 먹는다. 뿌리줄기를 '봉두채'라고 하여 약으로 쓰는데, 독을 없애는 효능이 있다.

사는 곳 우리나라 전국에서 저절로 자라거나 심어 가꾼다.

모습 여러해살이풀. 뿌리줄기가 사방으로 뻗고, 줄기는 없다.

잎 어긋나기. 뿌리에서 나온 잎은 지름 15~30cm로 신장꼴이며, 가장자리에 고르지 않은 톱니가 있고 잎자루는 길이 약 60cm다. 앞쪽은 녹색이고 뒤쪽은 자주색이다.

꽃 두상꽃차례가 여러 개 모인 산방꽃차례. 3~4월에 핀다. 두상꽃차례는 지름 0.7~1cm로 길이 5~45cm의 꽃줄기 끝에 모여 달린다.

열매 수과. 6월에 익는다. 길이 약 0.35cm로 원통꼴이고 털이 없다. 갓털은 길이 약 1.2cm로 희다.

쓰임새 먹거나 약으로 쓴다.

꽃과 열매　잎차례

꽃차례 두상꽃차례 여러 개로 된 산방꽃차례를 총포가 밑에서 감싸고 있다.

무리지어 자라는 모습 땅 속의 뿌리줄기에서 새싹이 나와 포기를 늘린다.

털머위 *Farfugium japonicum* 잎 가장자리가 밋밋하거나 잔 톱니가 있다. 꽃은 아주 늦은 가을에서 이른 겨울에 걸쳐 피며, 꽃차례는 지름 4~6cm로 노랗다. 울릉도보다 더 따뜻한 곳에서 자란다.

루드베키아

Rudbeckia bicolor Nutt. | pinewood, coneflower, black-eyed susan
초롱꽃목 국화과 | 원추천인국

루드베키아는 햇볕이 잘 드는 곳에서 자라며, 원산지에서는 한 해만 살지만 자라는 곳에 따라 두 해나 여러 해를 살기도 한다. 꽃이 예뻐서 원예 품종을 여러 가지 만들어 전국 곳곳에서 심어 가꾼다. 처음에는 외국에서 들여와 심었는데, 그 중에서 저절로 번식한 것이 우리 땅에 터를 잡아 귀화식물이 되었다.

대롱꽃은 거무스름하며, 혀꽃은 품종에 따라 노랗기도 하고 노랑 바탕에 안쪽이 짙은 갈색이기도 하다. 여러 송이 모여 달린 대롱꽃을 혀꽃이 에워싸면서 두상꽃차례를 만든다. 잎처럼 생기고 털 달린 총포조각이 꽃차례 밑을 감싼다. 꽃 색깔이 화려해서 곤충이 멀리서도 쉽게 알아보고 꿀샘과 꽃가루를 찾아 날아든다.

사는 곳 원산지는 북아메리카다. 우리나라 전국에서 심어 가꾸며, 저절로 자라기도 한다.

모습 한해살이풀. 높이가 30~50cm다. 온몸에 털이 난다.

잎 어긋나기. 길이 3~8cm로 주걱 모양이며, 가장자리가 밋밋하고 잎자루가 없다.

꽃 두상꽃차례. 7~8월에 핀다. 꽃차례는 길이 약 1.8cm인 대롱꽃과 길이 1.5~2.5cm인 혀꽃으로 되어 있다.

열매 수과. 10월에 익는다.

쓰임새 꽃을 감상하려고 심어 가꾼다.

꽃과 열매    잎차례

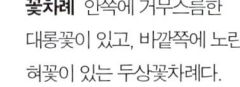
꽃차례 안쪽에 거무스름한 대롱꽃이 있고, 바깥쪽에 노란 혀꽃이 있는 두상꽃차례다.

무리지어 꽃 핀 모습

긴 꽃줄기 끝에 두상꽃차례가 1개씩 달려 있다.

백일홍

Zinnia elegans Jacq. | youth-and-old-age, common zinnia
초롱꽃목 국화과

백일홍은 원산지에서 잡초로 여겼던 식물이지만, 지금은 전 세계에서 수많은 원예 품종을 만들어 즐겨 심는다. 우리나라에서는 200년쯤 전에 들여와 심었다고 한다. 0℃ 이하에서는 제대로 자라지 못하고 16~30℃에서 잘 자란다. 햇볕이 잘 들고 기름지며 물이 잘 빠지는 곳에서 심어 가꾸어야 한다.

꽃은 6월부터 10월까지 오랫동안 피는데, 100일 동안 붉게 핀다고 해서 '백일홍'이라는 이름이 붙었다. 대롱꽃과 혀꽃으로 된 두상꽃차례가 가지 끝에 1개씩 달린다. 원래는 포도 색깔의 꽃이 핀다고 하는데, 개량한 원예 품종은 색깔이 여러 가지다. 대롱꽃은 보통 노란색이나 주황색이지만 혀꽃은 노란색, 주황색, 분홍색, 보라색 등 품종마다 다르다.

심어 가꾸려면 4월쯤에 꽃밭에 씨앗을 뿌리면 된다. 여름 내내 꽃을 볼 수 있으며, 11월쯤에 씨앗이 여문다. 씨앗을 늦게 받거나 받기 전에 비가 오면 꽃줄기에 달린 채로 싹이 트기도 한다.

사는 곳 원산지는 멕시코다. 우리나라 전국에서 심어 가꾼다.

모습 한해살이풀. 높이가 60~90cm다.

잎 마주나기. 긴 달걀꼴로 끝이 뾰족하고 아래쪽이 줄기를 감싼다. 거친 털로 덮이고, 가장자리가 밋밋하며 잎자루가 없다.

꽃 두상꽃차례. 6~10월에 핀다. 꽃차례는 지름 5~15cm로 대롱꽃과 혀꽃으로 되어 있다. 총포조각은 비늘 모양이며, 끝이 무디고 가장자리가 검다.

열매 수과. 11월에 익는다.

쓰임새 꽃을 감상하려고 심어 가꾼다.

꽃과 열매 　 잎차례

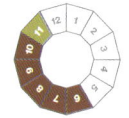 

꽃차례 가운데에 대롱꽃이 여러 송이 모여 있고, 가장자리에 혀꽃이 겹겹이 모여 있는 두상꽃차례다.

무리지어 꽃 핀 모습 꽃차례의 대롱꽃 색깔은 몇 가지 안 되지만, 혀꽃 색깔은 품종에 따라 여러 가지다.

'떠나간 친구를 그리워하다'가 꽃말이다.

민들레

Taraxacum mongolicum H. Mazz. | dandelion

초롱꽃목 국화과 | 미염둘레, 들레, 앉은뱅이, 안진방이, 문들레, 금잠채, 포공영

민들레는 산과 들의 햇볕이 잘 드는 풀밭에서 자란다. 우리나라에서는 민들레나 좀민들레, 산민들레 같은 여러 종류의 토종 민들레가 자라는데, 요즘에는 외국에서 들어온 서양민들레가 우리 땅에 터를 잡고 저절로 번식하면서 토종 민들레의 자리를 점점 빼앗아 더 흔하게 자란다.

긴 뿌리를 땅 속 깊이 내리므로 메마른 땅에서도 물과 양분을 잘 빨아들인다. 영어로는 '댄덜라이언'(dandelion)이라고 부르는데, 이른 봄에 묵은 뿌리에서 나온 잎의 가장자리가 깊이 갈라진 모양이 사자의 이빨 같아서 붙은 이름이다. 꽃가루받이가 끝나면 꽃이 달린 자리에 둥근 열매가 열리며, 씨앗에는 솜처럼 가벼운 털이 달려서 바람을 타고 날아가 멀리까지 씨앗을 퍼뜨린다.

뿌리와 줄기, 잎, 꽃을 모두 먹는다. 좀 쌉쌀한 맛이 입맛을 돋우므로, 나물로 먹든지 국을 끓이거나 튀겨서 먹는다. 뿌리로는 차를 만드는데, 잘게 썰어서 말린 뒤에 볶고 달여 꿀을 타서 마신다. 옛날에는 손등에 난 사마귀를 줄기에서 흘러나오는 흰 즙을 발라 없애기도 했다. 식물체 전부를 약으로 쓰는데, 열을 내리고 피를 맑게 하는 효능이 있다.

사는 곳 우리나라 전국에서 저절로 자란다.

모습 여러해살이풀. 뿌리는 길고 살과 즙이 많다. 줄기는 없다.

잎 모여나기. 뿌리에서 사방을 향해 나온다. 길이 20~30cm로 선꼴이며 가장자리가 깊이 갈라진다. 갈라진 조각은 세모꼴이며 6~8쌍이다.

꽃 두상꽃차례. 4~5월에 핀다. 노란 혀꽃으로만 된 꽃차례가 꽃자루 끝에 1개씩 달리며, 총포조각은 녹색이고 곧게 선다.

열매 수과. 7~8월에 익는다. 길이 0.6~0.7cm로 타원꼴이며 털이 난다.

쓰임새 먹거나 약으로 쓴다.

꽃과 열매    잎차례

서양민들레
Taraxacum officinale
원산지가 유럽인 귀화식물이다. 꽃이 3월부터 10월까지 오랫동안 피며, 꽃차례에 달리는 총포조각이 뒤로 젖혀지는 점이 민들레와 다르다.

흰민들레
Taraxacum coreanum
흰 꽃이 핀다.

서양민들레의 꽃
노란 혀꽃으로만 된 두상꽃차례다.

민들레가 무리지어 꽃 핀 모습

총포조각이 붙어 있다.

민들레의 꽃

총포조각이 젖혀져 있다.

서양민들레의 꽃봉오리

민들레와 서양민들레는 어떻게 다를까?

민들레는 키가 작고 봄에만 꽃이 피며 총포조각이 꽃차례 밑에 곧게 서서 붙지만, 서양민들레는 키가 크고 봄부터 가을까지 꽃이 피며 총포조각이 뒤로 젖혀진 채 밑으로 처져서 붙는다.

서양민들레가 열매를 맺고 씨앗을 퍼뜨리는 과정

찾아보기

꽃 색깔로 찾아보기
교과서에 나오는 풀
식물학 용어 풀이
풀 이름 찾아보기(가나다 순)
학명 찾아보기(ABC 순)

꽃 색깔로 찾아보기

· 이 책에서 올림말로 다룬 풀을 꽃 색깔에 따라 분류하였다.
· 자라는 곳의 환경에 따라 꽃 색깔이 조금씩 다를 수 있으므로 여기서는 책에 실은 꽃 사진의 색깔을 기준으로 삼았다.
· 풀 이름 뒤의 숫자는 쪽수를 가리킨다.

☀ 흰색

감자 190 · 강낭콩 147 · 개구리밥 90 · 고추 186 · 국화 211
까치수영 176 · 끈끈이주걱 124 · 나사말 33 · 냉이 132
달래 43 · 당근 170 · 도라지 198 · 둥굴레 52 · 들깨 184
딸기 137 · 마 64 · 마늘 38 · 마름 166 · 망초 219 · 메밀 103
미나리 171 · 박 164 · 백합 46 · 봉숭아 152 · 부추 40
사탕수수 78 · 새삼 182 · 수련 120 · 싱아 106
아스파라거스 51 · 양파 41 · 연꽃 118 · 은방울꽃 54
자리공 113 · 질경이 196 · 참깨 195 · 채송화 111 · 초롱꽃 197
코스모스 215 · 토끼풀 148 · 파 42 · 팬지 158 · 페튜니아 193
풍란 96 · 홉 102 · 히아신스 50

☀ 노란색

괭이밥 149 · 국화 211 · 기린초 134 · 긴강남차 144
꽃다지 131 · 꽈리 189 · 녹두 146 · 달맞이꽃 167
도깨비바늘 207 · 도꼬마리 205 · 돌나물 135 · 땅콩 139
루드베키아 226 · 목화 154 · 물수세미 168 · 민들레 228
배추 129 · 뱀딸기 136 · 복수초 123 · 산국 214 · 상추 224
선인장 116 · 솜다리 202 · 쇠비름 110 · 수련 120 · 수박 159
수선화 58 · 수세미오이 165 · 수수 79 · 쑥갓 210 · 씀바귀 223
애기똥풀 125 · 양배추 128 · 양지꽃 138 · 오이 163 · 용설란 65
유채 130 · 줄 77 · 참외 162 · 참취 204 · 창포 86
채송화 111 · 토란 87 · 토마토 187 · 튤립 48 · 팥 145
팬지 158 · 피마자 수꽃 150 · 해바라기 220 · 호박 160

☀ 주황색

군자란 57 · 금잔화 208 · 원추리 36 · 잇꽃 222 · 참나리 44

☀ 분홍색

개불알꽃 95 · 구절초 212 · 국화 211 · 글라디올러스 63
금낭화 126 · 노루귀 122 · 담배 188 · 메꽃 180 · 봉숭아 152
분꽃 112 · 수련 120 · 아욱 155 · 앵초 174 · 연꽃 118
자운영 142 · 접시꽃 153 · 코스모스 215 · 패랭이꽃 114

☀ 빨간색

갈대 74 · 강낭콩 147 · 검정말 32 · 고구마 181
과꽃 209 · 꽃며느리밥풀 194 · 달리아 218 · 동자꽃 115
맨드라미 109 · 물봉선 151 · 백일홍 227 · 봉숭아 152
부들 91 · 살비아 185 · 쑥 203 · 아마릴리스 56
얼레지 47 · 엉겅퀴 216 · 우엉 201 · 잔디 85
조개풀 69 · 쪽 104 · 채송화 111 · 칸나 94 · 코스모스 215
크로커스 62 · 튤립 48 · 파초 93 · 페튜니아 193
피마자 암꽃 150 · 할미꽃 121 · 히아신스 50

☀ 보라색

가지 192 · 감자 190 · 감초 143 · 검정말 32 · 과꽃 209
나팔꽃 178 · 도라지 198 · 맥문동 55 · 무 127
무릇 49 · 부레옥잠 66 · 붓꽃 60 · 비비추 34
쑥 203 · 쑥부쟁이 206 · 엉겅퀴 216 · 용담 177
익모초 183 · 제비꽃 56 · 조개풀 69 · 참억새 76 · 콩 140
크로커스 62 · 팬지 158 · 히아신스 50

☀ 파란색

닭의장풀 68

☀ 녹색

강아지풀 81 · 더덕 200 · 머위 225 · 명아주 107
모시풀 100 · 밀 84 · 벼 72 · 보리 71 · 보춘화 97
삼 101 · 생강 92 · 시금치 108 · 여뀌 105 · 옥수수 82
율무 70 · 인삼 169 · 조 80 · 천남성 88

꽃이 피지 않는 풀

고란초 27 · 고사리 28 · 생이가래 26 · 속새 24
솔이끼 23 · 쇠뜨기 25 · 우산이끼 22

교과서에 나오는 풀

· ⇨ 표시는 가리키는 풀 이름을 찾아보라는 뜻이다.

슬기로운 생활 1-1

1. 봄나들이
개나리, 나팔꽃, 민들레, 쑥, 제비꽃

3. 나의 하루생활
나팔꽃

4. 슬기롭게 여름나기
가지, 고추, 도라지, 백일홍, 봉숭아, 수박, 엉겅퀴, 오이, 옥수수, 참외, 채송화, 토마토, 호박

슬기로운 생활 1-2

3. 가을마당
구절초, 국화, 깨⇨참깨, 벼, 좁쌀⇨조, 코스모스, 콩, 팥

슬기로운 생활 2-1

1. 자라는 우리들
민들레

6. 알찬 하루 보람찬 생활
나팔꽃, 해바라기

슬기로운 생활 2-2

3. 주렁주렁 가을동산
가지, 고추, 국화, 나팔꽃 씨앗⇨나팔꽃, 딸기, 방울토마토⇨토마토, 배, 배추, 벼, 수박, 오이, 옥수수 씨앗⇨옥수수, 참외, 채송화, 코스모스, 콩 씨앗⇨콩, 해바라기 씨앗⇨해바라기, 호박 씨앗⇨호박

과학 3-1

구절초, 생이가래, 제비꽃, 해바라기

1. 우리 주위의 물질
사탕무⇨사탕수수

6. 물에 사는 생물
나사말, 마름, 부들, 부레옥잠, 연꽃

실험관찰 3-1

은방울꽃

6. 물에 사는 생물
개구리밥, 노랑어리연꽃, 물수세미, 부들, 생이가래

과학 3-2

쑥부쟁이, 메꽃

1. 식물의 잎과 줄기
갈대, 검정콩⇨콩, 꽈리, 딸기, 메꽃, 무, 밀, 배추, 백합, 보리, 붓꽃, 시금치, 쌀⇨벼, 쑥, 엉겅퀴, 오이 인삼, 잔디, 참나리, 카네이션⇨패랭이꽃, 토끼풀, 토마토, 해바라기, 흰민들레

실험관찰 3-2

메꽃

과학 4-1

강낭콩, 무, 민들레, 할미꽃

4. 강낭콩
강낭콩, 벼, 봉숭아, 수세미외⇨수세미오이, 옥수수

6. 식물의 뿌리
강아지풀, 개구리밥, 당근, 명아주, 무, 민들레, 벼, 봉숭아, 붓꽃, 옥수수, 우엉, 인삼, 호박

실험관찰 4-1

4. 강낭콩
감초, 결명자⇨긴강남차, 녹두, 대두⇨콩, 땅콩, 벼, 봉숭아, 수세미, 옥수수, 완두콩, 팥

6. 식물의 뿌리
명아주, 강아지풀, 당근, 고구마, 인삼, 우엉, 도라지, 무, 당근, 칡

과학 4-2

갈대, 억새

4. 화석을 찾아서
고사리

실험관찰 4-2

메꽃

과학 5-1

쑥패랭이

5. 꽃
괭이풀, 메꽃, 무, 물봉선, 민들레, 벼, 복숭아, 붓꽃, 애기똥풀, 양지꽃, 제비꽃, 토끼풀, 해바라기

7. 식물의 잎이 하는 일
감자, 개구리밥, 닭의장풀, 봉숭아, 솔이끼, 우산이끼, 자주닭개비

실험관찰 5-1

해바라기

5. 꽃
강아지풀, 나팔꽃, 도라지, 채송화, 튤립, 팬지, 호박꽃

과학 5-2

수선화

1. 환경과 생물
명아주, 백일홍, 봉숭아, 부레옥잠, 엉겅퀴

2. 용액의 성질
검정콩⇨콩, 나팔꽃, 양배추, 장미, 피튜니아⇨페튜니아, 붓꽃, 포도

3. 열매
나팔꽃, 도깨비바늘, 목화, 민들레, 밀, 벼, 봉숭아, 분꽃, 콩, 토마토

실험관찰 5-2

노랑어리연꽃

과학 6-1

금낭화, 물봉선, 솔이끼

5. 주변의 생물
갈대, 고사리, 메꽃, 민들레, 벼, 봉숭아, 붓꽃, 억새, 연꽃, 우산이끼, 자주닭개비, 제비꽃, 할미꽃, 해바라기

실험관찰 6-1

물봉선

5. 주변의 생물
감자, 강낭콩, 당근, 밀, 배추, 벼, 보리, 봉숭아, 솔이끼, 옥수수, 우산이끼, 콩

과학 6-2

3. 쾌적한 환경
벼

식물학 용어 풀이

• ⇨ 표시는 가리키는 용어를 찾아가라는 뜻이다.

가

각과 견과보다 덜 단단한 열매껍질과 깍정이에 싸여 있는 열매. 다 익어도 갈라지지 않는다.

갈래꽃(이판화) 꽃잎이 한 장 한 장 떨어진 꽃

갓털(관모) 씨방 위쪽에 달리는 털 모양의 돌기. 꽃받침조각이 변해서 된 기관으로 보며, 식물의 속(屬)을 구별하는 중요한 기준이다.

견과 각과보다 더 단단한 열매껍질과 깍정이에 싸여 있는 열매. 다 익어도 갈라지지 않는다.

겹꽃 수술, 암술 등이 꽃잎 모양으로 바뀌어 꽃잎이 여러 겹으로 겹친 꽃

겹산형꽃차례(복산형화서) 산형꽃차례가 여러 개 우산살처럼 모인 꽃차례

겹수상꽃차례(복수상화서) 수상꽃차례가 여러 개 이삭 모양으로 모인 꽃차례. 벼과 식물에서 볼 수 있으며, 겹수상꽃차례를 이루는 수상꽃차례 1개를 '작은이삭'이라고 한다.

겹잎(복엽) 잎이 여러 장 달린 것처럼 보이지만, 잎몸 하나가 갈라져서 작은 잎 여러 장으로 나뉜 잎이다. 작은 잎 여러 장이 깃털처럼 줄지어 붙는 깃꼴겹잎, 작은 잎 3장이 붙는 삼출잎, 작은 잎 5~7장이 손가락 벌린 모양으로 붙는 손꼴겹잎 등이 있다.

곁뿌리(측근) 원뿌리에서 갈라져 나온 뿌리. 식물체를 더 잘 떠받치고 땅 속의 양분을 더 잘 흡수하게 한다.

고생대 지금으로부터 5억8천만~2억2천5백만 년 전까지의 시대. 캄브리아기, 오르도비스기, 실루리아기, 데본기, 석탄기, 페름기의 여섯 시기로 나뉜다.

골돌과 단단한 열매껍질이 봉합선 1줄을 따라 벌어지는 열매. 씨방 1개에 씨앗이 1개 또는 여러 개 들어 있다.

과육 주로 과일의 살이 되는 부분

관다발(유관속) 물과 양분이 드나드는 길 구실을 하는 조직. 물관부와 체관부로 되어 있는데 물관부에서는 물이 드나들고 체관부에서는 양분이 드나든다. 뿌리, 줄기, 잎 등에 있다. 씨앗식물과 양치식물은 관다발이 있으므로 둘을 모아 '관다발식물'이라고 부르며, 선태식물이나 그것보다 더 하등한 식물은 관다발이 없으므로 통틀어 '비관다발식물'이라고 부른다.

관다발식물 ⇨ 관다발(유관속)

광합성 녹색식물이 태양의 복사에너지를 이용하여 이산화탄소와 물을 산소와 탄수화물로 바꾸어 저장하는 현상

귀화식물 다른 곳에서 저절로 자라다가 이런저런 이유로 어떤 곳으로 옮아와, 그 곳에서 본래 자라던 식물과 어울려 자라고 저절로 번식하면서 터를 잡은 식물

그물맥(망상맥) 잎의 중심맥에서 갈라져 나와 그물 모양으로 퍼지는 맥. 양치식물과 쌍떡잎식물의 잎에 생긴다.

기는줄기(포복경) 땅바닥을 기면서 옆으로 뻗는 줄기. 마디에서 눈을 내보내고 뿌리를 내리면서 새 포기를 만든다.

기생식물 어떤 생물에 달라붙어 같이 살면서 양분을 빼앗는 식물. 광합성을 하여 스스로 양분을 만들면서 다른 생물의 양분도 빼앗는 반기생식물, 스스로 양분을 만들지 못해 다른 생물에 완전히 기대어 양분을 빼앗는 전기생식물 등 2종류로 나뉜다.

길이생장 생장점의 세포가 분열하여 위나 아래로 늘어나면서 뿌리와 줄기가 길어지는 활동

깃꼴겹잎(우상복엽) 작은 잎 여러 장이 잎자루의 양쪽으로 나란히 줄지어 붙어서 새의 깃털처럼 보이는 겹잎. 작은 잎의 개수가 짝수이면 짝수깃꼴겹잎, 홀수이면 홀수깃꼴겹잎이다.

까끄라기 벼과 식물의 호영 끝에 나는 털 모양의 돌기

깍지 협과 식물에서 씨앗을 빼고 남은 열매껍질

꼬투리 협과 식물에서 씨앗을 싸고 있는 열매껍질

꽃가루(화분) 수술의 꽃밥 속에 생기는 가루 같은 생식세포

꽃가루받이(수분) 씨앗식물에서 암술의 암술머리가 수술의 꽃가루를 받는 현상

꽃받침(악) 내화피와 뚜렷하게 구분되는 외화피. 꽃잎, 암술, 수술을 바깥쪽에서 싸면서 떠받친다. 보통 녹색이지만, 이따금 여러 색깔을 띠면서 꽃잎 모양으로 바뀌기도 한다. 대체로 꽃잎과 함께 지지만, 꽃잎보다 먼저 지거나 열매를 맺어 익기까지 남기도 한다.

꽃받침조각(악편) 여러 조각으로 떨어진 꽃받침의 한 조각. 보통 녹색이지만, 색소를 지녀 꽃잎처럼 보이는 것도 있다.

꽃받침통 꽃받침이 서로 붙어서 통 모양이 된 부분

꽃밥(약) 수술의 끝에 달려 꽃가루를 만들어 담는 기관. 종에 따라 크기나 모양이 다르며, 익으면 터지거나 뚫리면서 꽃가루가 나온다.

꽃잎(화판) 크고 색깔이 화려하여 외화피와 뚜렷하게 구분되는 내화피. 꽃받침 위에서 암술과 수술을 싸며, 예쁜 색깔과 모양, 향기로 곤충을 끌어들여 꽃가루받이를 돕는다.

꽃자루[화경(花梗)] 꽃을 받치는 작은 가지

꽃줄기[화경(花莖)] 꽃자루를 여러 개 달고 있는 줄기

꽃차례(화서) 꽃이 달리는 모양. 꽃이 피는 순서에 따라 무한꽃차례와 유한꽃차례로 나누는데 꽃이 아래에서 위로 가면서 피면 무한꽃차례, 위에서 아래로 가면서 피면 유한꽃차례.

꽃턱(화탁) 꽃자루 맨 끝의 불룩한 부분. 꽃잎, 꽃받침, 수술, 암술 등 꽃의 모든 기관이 붙어 있다. 접시나 사발 모양이다.

꿀샘(밀선) 꽃에서 꿀을 내보내는 기관

꿀주머니(거) 화관이나 꽃받침이 시작되는 곳 가까이에 툭 튀어나온 부분. 속이 비어 있거나 꿀샘이 들어 있다.

나

나란히맥(평행맥) 잎의 중심맥에서 갈라져 나와 나란하게 퍼지는 맥. 외떡잎식물의 잎에 생긴다.

난자 암컷의 생식세포

낟알 벼과 식물에서 껍질을 벗기지 않은 열매 한 알

내영 벼과 식물의 낱꽃을 밑에서 2겹으로 둘러싸는 것 중에서 속에 있는 것

내화피 ⇨ 화피

눈[아(芽)] 줄기 끝에 생기는 어린 구조. 나중에 잎, 꽃 등으로 자란다.

다

다육식물 메마른 곳에서 잘 자라도록 땅 위의 줄기나 잎 속에 물을 많이 저장하는 식물. 국화과, 닭의장풀과, 돌나물과, 선인장과 식물 등이 여기에 속한다.

대롱꽃(관상화) 화관이 가늘고 긴 대롱 모양인 꽃. 통꽃의 일종이며, 국화과 식물의 두상꽃차례에서 중심에 모여 있는 꽃이다.

덩굴손 덩굴지면서 자라는 식물이 다른 식물에 잘 얽히고 감기도록 몸 일부의 형태를 바꾸어서 된 기관. 줄기나 잎이 변한 것, 겹잎에서 맨 꼭대기에 있는 작은 잎이 변한 것, 턱잎이 변한 것 따위가 있다.

덩굴식물(만경식물) 줄기가 곧게 서서 자라지 않고 땅바닥을 기든지, 다른 물체를 감거나 타고 오르는 식물

덩굴줄기(만경) 끝이 곧게 자라지 않고 좌우로 돌아가면서 다른 물체를 감아 올라가는 줄기. 종에 따라 왼쪽으로 감기도 하고 오른쪽으로 감기도 한다. 나팔꽃이나 칡, 더덕 등에서 볼 수 있다.

덩이뿌리(괴근) 양분을 갈무리하여 덩이진 뿌리. 여기서 많은 눈이 생겨 번식한다. 고구마, 달리아 따위에서 볼 수 있다.

덩이줄기(괴경) 뿌리줄기에서 갈라져 나온 가지의 끝이 양분을 갈무리하면서 크게 덩어리진 것. 감자나 튤립 등에서 볼 수 있다.

데본기 고생대를 여섯 시기로 나눌 때 네 번째 시기. 지금으로부터 3억9천5백만~3억4천5백만 년 전까지의 5천만 년 동안을 말한다.

돌려나기(윤생) 줄기나 가지의 한 마디에 잎 3장 이상이 바퀴살처럼 달리는 모양

두상꽃차례(두상화서) 줄기 끝에서 나와 아주 짧아져서 원반 모양이 된 꽃줄기에 꽃자루 없는 작은 꽃이 여러 송이 달린 꽃차례. 꽃줄기 끝에 꽃 1송이가 달린 것처럼 보인다.

두해살이풀(이년초) 싹이 튼 이듬해에 자라 꽃 피고 열매 맺은 뒤에 말라 죽는 풀

떡잎(자엽) 씨앗 속에 있는 씨눈에서 처음에 나오는 잎. 쌍떡잎식물에서는 2장, 외떡잎식물에서는 1장 나온다.

마

마주나기(대생) 줄기나 가지의 한 마디에 잎 1쌍이 서로 마주 붙어 달리는 모양

모여나기(총생) 잎 여러 장이 땅 속의 줄기에서 한꺼번에 나오는 모양. 뿌리에서 나오는 것처럼 보인다.

무성생식 암수와 상관없이 이루어지는 생식. 식물체를 이루는 세포가 나뉘어 저마다 새로운 개체로 자라는 방법, 어미 식물체에서 나온 눈이 떨어져 나가 새로운 개체로 자라는 방법, 포자를 만들어 싹을 틔우고 새로운 개체로 자라는 방법 등 여러 가지로 나뉜다.

무성세대 세대교번을 하는 생물이 무성생식을 하는 세대. 이 때에는 포자체 상태로 생식을 한다.

무성아 어미 식물체에서 떨어져 나가 내부 구조를 나누어 기능

을 달리 하면서 새로운 개체가 되려고 하는 새끼 식물체. 홀씨로 번식하는 선태식물에서 흔히 볼 수 있다.

물관(도관) 속씨식물의 물관부 중에서 물이 드나드는 길 구실을 도맡는 조직. 모가 여러 개 진 기둥꼴이나 원기둥꼴인 물관세포가 몇 개씩 잇닿아 있다. 이따금 헛물관이 덧붙기도 하며, 함께 나무처럼 단단해져서 줄기를 지탱한다.

밑씨(배주) 암술의 씨방 속에 들어 있는 기관. 꽃가루를 만나 수정하면 자라서 씨앗이 된다. 속씨식물은 밑씨가 씨방 속에 있지만 겉씨식물은 씨방이 없어서 밑씨가 겉으로 드러난다.

바

반기생식물 엽록소가 있어서 광합성을 하여 스스로 양분을 만들면서도 다른 생물에 달라붙어 그것의 양분도 빼앗는 기생식물

배우체 양치식물에서 난자, 정자 같은 유성생식세포를 만드는 기관. 난자를 만드는 배우체를 '암배우체', 정자를 만드는 배우체를 '수배우체'라고 한다.

배젖(배유) 씨앗 속에서 씨눈을 둘러싼 조직. 나중에 식물의 여러 조직이 될 씨눈이 잘 자라도록 영양을 공급한다.

번식 꽃가루받이를 하고 열매를 맺고 씨앗을 퍼뜨리는 등 개체를 새로 만들어 종족을 유지하는 여러 생태 활동과 개체수를 늘리는 증식 활동을 통틀어 일컫는 말

벌레잡이식물(식충식물) 곤충 같은 작은 동물을 잡아서 소화하여 양분을 빨아들이는 식물

부름켜(형성층) 관다발의 체관부와 물관부 사이에서 세포 1층으로 만들어지는 얇은 조직. 뿌리나 줄기가 굵어지도록 세포를 불리는 구실을 한다. 겉씨식물과 쌍떡잎식물에서 발달하며 외떡잎식물과 양치식물에서는 발달하지 않는다.

부피생장 부름켜의 세포가 분열하면서 뿌리나 줄기가 살찌고 굵어지는 활동

부화관 화관의 일부나 꽃밥이 화관 모양으로 바뀌어서 된 기관. 수선화속 식물에서 볼 수 있다.

분과 분열과를 이루는 열매 하나하나

분열과(분리과) 씨방 여러 개가 한 묶음이 되어 자라다가 각각 열매가 되어 익으면 떨어져 나가는 열매

비늘줄기(인경) 살과 즙이 많은 잎이 땅 속의 짧은 줄기 둘레를 겹겹이 빽빽하게 덮으면서 둥글게 덩어리진 것. 알줄기와 비슷하게 생겼지만, 알줄기는 줄기가 양분을 저장하면서 크게 자란 것이고 비늘줄기는 양분을 저장한 잎 여러 장이 줄기를 두껍게 덮은 것이다. 흔히 '알뿌리'라고 부르며 백합, 파, 튤립, 수선화 등에서 볼 수 있다.

뿌리줄기(근경) 뿌리처럼 땅 속으로 뻗는 줄기. 마디에서 새싹과 뿌리를 내보냄으로써 포기를 늘리며, 녹말 같은 양분을 저장하기도 한다. 연꽃, 메꽃 등에서 볼 수 있다.

뿌리혹(근류) 뿌리에서 군데군데 혹처럼 크게 부푼 부분. 콩과 식물에서 볼 수 있는데, 뿌리에 침입하여 기생하는 뿌리혹박테리아가 양분을 빼앗아 먹고 내놓는 물질이 뿌리 군데군데를 크게 키워서 생긴다.

뿌리혹박테리아 콩과 식물의 뿌리에 달라붙어 같이 살면서 뿌리 군데군데를 혹처럼 크게 살찌우는 세균. 공기 중에 떠도는 질소를 콩과 식물이 쓸 수 있는 상태로 바꿔 주면 콩과 식물은 세균 쪽에 이로운 물질을 내놓는다.

사

삭과 속이 여러 칸으로 나뉘고 칸마다 씨앗이 많이 들어 있는 열매. 익으면 위에서 아래로 갈라지면서 씨앗이 드러난다. 이따금 아래에서 위로 갈라지며, 열매 위쪽에서 뚜껑이 열리듯이 갈라지기도 한다.

산방꽃차례(산방화서) 긴 꽃줄기에 꽃자루 있는 꽃이 여러 송이 달리는데, 꽃줄기 위로 갈수록 꽃자루가 짧아져서 평평한 꽃차례

산형꽃차례(산형화서) 꽃줄기 끝에서 나온 많은 꽃자루가 우산살처럼 퍼지고 꽃자루마다 꽃이 1송이씩 달린 꽃차례

살눈(주아) 잎이 발달하지 않고 줄기가 아주 커져 구슬 모양이 되거나 줄기가 자라지 않은 채 잎에 살과 즙이 많아지면서 구슬 모양이 된 것. 양분을 저장하는 기관으로, 식물체에서 쉽게 떨어져 나가 새로운 식물체로 자란다.

생식 꽃가루받이를 하고 열매를 맺어 씨앗을 퍼뜨리는 등 개체를 새로 만들어 종족을 유지하는 여러 생태 활동

생식잎 생식 기능을 하는 기관이 달리는 잎. 고사리류에서 홀씨가 달리는 잎 등을 말한다.

생식줄기 생식 기능을 하는 기관이 달리는 줄기. 쇠뜨기 같은 식물에서 홀씨주머니가 달리는 줄기를 말한다.

생장점 뿌리와 줄기의 끝에서 왕성하게 분열하는 세포가 모여 있는 부분. 식물은 생장점의 세포가 분열함으로써 자란다. 뿌리의 끝에서는 뿌리골무가, 줄기의 끝에서는 어린 잎이 생장점을

보호한다.

석탄기 고생대를 여섯 시기로 나눌 때 다섯 번째 시기. 지금으로부터 3억4천5백만~2억8천만 년 전까지 약 8천만 년 동안을 말한다.

섬유 식물체 속에 들어 있는 세포. 아주 가늘고 길며 양쪽 끝이 뾰족하면서 벽이 두껍다. 그러한 세포들이 모여 이룬 조직을 뜻하기도 하며 피층, 체관부, 물관부, 잎살 등의 속에 있다.

세대교번 생물 한 종이 세대에 따라 다른 방법을 번갈아 쓰면서 생식하는 현상

소견과 크기가 작은 견과

수과 얇은 종이처럼 반투명한 열매껍질이 마르면서 나무줄기처럼 딱딱해지거나 가죽처럼 질겨지고, 익어도 열리지 않는 열매. 속에 들어 있는 씨앗 1개가 열매껍질과 달라붙어 있어서 열매가 씨앗처럼 보인다.

수매화 물이 도와서 꽃가루받이를 하는 꽃

수상꽃차례(수상화서) 가늘고 긴 꽃줄기 1개에 꽃자루 없는 작은 꽃이 여러 송이 다닥다닥 붙어서 이삭 모양이 된 꽃차례

수술(웅예) 꽃가루를 만드는 기관. 꽃밥과 수술대로 되어 있으며, 한 송이에 2개 이상 무리지어 있는 꽃도 있고 1개만 있는 꽃도 있다.

수술대(화사) 수술에서 꽃밥을 받치는 기관. 보통 가늘고 길지만 종에 따라 크기, 모양 다르고 수술대가 없기도 하다.

수염뿌리(수근) 원뿌리와 곁뿌리의 구분 없이 같은 굵기로 수염처럼 나오는 뿌리. 외떡잎식물에서 볼 수 있다.

수정 암술머리에 닿은 꽃가루가 자라 암술대를 타고 씨방 속의 밑씨와 만나는 현상

수정란 정자를 만나 결합한 난자

씨눈(배, 배아) 씨앗에 들어 있는 생명체. 식물이 만들어지는 처음 단계에 생긴다. 여기에서 어린 뿌리와 떡잎이 나오며, 떡잎 사이에서 나온 싹은 자라서 줄기가 된다.

씨방(자방) 암술 밑의 볼록한 기관. 밑씨를 담고 있고 장차 열매가 된다. 씨방의 위치는 씨앗식물을 분류하는 중요한 기준이다.

씨앗껍질(종피) 씨앗의 겉을 둘러싼 껍질. 씨눈과 배젖을 보호하고 싹이 틀 때 물을 빨아들이는 구실을 한다.

아

알줄기(구경) 땅 속에서 녹말 같은 양분을 갈무리하여 공이나 달걀 모양, 타원꼴로 크게 살찐 줄기. 비늘줄기와 비슷하지만, 비늘줄기는 잎에 양분을 저장하여 커진 것이고 알줄기는 줄기가 커진 것이다. 토란, 글라디올러스 등에서 볼 수 있다.

암수딴그루(자웅이주) 암꽃과 수꽃이 각각 다른 그루에 달리는 것을 말한다.

암수한그루(자웅동주) 암꽃과 수꽃이 같은 그루에 달리는 것을 말한다.

암술(자예) 열매를 만드는 기관. 암술머리, 암술대, 씨방으로 되어 있다. 보통 한 송이에 1개씩 있지만 2개 이상 있는 종도 있다.

암술대(화주) 암술머리와 씨방 사이에서 암술머리를 받치는 기관. 모양과 개수가 종에 따라 달라서 식물을 분류하는 기준으로 중요하다. 암술대가 없는 종도 있다.

암술머리(주두) 속씨식물의 암술 끝에 있는 기관. 수술의 꽃가루를 받고, 보통 겉에 뾰족한 것이 돋거나 끈끈한 진을 내보냄으로써 꽃가루가 잘 붙도록 한다.

어긋나기(호생) 줄기나 가지의 마디마다 잎이 방향을 바꾸면서 어긋나게 달리는 모양

여러해살이풀(다년초, 숙근초) 잇따라 여러 해를 사는 풀. 겨울에 땅 위의 기관은 죽어도 땅 속의 기관(뿌리, 뿌리줄기, 비늘줄기, 덩이줄기 등)은 살아서 이듬해 봄에 다시 새싹이 돋는다.

열매껍질 열매를 싸고 있는 껍질. 여러 층으로 되어 있거나 껍질의 일부가 변형한다.

열매이삭(과수) 열매가 여러 개 모여 달린 것

엽록소 녹색식물의 잎살 속에 들어 있는 녹색 화합물질. 태양의 빛에너지를 받아 이산화탄소와 물을 산소와 탄수화물로 바꾸어 저장한다.

엽록체 엽록소를 담고 있는 조직. 둥글거나 타원꼴이며, 엽록소가 녹색이므로 녹색으로 보인다.

엽상체 뿌리, 줄기, 잎의 구조와 기능이 나뉘지 않은 식물체. 관다발은 없지만 엽록소가 있으므로 온몸이 광합성을 하여 잎 구실을 하고, 물과 양분을 빨아들인다. 양치식물 중 양치류와 속새류의 전엽체는 보통 심장 모양의 엽상체다.

영과(곡과) 벼과 식물의 열매. 내영과 호영 속에 암술과 수술이 들어 있는데, 암술이 열매로 익어도 보통 이 껍질이 그대로 남아 열매를 감싸므로 '영과'라고 한다. 껍질 속에 씨앗이 1개 있으며, 씨앗의 배젖은 크고 녹말로 채워져 있다.

영양생식 특별한 생식기관 없이 이루어지는 생식 방법. 뿌리나

줄기, 잎처럼 영양을 도맡아 개체를 유지시키는 영양기관의 일부에서 새로운 개체를 만든다. 무성아, 살눈, 알줄기, 덩이줄기, 덩이뿌리 등이 그러한 영양기관이다.

영양잎 광합성 같은, 식물의 생명을 유지시키는 영양 활동을 하는 잎

영양줄기 식물의 생명을 유지시키는 영양 활동을 하는 잎 등이 달리는 줄기로, 생식줄기와 구분하여 쓰는 말이다.

옆맥(측맥) 주된 잎맥에서 갈라져 나온 맥

외화피 ⇨ 화피

원뿌리(주근) 뿌리에서 중심이 되는 굵은 뿌리. 여기에서 곁뿌리와 뿌리털이 나온다. 쌍떡잎식물에서 볼 수 있다.

원사체(사상체) 1줄로 줄지어 붙은 세포로 된 실 모양의 배우체. 양치식물과 선태식물에서 볼 수 있으며, 홀씨가 싹튼 뒤 정단세포와 나란히 있는 분열면에서만 세포가 늘어나면서 생긴다.

원추꽃차례(원추화서) 긴 꽃줄기가 원뿔꼴로 가지를 친 꽃차례. 가지마다 총상꽃차례나 수상꽃차례가 있다.

유성생식 암수가 나뉘어 있어 저마다 생식세포를 만들며, 성이 다른 두 생식세포가 만나(수정) 새로운 개체를 만드는 방법

유성세대 세대교번을 하는 생물이 유성생식을 하는 세대. 이 때에는 전엽체 상태로 생식을 하며, 암수가 구별되는 기관이 전엽체에 생겨서 정자와 난자 같은 유성생식세포를 만든다.

육수꽃차례(육수화서) 굵고 살과 즙이 많은 꽃줄기에 꽃자루 없는 작은 꽃이 빽빽이 달린 꽃차례

윤산꽃차례(윤산화서) 잎이 마주 붙는 줄기의 잎겨드랑이마다 취산꽃차례가 있는 꽃차례

잎겨드랑이(엽액) 줄기에서 잎이 나오는 겨드랑이 같은 부분

잎귀(엽이) 잎몸의 양쪽 밑과 잎집이 잇닿는 부분에서 속으로 굽어 귓불처럼 보이는 돌기. 잎집 속으로 빗물이 들어가는 것을 막는다.

잎맥(엽맥) 잎의 뼈대를 이루는 조직. 뿌리에서 줄기를 통해 온 물과 양분을 잎을 구성하는 세포에 나르고, 잎에서 광합성으로 만든 물질을 다른 기관에 나른다. 외떡잎식물에서는 나란하고, 쌍떡잎식물에서는 그물 모양이다.

잎몸(엽신) 잎에서 잎자루를 뺀 넓은 부분

잎자루(엽병) 잎과 줄기를 연결하는 부분. 잎자루 없이 잎몸이 바로 붙은 식물도 있으며, 잎자루가 있더라도 줄기의 위치에 따라 길이나 모양이 다르다.

잎지는나무(낙엽수) 잎의 수명이 1년을 넘지 못하여 계절이 바뀌면서 떨어졌다가 새로 나는 나무. 보통 가을에 잎이 지고 봄에 새 잎이 난다.

잎집(엽초) 잎이 시작되는 곳에서 줄기를 집처럼 감싸는 부분. 외떡잎식물에서 볼 수 있으며, 쌍떡잎식물 중에서는 마디풀이나 미나리과 식물에서 볼 수 있다.

잎차례(엽서) 잎이 달리는 모양. 마주나기, 어긋나기, 모여나기, 돌려나기 등이 있다.

잎혀(엽설) 잎집과 잎몸이 맞닿는 곳의 안쪽에 생기는 작은 돌기. 혓바닥 모양으로 얇은 종이처럼 반투명하며, 잎집 속으로 빗물이 들어가는 것을 막는다. 주로 벼과 식물에서 볼 수 있다.

자

작은이삭(소수) 벼과 식물의 겹수상꽃차례를 이루는 수상꽃차례 1개를 일컫는 말

장과 씨방이 크게 자라서 된 열매로, 조직이 무르고 과육에 살과 즙이 많다. 익어도 벌어지지 않고 속에 단단한 씨앗이 들어 있다.

전엽체 양치식물의 유성세대를 사는 개체. 홀씨가 싹터 자라서 되는 배우체로, 여기에 난자와 정자를 만드는 기관이 있다.

정자 수컷의 생식세포

조직배양 다세포생물 개체의 조직 한 조각을 떼내어 유리로 된 그릇에 담고 환경을 조절하고 영양분을 주면서 키워 똑같은 개체를 많이 만드는 일

중생대 지금으로부터 2억2천5백만~6천5백만 년 전까지 약 1억 6천만 년의 시대. 트라이아스기, 쥐라기, 백악기 등 세 시기로 나뉜다.

중심맥(주맥) 주된 잎맥으로, 보통 가장 굵은 맥을 말한다.

차

체관(사관) 속씨식물의 체관부에서 양분이 드나드는 길 구실을 도맡는 조직. 관다발의 맨 바깥쪽에 있고 원기둥꼴 체관세포가 잇닿아 통 모양을 이룬다. 세포 사이사이는 작은 구멍이 숭숭 뚫린 체 모양의 판이 가로막고 있다.

총상꽃차례(총상화서) 꽃자루 있는 꽃이 긴 꽃줄기에 여러 송이 어긋나게 달린 꽃차례. 꽃줄기 아래에서 위로 가면서 피며, 꽃자루의 길이가 거의 같다.

총포 포가 한데 모인 것. 꽃 여러 송이로 된 꽃차례에서, 꽃마다

달린 꽃자루가 짧아짐에 따라 꽃자루에 달린 포가 다닥다닥 붙어서 된 부분이다.

총포조각 총포를 이루는 한 조각

취산꽃차례(취산화서) 꽃줄기의 맨 끝에 달린 꽃 밑에서 꽃자루가 1쌍 나와 끝에 꽃이 1송이씩 달리고, 그 꽃 밑에서 또 꽃자루가 1쌍 나와 끝에 꽃이 1송이씩 달리는 식으로 피라미드 모양을 이루는 꽃차례. 꽃은 맨 위에서 아래로 가면서 핀다.

취합과 열매가 여러 개 빽빽이 모여 있는 것

카

코르크 부피생장을 하는 식물의 줄기나 뿌리의 주변부에서 만들어지는 보호조직

타

턱잎(탁엽) 잎겨드랑이에서 잎자루 양쪽에 달리는 잎. 비늘 모양이다.

톱니(거치) 잎가장자리가 톱니 모양으로 들쭉날쭉한 것

통꽃(합판화) 꽃잎의 일부나 전부가 붙은 꽃

통도조직 식물체 내에서 물이나 양분 따위가 드나드는 길 구실을 하는 조직을 통틀어 일컫는 말

특산식물 어느 한 나라나 지역에서만 저절로 자라는 식물

파

포 잎이 모양을 바꾸어서 된 기관. 꽃차례나 눈을 보호하고, 본래 잎에서 크기가 줄어들어서 된 것, 모양이나 질이 달라진 것, 비늘조각 모양이 된 것, 꽃받침 바로 밑에 붙는 것, 꽃자루가 시작되는 곳에 붙는 것 등이 있다.

포과 주머니 모양으로 바뀐 포에 싸여 있는 열매. 얇은 종이처럼 반투명한 열매껍질 속에 씨앗이 들어 있다.

포막 양치식물에서 홀씨주머니무리를 싸는 보호 기관. 얇은 종이처럼 반투명하다.

포영 벼과 식물의 작은이삭을 밑에서 받치는 기관. 보통 2겹으로 되어 있어 제1포영, 제2포영으로 나눈다.

표피 식물체 표면을 덮는 세포층

하

학명 생물의 학술적인 이름. 생물학에서 생물을 분류할 때 쓰며, 전 세계의 공용어다. 지을 때는 규약을 따르고 라틴어를 쓴다.

한해살이풀(일년초) 싹 트고 꽃 피며 열매 맺어 말라 죽는 과정이 1년 안에 끝나는 풀

헛물관(가도관) 쌍떡잎식물 중 일부나 겉씨식물, 양치식물에서 물이 드나드는 길 구실을 도맡는 조직. 하는 일이 물관과 똑같지만, 물관은 세로로 잇닿은 세포 사이에 '천공(穿孔)'이라는 구멍이 뚫려 있지만, 헛물관은 막이 세포 사이를 가로막는다.

헛뿌리(가근) 민꽃식물에서 뿌리처럼 생긴 부분. 보통 가느다란 실 모양이며 단세포나 세포 1줄로 되어 있다. 식물체를 받치는 구실을 하고 이따금 물이나 양분을 빨아들이기도 한다.

혀꽃(설상화) 꽃잎 여러 장이 합쳐져서 꽃잎 1장처럼 된 꽃. 국화과 식물의 두상꽃차례에서 가장자리에 있다.

협과 콩과 식물의 열매. 속이 몇 칸으로 나뉘어 있고 칸마다 씨앗이 들어 있으며, 익은 뒤 마르면 열매껍질이 2줄로 갈라지면서 씨앗이 드러난다.

호영(외영) 벼과 식물의 낱꽃을 밑에서 2겹으로 둘러싸는 것 중에서 바깥에 있는 것

홀씨(포자) 홀씨주머니에서 홀씨어미세포가 분열해서 된 무성생식세포. 다른 것과 결합하지 않고도 혼자 싹터 새로운 개체로 자란다. 스스로 배우체를 만들며, 배우체 속에서 난자와 정자가 생긴다. 민꽃식물에서 볼 수 있다.

홀씨주머니(포자낭) 홀씨를 만드는 주머니 모양의 기관. 홀씨가 다 익으면 터지면서 홀씨를 바깥으로 내보낸다.

홀씨주머니이삭(포자낭수) 홀씨를 달고 있는 잎 여러 장이 이삭 모양으로 모여 있는 것. 속새류에서 볼 수 있다.

홑잎(단엽) 잎몸이 작은 잎으로 쪼개지지 않고 온전하게 하나로 된 잎. 대체로 잎가장자리가 깊이 갈라지거나 톱니가 있다.

화관 내화피나 꽃잎이 모여 나팔 모양, 접시 모양, 방울 모양 따위로 일정한 모습을 이룬 것

화피 수술과 암술을 바깥에서 보호하는 기관. 종에 따라 1겹이기도 하고 2겹이기도 하다. 2겹일 때는 속에 있는 것을 내화피, 바깥에 있는 것을 외화피라고 한다.

화피조각(화피열편) 화피를 이루는 낱낱의 조각

희귀식물 저절로 개체가 줄어들거나 사람들이 무분별하게 캐는 등 여러 원인으로 개체수와 분포면적이 매우 적은 식물

풀 이름 찾아보기 (가나다 순)

- 밑줄은 본문에서 올림말로 다룬 풀을 가리킨다.
- 쪽수가 여러 개일 때는 올림말로 다룬 쪽의 숫자를 맨 앞에 놓았다.

가

가새쑥부쟁이 206
가시도꼬마리 205
가시연꽃 118
가을강아지풀 81
가지 192
가지복수초 123
각시둥굴레 52
각시마 64
각시붓꽃 60
각시수련 120
각시원추리 36
갈대 74~75
감국 214
감자 190~191
감초 143
갓 130
강낭콩 147
강냉이 82~83
강아지풀 81
개고사리 28
개구리밥 90, 32
개망초 219
개맥문동 55
개불알꽃 95
개쑥부쟁이 206
개피 72
갯당근 170
갯메꽃 180
갯쑥부쟁이 206
갯잔디 85
검정말 32, 33
결명자 144
고구마 181, 94, 218
고깔제비꽃 157

고란초 27
고려엉겅퀴 217
고비 28
고사리 28~29
고추 186
고추냉이 133
골잎원추리 36
과꽃 209
관중 28
괭이밥 149
구절초 212, 213
국화 211
군자란 57
글라디올러스 63
금강아지풀 81
금강초롱꽃 197
금낭화 126
금붓꽃 60
금잔디 85
금잔화 208
기린초 134
긴강남차 144
까치발 207
까치수영 176
꽃다지 131
꽃며느리밥풀 194
꽃양배추 128
꽃창포 60
꽈리 189
끈끈이주걱 124

나

나도풍란 96
나리 46
나사말 33, 32

나팔꽃 178~179, 180
나팔백합 46
나팔수선화 58
난초 211
남산제비꽃 157
냉이 132~133
노랑물봉선 151
노랑제비꽃 157
노랑코스모스 215
노루귀 122
녹두 146
눈개쑥부쟁이 206

다

다닥냉이 132
달개비 68
달래 43
달리아 218
달맞이꽃 167
달뿌리풀 74
닭의장풀 68
담배 188, 193
당근 170
당아욱 155
대두 140
대마 101
대엽풍란 96
더덕 200
도깨비바늘 207
도꼬로마 64
도꼬마리 205
도라지 198~199
돈나물 135
돌나물 135
돌양지꽃 138

돌피 72
동규 155
동자꽃 115
두루미천남성 88
두메부추 40
둥굴레 52~53
둥굴레아재비 52
둥근잎미국나팔꽃 178
들깨 184~185
딸기 137
땅나리 44
땅콩 139

라

루드베키아 226

마

마 64
마늘 38~39, 41
마름 166
말나리 44
말냉이 132
망초 219
맥문동 55
맨드라미 109
머위 225
메꽃 180
메밀 103
며느리밥풀꽃 194
면화 154
명아주 107
미나리 171

바

박 164

방울비짜루 51
배추 129, 128
백년초 116~117
백일홍 227
백합 46
뱀고사리 28
뱀딸기 136
뱀밥 25
벼 72~73, 142
보리 71
보춘화 97
복수초 123
복주머니란 95
봉선화 152
봉숭아 152, 151
부들 91, 32
부레옥잠 66~67
부채마 64
부추 40
분꽃 112
붉은토끼풀 148
붓꽃 60~61
비비추 34~35
비짜루 51

사

사루비아 185
사철쑥 203
사탕수수 78
사프란 62
산구절초 212
산국 214
산마늘 38
산부추 40
살비아 185
삼 101
삼색제비꽃 158
상추 224
새끼노루귀 122
새며느리밥풀 194

새삼 182
생강 92
생이가래 26
서양민들레 228
서양비짜루 51
서양아스파라거스 51
서흥구절초 213
석창포 86
선씀바귀 223
선인장 116~117, 135
설앵초 175
섬노루귀 122
섬남성 89
섬초롱꽃 197
세잎양지꽃 138
속새 24
솔나리 44
솔이끼 23
솜다리 202
쇠뜨기 25
쇠비름 110
수련 120
수박 159
수선화 58~59
수세미 165
수세미오이 165
수수 79
술패랭이 114
시금치 108
실새삼 182
실유카 65
싱아 106
쑥 203
쑥갓 210
쑥부쟁이 206
쓴나물 223
씀바귀 223

아

아마릴리스 56

아스파라거스 51
아욱 155
아이리스 60
아주까리 150
알며느리밥풀 194
애기둥굴레 52
애기똥풀 125
애기메꽃 180
애기부들 91
애기수련 120
앵초 174~175
양배추 128
양지꽃 138
양파 41
어리연꽃 118
억새 74~75
얼레지 47
얼룩용설란 65
엉겅퀴 216~217, 201, 222
에델바이스 202
여뀌 105, 103
연꽃 118~119, 120
염주 70
오랑캐꽃 156~157
오이 163
옥수수 82~83
옥잠화 34
완두 140
왕잔디 85
왜솜다리 202
외 163
용담 177
용둥굴레 53
용설란 65
우산이끼 22, 23
우엉 201
원추리 36~37
유채 130
율무 70

은방울꽃 54
이삭물수세미 168
이삭여뀌 105
익모초 183
인삼 169
일월비비추 35
잇꽃 222

자

자리공 113
자운영 142
자주닭개비 68
잔대 199
잔디 85
저마 100
접시꽃 153
제비꽃 156~157
제비동자꽃 115
제비쑥 203
제주수선화 58
조 80
조개풀 69
족제비고사리 29
좀개구리밥 90
좀씀바귀 223
주름조개풀 69
줄 77
지느러미엉겅퀴 216
질경이 196
쪽 104

차

참깨 195
참나리 44~45
참마 64
참억새 76, 75
참외 162
참취 204
창포 86
채송화 111

천남성 88~89
초롱꽃 197
춘란 97
층층고란초 27
층층둥굴레 52

카

카네이션 51, 114
칸나 94
코스모스 215
콩 140~141
크로커스 62
큰개여뀌 105
큰괭이밥 149
큰까치수영 176
큰도꼬마리 205
큰메꽃 180
큰앵초 175
큰엉겅퀴 217
큰용담 177
큰천남성 88
클로버 148

타

태백제비꽃 157
털머위 225
털피 72
토끼풀 148
토란 87
토마토 187, 190
튤립 48, 50

파

파 42
파초 93
팥 145
패랭이꽃 114
팬지 158
페튜니아 193
풍란 96

프리물라 174
피 72
피나물 125
피마자 150

하

하늘나리 44
한라구절초 212
할미꽃 121
해바라기 220~221
호박 160~161
호프 102
홉 102
홍당무 170
홍화 222
흰닭의장풀 68
흰명아주 107
흰무릇 49
흰물봉선 151
흰민들레 228
히아신스 50
히페아스트룸 56

학명 찾아보기(ABC 순)

A

Aconogonum polymorphum 106
Acorus calamus var. angustatus 86
Acorus gramineus 86
Adenophora triphylla var. japonica 199
Adonis amurensis 123
Aerides japonicum 96
Agave americana 65
Agave americana var. variegata 65
Allium cepa 41
Allium fistulosum 42
Allium monanthum 43
Allium sativum for. pekinense 38
Allium senescens 40
Allium thunbergii 40
Allium tuberosum 40
Allium victorialis var. platyphyllum 38
Althaea rosea 153
Amaryllis belladonna 56
Arachis hypogaea 139
Arctium lappa 201
Arisaema amurense var. serratum 88
Arisaema heterophyllum 88
Arisaema ringens 88
Arisaema takesimense 89
Artemisia capillaris 203
Artemisia japonica 203
Artemisia princeps var. orientalis 203
Arthraxon hispidus 69
Asparagus officinalis 51
Asparagus schoberioides 51
Aster ciliosus 206
Aster hispidus 206
Aster scaber 204
Aster yomena 206
Astragalus sinicus 142
Athyrium nipponicum 28

B

Bidens bipinnata 207
Boehmeria nivea 100
Brassica campestris subsp. napus var. nippo-oleifera 130
Brassica campestris subsp. napus var. pekinensis 129
Brassica juncea var. integrifolia 130
Brassica oleracea var. capitata 128

C

Calendula arvensis 208
Callistephus chinensis 209
Calystegia hederacea 180
Calystegia japonica 180
Calystegia soldanella 180
Campanula punctata 197
Campanula takesimana 197
Canna generalis 94
Cannabis sativa 101
Capsella bursa-pastoris 132
Capsicum annuum 186
Carduus crispus 216
Carthamus tinctorius 222
Cassia tora 144
Celosia cristata 109
Chelidonium majus var. asiaticum 125
Chenopodium album 107
Chenopodium album var. centrorubrum 107
Chrysanthemum boreale 214
Chrysanthemum coronarium var. spatiosum 210
Chrysanthemum indicum 214
Chrysanthemum morifolium 211
Chrysanthemum zawadskii 212
Chrysanthemum zawadskii Herb. ssp. coreanum 213
Chrysanthemum zawadskii var. alpinum 213
Chrysanthemum zawadskii var. latilobum 212
Chrysanthemum zawadskii var. leiophyllum 213
Cirsium japonicum var. ussuriense 216
Cirsium pendulum 217
Cirsium setidens 217
Citrullus vulgaris 159
Clivia miniata 57
Codonopsis lanceolata 200
Coix lachryma-jobi 70
Coix lachryma-jobi var. mayuen 70
Colocasia antiquorum var. esculenta 87
Commelina communis 68
Commelina communis for. albiflora 68
Convallaria keiskei 54
Cosmos bipinnatus 215
Crocus sativus 62
Crypsinus hastatus 27
Crypsinus veitchii 27
Cucumis melo var. makuwa 162
Cucumis sativus 163
Cucurbita moschata 160
Cuscuta australis 182
Cuscuta japonica 182
Cymbidium goeringii 97
Cypripedium macranthum 95

D

Dahlia pinnata 218
Daucus carota var. sativa 170
Dianthus chinensis 114
Dianthus superbus var. longicalycinus 114
Dicentra spectabilis 126
Dioscorea batatas 64
Draba nemorosa var. hebecarpa 131
Drosera rotundifolia 124
Dryopteris crassirhizoma 28
Duchesnea chrysantha 136

E

Eichhornia crassipes 66
Equisetum arvense 25
Equisetum hyemale 24
Erigeron annuus 219
Erigeron canadensis 219
Erythronium japonicum 47

Euryale ferox 118

F

Fagopyrum esculentum 103
Farfugium japonicum 225
Fragaria ananassa 137

G

Gentiana axillariflora var. *coreana* 177
Gentiana scabra var. *buergeri* 177
Gladiolus gandavensis 63
Glycine max Merrill 140
Glycyrrhiza uralensis 143
Gossypium indicum 154

H

Hanabusaya asiatica 197
Helianthus annuus 220
Hemerocallis dumortieri 36
Hemerocallis fulva 36
Hepatica asiatica 122
Hepatica insularis 122
Hepatica maxima 122
Hippeastrum hybridum 56
Hordeum vulgare var. *hexastichon* 71
Hosta capitata 35
Hosta longipes 34
Hosta plantaginea 34
Humulus lupulus 102
Hyacinthus orientalis 50
Hydrilla verticillata 32
Hylomecon vernale 125

I

Impatiens balsamina 152
Impatiens noli-tangere 151
Impatiens textori 151
Impatiens textori for.
 astrosanguinea 151
Ipomoea batatas 181
Ipomoea purpurea 178
Iris ensata var. *spontanea* 60
Iris minutiaurea 60
Iris rossii 60
Iris sanguinea 60
Ixeris chinensis var. *strigosa* 223

Ixeris dentata 223
Ixeris stolonifera 223

L

Lactuca sativa 224
Lagenaria leucantha 164
Lemna paucicostata 90
Leontopodium coreanum 202
Leontopodium japonicum 202
Leonurus sibiricus 183
Lepidium apetalum 132
Lilium callosum 44
Lilium cernum 44
Lilium concolor var. *partheneion* 44
Lilium lancifolium 44
Lilium longiflorum 46
Liriope platyphylla 55
Liriope spicata 55
Luffa cylindrica 165
Lychnis cognata 115
Lychnis wilfordii 115
Lycopersicon esculentum 187
Lysimachia barystachys 176
Lysimachia clethroides 176

M

Malva sylvestris var. *mauritiana* 155
Malva verticillata 155
Marchantia polymorpha 22
Melampyrum roseum 194
Mirabilis jalapa 112
Miscanthus sacchariflorus 76
Miscanthus sinensis 76
Monochoria korsakowi 66
Musa basjoo 93
Musa paradisiaca 93
Myriophyllum spicatum 168
Myriophyllum verticillatum 168

N

Narcissus tazetta var. *chinensis* 58
Nelumbo nucifera 118
Neofinetia falcata 96
Nicotiana tabacum 188
Nymphaea minima 120
Nymphaea tetragona 120

Nymphoides indica 118

O

Oenanthe javanica 171
Oenothera biennis 167
Oenothera biennis 167
Oplismenus undulatifolius 69
Opuntia ficus-indica var. *saboten* 116
Oryza sativa 72
Osmunda japonica 28
Oxalis corniculata 149
Oxalis obtriangulata 149

P

Panax schinseng 169
Perilla frutescens var. *japonica* 184
Persicaria filiforme 105
Persicaria hydropiper 105
Persicaria tinctoria 104
Petasites japonicus 225
Petunia hybrida 193
Pharbitis nil 178
Phaseolus angularis 145
Phaseolus radiatus 146
Phaseolus vulgaris var. *humilis* 147
Phragmites communis 74
Phragmites japonica 74
Physalis alkekengi var. *francheti* 189
Phytolacca americana 113
Phytolacca esculenta 113
Pisum sativum 140
Plantago asiatica 196
Platycodon grandiflorum 198
Polygonatum humile 52
Polygonatum involucratum 53
Polygonatum odoratum var.
 pluriflorum 52
Polygonatum stenophyllum 52
Polytrichum commune 23
Portulaca grandiflora 111
Portulaca oleracea 110
Potentilla dickinsii 138
Potentilla fragarioides var. *major* 138
Potentilla freyniana 138
Primula jesoana 175
Primula modesta var. *fauriae* 175

Primula sieboldi 174
Pteridium aquilinum var. *latiusculum* 28
Pulsatilla koreana 121

R

Raphanus sativus var. *hortensis* for. *acanthiformis* 127
Ricinus communis 150
Rudbeckia bicolor 226

S

Saccharum officinarum 78
Salvia officinalis 185
Salvinia natans 26
Scilla scilloides 49
Sedum kamtschaticum 134
Sedum polystichoides 135
Sedum sarmentosum 135
Sesamum indicum 195
Setaria faberi 81
Setaria glauca 81
Setaria italica 80
Setaria viridis 81
Solanum melongena 192
Solanum tuberosum 190
Sorghum bicolor 79
Spinacia oleracea 108
Spirodela polyrhiza 90

T

Taraxacum coreanum 228
Taraxacum mongolicum 228
Taraxacum officinale 228
Thlaspi arvense 132
Tradescantia reflexa 68
Trapa japonica 166
Trifolium pratense 148
Trifolium repens 148
Triticum aestivum 84
Tulipa gesneriana 48
Typha angustata 91
Typha orientalis 91

V

Vallisneria natans 33
Viola albida 157
Viola chaerophylloides 157
Viola mandshurica 156
Viola orientalis 157
Viola rossii 157
Viola tricolor L. var. *hortensis* 158
Viola x *wittrockiana* 158

W

Wasabia koreana 133

X

Xanthium strumarium 205

Y

Yucca smalliana 65

Z

Zea mays 82
Zingiber officinale 92
Zinnia elegans 227
Zizania latifolia 77